JACK TRESIDDER

SYMBOLE UND IHRE BEDEUTUNG

JACK TRESIDDER

SYMBOLE UND IHRE BEDEUTUNG

Über 1000 Bilder und Zeichen aus allen Kulturkreisen

Aus dem Englischen von
Wiebke Krabbe und Bernhard Kleinschmidt

KNAUR

Originaltitel:
Symbols and their Meanings
Originalverlag:
Duncan Baird Publishers Ltd,
London

Umschlaggestaltung: Agentur Zero,
München
Satz: QuarkXPress im Verlag
Reproduktion: Scan House, Malaysia
Druck und Bindung: Imago, Singapur
Printed in Singapur

ISBN 3-426-66424-0

5 4 3 2 1

INHALT

EINLEITUNG

Viele alltägliche und vertraute Dinge besitzen eine faszinierende tiefere Bedeutung, die uns häufig im ersten Moment gar nicht bewusst ist. Sie sprechen die Sprache traditioneller Symbole, die von Künstlern und Handwerkern benutzt wird, um Vorstellungen vom menschlichen Leben sowie von der natürlichen und übernatürlichen Welt zu vermitteln. Wie Verkehrsschilder bilden Symbole eine Art visueller Stenografie, doch haben sie vor allem emotionale, psychologische und spirituelle Wirkung. Eigentlich schlichte und einfache Gegenstände, grafische Formen und rituelle Handlungen erhalten eine höhere emotionale oder spirituelle Wertigkeit und werden dadurch zum Symbol.

Symbole als Vermittler großer Ideen sind viel älter als die Schrift. Geschnitzt, gemalt oder gewebt, in Bildern, Kleidung und Dekorationsstücken wurden sie seit Menschengedenken für magische Zwecke verwendet: um das Böse abzuwenden oder um die Götter zu besänftigen. Gleichzeitig regelten Symbole die Gesellschaft, indem sie Menschen miteinander verbanden oder ihnen Loyalität, Gehorsam, Aggression, Zuneigung oder Furcht einflößten.

Ein geschlossenes Symbolsystem vermittelte den Menschen das Gefühl, mit sich selbst, der Gemeinschaft und dem Kosmos in Harmonie zu leben. Es konnte auch gemeinschaftliches Handeln anregen. Noch heute kämpfen und sterben Menschen unter Emblemen, Bannern und Flaggen, die symbolhaften Charakter besitzen.

Viele grundlegende Ideen und die mit ihnen verknüpften Symbole sind in unterschiedlichen Gesellschaften zu finden – von den primitiven Kulturen bis zu den hoch entwickelten Zivilisationen Asiens, Indiens, des Mittleren Ostens, Europas und Mittelamerikas. Das beinahe weltweite Auftauchen bestimmter

Symbole führte den Schweizer Psychologen und Psychiater Carl Gustav Jung zu der Überzeugung, dass diese Symbole oder »Archetypen« tief in der menschlichen Seele verwurzelt sind und dass wir intuitiv auf sie reagieren.

Zu diesem Repertoire an Symbolen gehören Elemente der Erde und des sichtbaren Universums: Tiere, Pflanzen, Steine und Sterne. Früher sah man sie als Abbild einer größeren Wirklichkeit an. Man betrachtete sie als Ausdruck von Gesetzen und moralischen »Wahrheiten«, die Teil der kosmischen Ordnung waren.

Nicht alle Symbole haben diesen ikonischen Charakter. Grafische Bilder gelten als Symbole, wenn sie für eine Idee oder eine abstrakte Eigenschaft stehen. Rituelle Handlungen können Symbol für gemeinsames emotionales oder spirituelles Erleben sein.

Obwohl der wissenschaftliche Fortschritt die alten Symbole ihrer magischen Dimension weitgehend beraubt hat, erneuert sich Symbolik unablässig selbst und kann so dem menschlichen Sein Bedeutung verleihen. Traditionelle Symbole tauchen in neuer Gestalt wieder auf – ein schreckliches Beispiel ist das Hakenkreuz, das ursprünglich eine positive Bedeutung hatte. Die weiße Friedenstaube hingegen ist ein starkes, durchgängiges Symbol des Guten. Symbole sprechen – ähnlich wie Musik und Kunst – emotionale und geistige Bedürfnisse an, die durch die sachliche Sprache des Verstandes niemals vollständig befriedigt werden könnten.

Der gedankliche und praktische Forscherdrang der Alchemie fand seinen Ausdruck auch in symbolhaften Abbildungen. Hier stehen der König und die Königin für das männliche (Sonne) und das weibliche Prinzip (Mond). Sie zu vereinigen war Teil des alchemistischen Strebens.

INKARNATION DES GEISTES

Jahrtausendelang haben sich die Menschen nicht als endliche Wesen betrachtet, sondern als sterbliche Hüllen, die mit einem unendlichen Geist angefüllt sind. Der Körper selbst sowie die Vorgänge von Geburt, Leben und Tod hatten symbolische Bedeutung, durch die sich diese größere Dimension ausdrückte.

In vielen Kulturen sind die Gottheiten der menschlichen Gestalt nachempfunden. Zusätzliche Köpfe oder Gliedmaßen sind Zeichen ihrer übermenschlichen Kräfte. Die Götter konnten menschliche Gestalt annehmen und die Menschen konnten sich des Schamanismus bedienen, um die Grenzen ihrer Körper zu überschreiten und eins zu werden mit der göttlichen Dimension. Die Vorstellung der göttlichen Ganzheit war so gewichtig, dass man als ursprüngliche Form des Lebens ein androgynes Wesen annahm – nicht nur in der Mythologie Mittelamerikas, Griechenlands, Ägyptens und der australischen Aborigines, sondern auch in der Philosophie Platons und im Mystizismus Sufis. Die indische Gottheit Shiva kann auch in der weiblichen Gestalt Parvati auftreten. In der Genesis finden wir den Hinweis, dass Eva ursprünglich ein Teil Adams ist. Mann und Frau sind lediglich Aspekte eines Wesens, ob göttlich oder menschlich. Dieses Ganze aus sich ergänzenden Teilen wird auch durch das chinesische Yin-Yang-Symbol ausgedrückt (unten).

Die Abbildung rechts zeigt Shiva mit zahlreichen Armen und Waffen, die seine Kräfte symbolisieren. Er ist eine der wandlungsfähigsten indischen Gottheiten: manchmal zerstörerisch, manchmal auch sanfter Seelenhirte. Seine zahlreichen Erscheinungsformen deuten ebenso wie sein flatterhaftes Verhalten auf einen Versuch hin, die Vielfalt und Verschiedenartigkeit der menschlichen Natur zu personifizieren.

SCHÖPFUNG

Dieser »Vogelmann«, gemalt auf einen Felsen auf den Osterinseln, hält ein Ei, das der Mythologie zufolge Ursprung des Kosmos und allen Lebens ist.

Das bekannteste Symbol für das Geheimnis der Schöpfung ist das EI. Nur wenige natürliche Objekte vermitteln eine so klare und sich selbst erklärende Botschaft. In den frühen Schöpfungsmythen findet man das Bild eines voll entwickelten Gottes, der aus einem Ei schlüpft. Er ist ein verkleinertes Sinnbild für das Wunder des Lebens, das aus der davor herrschenden Leere entstanden ist. So wird das Ei zum Symbol der Kraft. Wenn es zerbricht, setzt es die Kräfte frei, aus denen die Dynamik der Schöpfung entspringt. Diese Kräfte werden häufig als Teilung eines zweigeschlechtigen Gottes dargestellt, gelegentlich auch durch die Trennung einer männlichen und einer weiblichen Gottheit. So schuf der Maori-Gott Rangi den Himmel, indem er sich aus den Armen seiner Frau Papa, der Erde, losriss. Auch die Elementarkräfte sind Teil dieser Dynamik, etwa in dem nordischen Konflikt zwischen Feuer und Eis. In der chinesischen Mythologie wuchs der kosmische Riese und Göttervater 18 000 Jahre lang in einem Ei heran. Als es aufbrach, zerfiel es in eine helle (Himmel) und eine dunkle Hälfte (Erde).

Das WASSER, auf dem das Ur-Ei schwimmt, ist ebenfalls ein verbreitetes Schöpfungssymbol. Es ist formlos, grenzenlos, unerschöpflich und unberechenbar. In der Genesis bewegt sich Gott über die Oberfläche dieses primordialen Wassers. In der indischen Mythologie schläft der Gott Vishnu auf einer Schlange, die zusammengerollt auf dem Meer schwimmt. Im ägyptischen Schöpfungsmythos erhebt sich aus dem Urwasser (Nun) ein Berg, von dem der Vogel Benu (Phönix), Personifikation des Schöpfer- und Sonnengottes, in die Welt späht. In der Mythologie Mesopotamiens entstand das Leben durch die Vermischung des Süßwassers (Apsu), auf dem die Erde schwamm, und des Salzwassers, personifiziert durch Tiamat, die Göttin des Chaos. Ihre Zerstörung führte zur Entstehung einer geordneten Welt.

Das Thema der Zerstörung als erster Schritt der Schöpfung taucht in vielen Kosmogonien auf. Meist stirbt eine kosmische Gottheit oder es wird ein Volk von Titanen oder RIESEN besiegt. In der nordischen Mythologie wird der Ur-Riese Ymir zerstückelt. Aus seinem Körper, Blut und Schädel werden Erde, Meer und Himmel. Die Psychologie

Keltische Fruchtbarkeitsriten, bei denen die Opfer in gewaltige, geflochtene Figuren eingebunden und verbrannt wurden, gehen möglicherweise auf die alte Vorstellung zurück, dass der Ur-Riese geopfert werden muss, um den Schöpfungsprozess in Gang zu bringen.

betrachtet Riesen als Symbole elterlicher Autorität (darum ihre Übergröße); die Verbindung zwischen den Zerstörungs- und Schöpfungsmythen und den Thesen Freuds ist unübersehbar. In einem weiteren Sinnzusammenhang kann man die alten Legenden vom Sieg über die Riesen als Allegorien für den Kampf um sozialen Fortschritt, gegen barbarische Stämme oder gegen die Elementarkräfte der Erde betrachten.

Ein wichtiger Aspekt der Schöpfungsmythen ist das Entstehen von Ordnung in einer formlosen Urmasse. Vier geometrische Zeichen unter den ägyptischen Hieroglyphen bringen dies zum Ausdruck: eine Spirale steht für die göttliche Energie, eine Spirale in einem Viereck symbolisiert die aktive Energie im Kosmos. Eine Wolkenform steht für das Ungeordnete und ein einzelnes Quadrat für die geordnete Welt.

DAS EI IN MYTHOS UND FOLKLORE

Weltweit ist das Ei in der Folklore ein positives Symbol. Es steht für Glück, Wohlstand und Gesundheit. Magische Eier aus Gold und Silber werden von Drachen bewacht, Götter und Helden werden aus Eiern geboren. Im griechischen Mythos schlüpft Helena von Troja aus einem Ei, das vom Mond gefallen ist. In einer anderen Geschichte wurde dieses Ei von der spartanischen Königin Leda gelegt, nachdem diese sich mit einem Schwan (in den sich der Gott Zeus verwandelt hatte) gepaart hatte. In derselben Nacht schlief Leda auch mit ihrem sterblichen Ehemann. Sie legte zwei Eier: dem einem entschlüpften Helena und Polydeukes, dem anderen Kastor und Klytämnestra.

Dieses bemalte Ei aus der Ukraine zeigt zwei Rentiere unter dem Lebensbaum. Solche Motive sind, ebenso wie das Ei selbst, weit verbreitet. Als verheißungsvolle Symbole der Schöpfung und Erneuerung tauchen sie in der Kunst Nordamerikas und Europas auf.

Das Ei wird auch mit den Verheißungen des Frühlings in Verbindung gebracht und schon darum konnte es als Symbol der Auferstehung leicht einen Platz in den christlichen Osterritualen einnehmen. Das Essen von Eiern zum Ende der Fastenzeit knüpft assoziativ an das Abendmahl an. Im jüdischen Brauchtum ist eine Mahlzeit aus Eiern zum Seder-Fest ein Symbol der Zuversicht. Traditionell besteht auch die erste Mahlzeit, die man jüdischen Trauernden anbietet, aus Eiern.

Ein alter Volksglaube besagt, dass STRAUSSENEIER sich selbst ausbrüten. Eng damit verbunden ist die Verwendung des Eis als Symbol der unbefleckten Empfängnis, so in Pietro della Francescas Gemälde *Madonna mit dem Kind* (ca. 1450). Straußeneier als Symbol der Auferstehung hat man in Gräbern koptischer Kirchen gefunden.

In vielen Mythologien, von Ägypten über Indien und den Fernen Osten bis Ozeanien, nimmt der Prozess von Schöpfung und Geburt seinen Anfang mit einem KOSMISCHEN EI. In den meisten Fällen wird es von einem Meereswesen oder einem Riesenvogel gelegt. Es ordnet das irdische Chaos, bringt die Sonne (Dotter) zur Welt, verursacht die Teilung von Erde und Himmel und erschafft die Vielfalt des natürlichen und übernatürlichen Lebens.

Zusätzliches Gewicht erhält die Schöpfungssymbolik des Eis durch seine Form, die an Hoden erinnert, und durch die sexuelle Dualität von Dotter und Eiweiß. Im Kongo steht der Dotter für weibliche Wärme, das Eiweiß für männliches Sperma.

DAS WEIBLICHE PRINZIP

Etwa 30000 Jahre alte Höhlenmalereien aus dem Paläolithikum deuten darauf hin, dass das älteste aller Fruchtbarkeitssymbole die MUTTER sein könnte. Obwohl viele Schöpfungsmythen männliche oder zweigeschlechtige Schöpfungsgottheiten beschreiben, ist es durchaus möglich, dass diesen die Huldigung einer Muttergottheit als Personifikation der Natur, der Erde oder der schöpferischen Kraft selbst vorausgeht. Der griechische Dichter Hesiod (um 700 v. Chr.), der als erster die griechische Mythologie systematisierte, stellte Ge oder Gaia (die Erde) als universelle Mutter und älteste aller Gottheiten an die erste Stelle seiner Genealogie der Götter. Der attischen Mythologie zufolge gebar sie die Götter und auch Erichthonios, den ersten Menschen. In der griechisch-römischen Welt gipfelte die Verehrung von mütterlichen Naturgottheiten wie Rhea und Demeter in dem Kult der phrygischen »großen Mutter«, der mit dem frühen Christentum konkurrierte.

Die große ägyptische Göttin Isis trägt einen Kopfschmuck, dessen halbmondförmige Hörner die weiblich belegte Symbolik des Mondes und der Kuh (Fruchtbarkeit) vereinen. Sie umschließen eine männliche Sonnenscheibe und sind so Zeichen der göttlichen Einheit.

Die christliche Verehrung der Jungfrau Maria nimmt eine Sonderstellung ein, weil sie einen völligen Bruch mit dem sonstigen Kult der Natur- und Erdmütter darstellt. Gleichwohl besteht die symbolische Verbindung zu früheren Muttergottheiten darin, dass ihr Sohn getötet wird. Der Tod, die Entmannung oder Zerstückelung der geliebten Nachkommen der Muttergöttin ist ein verbreitetes Thema in der mythologischen Muttersymbolik. Er steht für den Kreislauf von Tod und Wiedergeburt, der ein unabänderliches Naturgesetz ist.

Kali, die »schwarze Mutter« der hinduistischen Mythologie, ist eines der drastischsten Beispiele für die Frau als Schöpferin und Zerstörerin. Die verschiedenen Aspekte der weiblichen Gottheiten werden in der Kunst oft durch dreierlei Gestalt einer Person dargestellt, etwa bei Hekate in keltischen Schnitzereien. Fruchtbarkeitsgöttinnen sind häufig an ihren zahlreichen Brüsten zu erkennen. Keltische Muttergottheiten galten oft auch als Beschützerinnen vor wilden Tieren. In der Kunst zählen zu den Attributen der Mutter Boote und Ruder, aber auch bekannte Symbole der Fruchtbarkeit und des Reichtums wie Fruchtkörbe, Getreidegarben und Füllhörner.

Auch weibliche Symbole wie Quellen, Seen, Meere, Flüsse und der Mond, besonders die Mondsichel, sind ebenso wie Körbe, Becher und andere Behältnisse Träger einer uralten Symbolik, die die FRAU als Empfängerin, Trägerin, Spenderin, Schützerin und Ernährerin des Lebens beschreibt.

Symbolischer Archetyp der Weiblichkeit ist die KÖNIGIN, die in Kunst und Literatur oft als Personifikation des Mondes dargestellt wird. Durch ihre Verbindung mit dem König (siehe Seite 15) entstand eine Dualität, die als Voraussetzung für Wohlstand und Glück ihres Reiches gesehen wurde. In der Alchemie stand die Vermählung der weißen Königin (Quecksilber) und des roten Königs (Schwefel) für die Vereinigung des männlichen und des weiblichen Prinzips, aus der der Stein der Weisen hervorgehen sollte.

GENITALSYMBOLIK IN DER KUNST

In der darstellenden Kunst wird das weibliche Prinzip am deutlichsten durch die RAUTE symbolisiert. Die Raute ist Symbol des Lebens schlechthin, aber auch der Vulva, der Fruchtbarkeit und in manchen Zusammenhängen der Unschuld. In der Malerei der nordamerikanischen Indianer bekommt sie durch die Kombination mit dem phallischen Symbol der Schlange eine zusätzliche Dimension. Rautenformen als Fruchtbarkeitssymbole findet man auf dem grünen Gewand von Chalchihuitlicue, der mexikanischen Göttin der Flüsse und Seen und Gefährtin des Gottes Tlaloc. In Mali ist eine halbe Raute mit einem Punkt darüber das Symbol für eine junge Frau.

Die christliche Kunst hat die Symbolik der heidnischen Fruchtbarkeitsgöttin übernommen und zu einem Symbol der Jungfräulichkeit erhöht. Die Jungfrau Maria wird häufig in einer MANDORLA dargestellt, einem mandelförmigen Nimbus, der für Reinheit und Jungfräulichkeit steht. Als Vulva-Motiv ist das YONI ein wichtiges Symbol der tantrisch-buddhistischen Kunst. Als Darstellung dienen oft zwei einander berührende Bögen als Symbol für das Tor zur geistigen Wiedergeburt. Es symbolisiert die tantrische Weltsicht eines kontinuierlichen Geburtsvorganges und wird ergänzt durch die Vorstellung einer kontinuierlichen Befruchtung durch das männliche Organ, dargestellt als Lingam. Im Hinduismus sieht man das Yoni häufig stilisiert in Form eines oder mehrerer Ringe an der Basis des Lingam, der dem Schöpfergott Shiva geweiht ist.

Ein weniger direktes Symbol für die Vulva ist die MUSCHEL. Sie ist ein verheißungsvolles, erotisches, mit Mond und Weiblichkeit verknüpftes Symbol, das für Empfängnis, Erneuerung, Taufe und in vielen Traditionen auch für Wohlstand steht.

Auf Botticellis berühmtem Gemälde bedeckt die schaumgeborene Göttin Venus ihre Vulva, die dennoch symbolisch in Form der Muschel dargestellt ist, der die Venus entsteigt.

DAS MÄNNLICHE PRINZIP

Die obersten Götter der Mythologien und Religionen werden häufig, wenn auch nicht immer, als Vaterfiguren dargestellt. Wenn man die patriarchische Ordnung der meisten traditionellen Kulturen bedenkt, ist das kaum verwunderlich. Im Einklang mit dieser Dominanz wird der VATER symbolisch mit dem Himmel und der Sonnenkraft assoziiert, aber auch mit geistiger, moralischer und gesellschaftlicher Autorität, mit Verstand und Bewusstsein, mit dem Gesetz, den Elementen Wasser und Feuer, mit dem kriegerischen Geist und dem Donner. Zu den spezifisch männlichen Symbolen gehören Sonne, Feuer und Blitz sowie verschiedene vertikale oder durchdringende Gegenstände, z.B. Pfeil, Zapfen, Lanze, Lingam, Obelisk, Pfeiler oder Säule, Pflug, Rute, Spaten, Speer, Schwert, Donnerkeil und Fackel.

Der PHALLUS selbst ist ein Symbol der Sonne und der Aktivität und wird gemeinhin als Glücksbringer und Beschützer betrachtet. Die manchmal in der Kunst zu findenden übergroßen Darstellungen eines erigierten Phallus haben eher symbolische als erotische Bedeutung. In griechischen und römischen Gärten, Weinbergen und Obstgärten stellte man Statuen des ›gut ausgestatteten‹ Priapos aus, Sohn des Gottes Dionysos (Bacchus) und der Göttin Aphrodite (Venus). Sein Phallus, der oft rot angemalt wurde, sollte das Wachstum fördern und Diebe ebenso wie Krähen verjagen. Alte phallische Grabbeigaben symbolisieren die Fortsetzung des

Noch im 18. Jahrhundert war die Vorstellung lebendig, der König sei ein Symbol des Wohlstandes und ein Abgesandter der Sonne. Damals wurde Ludwig XVI. hingerichtet, um den Niedergang Frankreichs aufzuhalten.

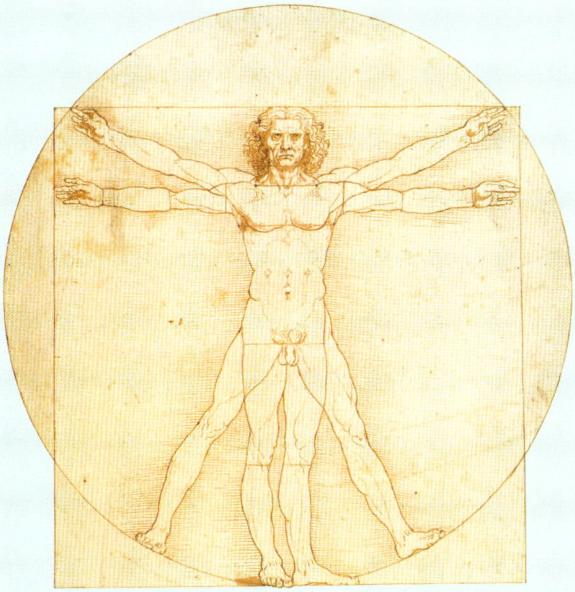

Der Mensch als Idealbild aller Lebewesen – diese Vorstellung liegt Leonardos Zeichnung zu Grunde: Kopf, Arme und Beine bilden ein Pentagramm und symbolisieren die Vollkommenheit des Universums im Kleinen.

Lebens nach dem Tod. Phallusförmige Talismane waren bei Fischern und Bauern beliebt, man verwendete sie auch als Zauber gegen Sterilität.

Ein berühmtes Phallussymbol in der europäischen Volkstradition ist der MAIBAUM. Das Frühlingssymbol der Fruchtbarkeit und der höher steigenden Sonne ist eng verbunden mit alten landwirtschaftlichen Riten des Wiedererwachens, aber auch mit der axialen Symbolik des Lebensbaums. In England ereiferten sich die Puritaner über das Phallussymbol des Maibaums und das übermütige Treiben um ihn herum. Zu den heidnischen Ursprüngen des Maibaums gehören die griechischen und römischen Frühlingsriten zu Ehren von Attis, dem getöteten Gefährten der Erdmutter Kybele. Sein Symbol ist eine entastete Kiefer, um die Wollbänder gewunden sind. Tänze um den Baumstamm sollten seine Wiederauferstehung begünstigen und feiern. In den römischen Hilarien wurde diese Tradition aufgegriffen. Mit der Ausbreitung des Römischen Reiches über die keltische Welt mischten sich die römischen Festtraditionen mit heidnischen Bräuchen.

Der BART steht für Würde, Überlegenheit, Männlichkeit und Weisheit. Männliche Gottheiten werden häufig mit Bart dargestellt. In Ägypten wurden bartlose Herrscher – sogar Königinnen – als Symbol für ihren Status mit einem falschen Bart abgebildet.

Das archetypische Symbol der Männlichkeit ist der KÖNIG. Ihm ist seine Macht von den Göttern verliehen und er besitzt für eine begrenzte Zeit die absolute Autorität über einen Stamm oder ein Volk. Je enger der König mit den übernatürlichen Mächten verbunden ist, umso wichtiger sind seine Führungsqualitäten, seine Gesundheit und Intelligenz. Die Autorität geht Hand in Hand mit der Verantwortung für seine Untergebenen. Von dieser Vorstellung rühren die alten Opfer von Königen zu Zeiten von Pest oder Missernte her.

DER PHALLUS IN DER HINDUISTISCHEN TRADITION

In der Höhle von Elephanta in Bombay war der LINGAM – eine dicke, glatte Steinsäule – Zentrum von besonderen rituellen Kreistänzen. Als axiales und als Phallussymbol wurde er zum klassischen Omphalos (Nabel der Welt). In einer Legende wird Shivas Phallus als Säule aus Licht beschrieben. Shivas Macht wird auch dadurch verdeutlicht, dass Brahma in Gestalt einer Wildgans und Vishnu in Gestalt eines Ebers dessen obere und untere Grenzen nicht finden können. Der Lingam wird gelegentlich auch mit einem Ring an seiner Basis dargestellt, der für das Yoni (Vulva) steht.

In der hinduistischen Kunst wird die männliche, erzeugende Kraft durch den stilisierten Lingam (Phallus) dargestellt, der Shiva als göttlichen Beschützer symbolisiert.

DER KÖRPER

In den meisten traditionellen Symbolsystemen steht NACKTHEIT für Unschuld, Freiheit, Verletzlichkeit, Wahrheit und oft auch Göttlichkeit. Obwohl Nacktheit auch Sinnbild für fleischliche Lust, Scham oder Verderbtheit sein kann, wird der unbekleidete Körper weit häufiger als Symbol der Reinheit angesehen. Daher rühren Entkleidungsrituale von Novizen und Priestern. Aus dem gleichen Grund haben manche Asketen auf Kleidung verzichtet. Bei modernen Hexenversammlungen symbolisiert die Nacktheit die Hinwendung zu übernatürlichen Kräften.

Mit den einzelnen Körperteilen ist eine komplexe Symbolik verbunden. Der MUND wird oft geöffnet abgebildet. Er ist Symbol des Verschlingens oder ein Zeichen, dass die Götter sprechen. Im ägyptischen Bestattungsritual wurde den Toten der Mund geöffnet, damit ihr *Ka* (schöpferische Energie) beim Jüngsten Gericht sprechen konnte und ihnen so die Gabe eines neuen Lebens zuteil werden konnte. In Mexiko und China legte man den Toten Sonnenscheiben und Jade-Objekte als Symbole der Unsterblichkeit in den Mund. Carl Gustav Jung erkannte auch eine symbolische Verbindung zwischen dem Mund – rot und verschlingend – und dem Feuer, das im Feueratem der Drachenlegenden beschrieben wird.

Die ZÄHNE sind ein uraltes Symbol für Angriff und Verteidigung. Das erklärt, warum Schamanen Halsketten aus Tierzähnen tragen. Der Verlust von Zähnen dagegen ist ein Symbol der Kastration und Entmachtung.

Der NABEL ist in vielen Teilen der Welt Symbol für den Ursprung des Lebens. Darum wird er vor allem in der afrikanischen Bildhauerei oft übertrieben groß dargestellt. Er gilt auch als Zentrum der schöpferischen und psychischen Energie und als Brennpunkt der Konzentration im Yoga. In der vedischen Tradition wuchs die Lotosblume der Schöpfung aus dem Nabel des Vishnu, als er am kosmischen Wasser ruhte. Ihr entstieg Brahma.

Die biblische Geschichte von der Vertreibung Adams und Evas aus dem Paradies bringt ihre Nacktheit mit ihrer ursprünglichen Unschuld vor dem Sündenfall in Verbindung. Die abschirmend vorgehaltenen Hände auf Masaccios Gemälde deuten auf den Verlust dieser Unschuld hin.

Der BAUCH gilt in der asiatischen Tradition als Sitz des Lebens, darum steht ein dicker Bauch für Wohlstand. Daher rührt auch das japanische Selbstmordritual des *Harakiri* (Bauchaufschneiden). Es gibt viele Verknüpfungen zwischen den Eingeweiden und dem magischen Wissen, das der Redensart »etwas aus dem Bauch heraus wissen« zugrunde liegt. Die Ägypter bewahrten die Eingeweide ihrer Toten in Urnen auf, damit deren Kräfte den Seelen auf ihrer Reise durch das Totenreich zur Verfügung standen. Römer und Etrusker untersuchten Eingeweide, um aus ihnen die Zukunft zu lesen.

Darstellungen der FÜSSE symbolisieren manchmal die Verbindung zwischen der Erde und dem Göttlichen. Im Buddhismus beispielsweise wird die Immanenz des Buddha durch seine Fußsohlen symbolisiert, die sieben Symbole der göttlichen Weisheit tragen: Halbkugel, Krone, Diamantzepter, Fisch, Vase, Swastika und Rad der Lehre. Die Barfüßigkeit mancher Mönchsorden deutet auf deren freiwillige Armut hin. Die Geste Christi, der seinen Jüngern die Füße wusch, wurde von englischen Herrschern imitiert. Sie wuschen die Füße der Armen, um ihre Demut zu zeigen.

DIE ZUNGE IN AGGRESSIVER MIMIK

Gemälde und Skulpturen zeigen oft eine HERAUSGESTRECKTE ZUNGE. Sie ist ein machtvolles aggressives und zugleich defensives Symbol, weil kein Körperteil so willkürlich zur Schau gestellt werden kann. In der Kunst und den Kriegstänzen der Maori bedeutet sie Herausforderung und Angriff, im Prinzip so wie bei uns auch. In der primitiven Kunst ist sie darüber hinaus ein verbreitetes Sexualsymbol, etwa bei den Fruchtbarkeitssäulen Borneos. Die ägyptische Göttin Bes wird mit herausgestreckter Zunge dargestellt, die das Böse abwenden soll. Es gibt eine starke symbolische Verbindung zwischen Zungen und Flammen. Beide sind rot, aktiv, verschlingend und schöpferisch-destruktiv. Darum wird der indische Feuergott Agni oft mit sieben Zungen dargestellt. Die Zunge kann auch für Redegewandtheit oder Weisheit stehen. In der ägyptischen Grabkunst ermöglichen herausgestreckte Zungen das Gespräch der Toten mit den Göttern. Tierdarstellungen mit herausgestreckten Zungen sollen Regen herbeirufen.

Herausgestreckte Zungen deuten oft auf Dämonen oder menschenfressende Wesen hin. Die Zunge der Göttin Kali steht für ihre alles verzehrende Macht.

HAARE

Das Haar ist ein bedeutungsvoller Aspekt des menschlichen Körpers. Hauptsächlich wird Haar mit Lebenskraft assoziiert. Die Machtsymbolik der Haare wird verdeutlicht durch Samson, einen biblischen Krieger, dessen LANGES HAAR Geheimnis seiner Körperkraft und Zeichen seiner Gottgeweihtheit war. Die Khasla-Gemeinschaft der Sikh lässt Haare und Bart aus ähnlichen Gründen wachsen. Bei keltischen Völkern galten lange Haare als Zeichen der königlichen Macht, der Freiheit und der Unabhängigkeit. Lange, offen getragene Haare bei Frauen zeigten an, dass sie unverheiratet oder Jungfrau waren. In christlichen Darstellungen tragen die Jungfrau Maria und andere jungfräuliche Heilige die Haare offen, die Kurtisanen haben Zöpfe. In Russland dagegen war eine unverheiratete Frau am einzelnen Zopf zu erkennen, während verheiratete Frauen zwei Zöpfe trugen. Das Öffnen geflochtener Haare war ein unmissverständliches sexuelles Signal.

Buddha wird häufig mit rasiertem Kopf dargestellt, was seine Abkehr von weltlicher Eitelkeit symbolisiert. Auf dieser koreanischen Statue stehen die kurzen, gelockten Haare für Kontrolle und Ordnung.

Während Körperbehaarung hauptsächlich mit Männlichkeit sowie niedrigeren Lebensformen assoziiert wird (Behaartheit ist in der christlichen Kunst auch ein Attribut des Teufels), ist die Kopfbehaarung eng mit dem individuellen Geist und der Lebenskraft einer Person verbunden. Das Aufbewahren von HAARLOKKEN geht auf diese Vorstellung zurück. In der griechischen Antike glaubte man, durch das Abschneiden einer Locke von einem Toten gebe man dessen Seele den Weg in die Unterwelt frei. Indianer skalpierten ihre Feinde und beraubten sie so ihrer geistigen Kraft. Besonders Mutige ließen auf ihrem rasierten Kopf eine Haarsträhne stehen, um ihre Feinde zu provozieren. Nach islamischem Brauch ließ man den Toten ein Haarbüschel, an dem sie ins Paradies gezogen werden konnten.

Einsiedler ließen traditionell ihre Haare wachsen. Viele religiöse Orden dagegen sind dem Brauch der ägyptischen Priester gefolgt und haben sich den Schädel rasiert – als Zeichen ihrer Unterwerfung oder ihrer Abkehr von der materiellen Welt. Unterwerfung unter die herrschenden Mandschus ist die ursprüngliche Symbolik des chinesischen ZOPFES. Das SCHNEIDEN DER HAARE kam im alten China einem Kastrationssymbol gleich. Bis heute ist es in einigen Ländern ein ungeliebtes Symbol für Konformität und militärische Disziplin. Die HAARFARBE hat ihren eigenen Symbolgehalt. Rotes Haar wurde mit Dämonen assoziiert, blondes Haar stand für die Macht der Sonne oder des Königs und schwarzes Haar für irdische Autorität. Zerzaustes Haar kann durchaus ein Symbol für Ästhetik sein, z.B. als Attribut des Gottes Shiva.

Die Gorgone Medusa mit ihrem Schlangenhaar ist das Symbol der böswilligen und destruktiven Seite weiblicher Lebenskraft.

Rechts: Porträt der Maria Magdalena von Giotto. Ihre gelösten Zöpfe kennzeichnen nicht nur die Heilige, die die Füße Christi wusch und mit ihren Haaren trocknete, sondern sind zugleich auch Zeichen ihrer Keuschheit.

HERZ, BLUT UND KOPF

Das Herz ist die symbolische Quelle für Gefühle der Zuneigung wie Liebe, Mitleid, Mildtätigkeit, Freude und Sorge, ebenso aber auch Ursprung der geistigen Erleuchtung, der Wahrheit und Intelligenz. In diesem Sinn ist das Herz die alles belebende Sonne des Körpers. Die rituelle Anwendung dieses Glaubens führte dazu, dass die Azteken alljährlich Tausende von Menschen töteten und ihre Herzen der Sonne zum Opfer brachten, um ihre Kraft zu erhalten. Als Symbol dessen, was im menschlichen Leben am wichtigsten ist, beließen die Ägypter das Herz in ihren einbalsamierten Mumien.

Auf Tiepolos Gemälde des französischen Königs Ludwig IX. hält der heilige Augustinus ein flammendes Herz. Ludwig selbst wurde 1297 heilig gesprochen.

Das Herz ist in vielen Religionen Symbol der Wahrheit, des Bewusstseins und des moralischen Mutes. Im Islam sowie im jüdischen und christlichen Glauben ist es der Tempel oder der Thron Gottes, im Hinduismus das »dritte Auge« der alles durchdringenden Weisheit. Es ist der Diamant der Reinheit und des Wesentlichen im Buddhismus und Zentrum des Verstehens im Taoismus. Das »heilige Herz« Christi ist in der katholischen Kirche zu einem Symbol für Gottes selbstlose Liebe geworden. Manchmal wird es in Anlehnung an die Kreuzigung von Dornen gekrönt und von Nägeln durchdrungen dargestellt. Ein FLAMMENDES HERZ ist das Attribut des heiligen Kirchenvaters Augustinus und des heiligen Antonius von Padua. Das brennende Herz ist vor allem ein Schlüsselsymbol christlichen Eifers. In der Kunst wird es auch als Symbol für Mildtätigkeit und schlichte Leidenschaft verwendet, etwa auf Renaissancegemälden der griechischen Göttin Aphrodite (der römischen Göttin Venus). Das vom Pfeil des Eros (Cupido) durchbohrte Herz ist ein weiteres, vielfach variiertes Thema der Renaissance. Es wurde zum Symbol des Valentinstages am 14. Februar, der weniger auf christliche als auf heidnische Wurzeln zurückgeht.

Häufig sieht man das Herz auch als Vase dargestellt. In dieser Form steht es für ein Gefäß, in das Liebe hineingegossen oder in dem sie transportiert wird. Eine Verknüpfung mit dem Heiligen Gral lässt sich in diesem Kontext durchaus vermuten.

Das BLUT selbst ist ein rituelles Symbol der Lebenskraft. In

Ein alter Papyrus aus Ägypten zeigt ein Herz, das gegen eine ›Wahrheitsfeder‹ abgewogen wird. So soll geprüft werden, ob das Herz schwer von Missetaten ist oder leicht genug, um ins Paradies zu gelangen.

vielen Kulturen glaubt man, dass es göttliche Kraft enthält oder zumindest den Geist des Menschen selbst in sich trägt. In alten Kulturen sollte Blut Regen oder Fruchtbarkeit bringen. Deshalb schritt bei Hochzeitszeremonien im Mittleren Osten die Braut über das versprengte Blut eines Schafes. In den römischen Riten verwendete man zu Ehren von Mithras und Kybele Stierblut. Im römischen *taurobolium* wurden Novizen in eine Grube geführt, die mit dem Blut von Opferstieren getränkt war. Die Vermischung von Blut ist in vielen Kulturen Symbol der Vereinigung (z. B. in der Blutsbrüderschaft). Sie kann ein Abkommen zwischen zwei Menschen oder zwischen einem Menschen und Gott besiegeln. In der katholischen Lehre ist Christus im gewandelten Wein des Abendmahls gegenwärtig, der so das Blut des Retters sowohl verkörpert als auch symbolisiert.

DIE MACHTSYMBOLIK DES KOPFES

Die besondere Bedeutung, die man dem ABGETRENNTEN KOPF eines Feindes beimaß, geht vor allem auf die Vorstellung zurück, er enthalte den Geist, die Macht und die Lebenskraft des Menschen. In vielen Kulturen gilt der Kopf als Sitz der Seele. Für andere Völker wohnte dem Kopf auch eine Phallus- oder Fruchtbarkeitssymbolik inne. Keltische Krieger trugen die Köpfe ihrer Feinde als Trophäen mit sich, weil sie annahmen, so würde die Kraft und der Mut der besiegten Krieger auf sie übergehen. In der Ikonographie verkörpert die Darstellung des Kopfes eines Gottes, Helden oder Königs auf einer Säule, einer Münze oder einer Grabstele dessen Macht, Ereignisse zu beeinflussen. Für Platon repräsentierte die Kugel des Kopfes einen menschlichen Mikrokosmos.

Bei Göttern, die als Mischwesen dargestellt werden, gibt der Kopf oft an, welche Wesenszüge dominant sind. Künstler betonten diese Macht noch, indem sie der Gottheit mehrere Köpfe oder Gesichter gaben, denen manchmal auch verschiedene Funktionen zugeordnet wurden. So findet man römische Darstellungen der dreiköpfigen Hekate, die sich zwischen Himmel, Erde und Unterwelt bewegt. Die vier Köpfe des Brahma beziehen sich auf die vier hinduistischen Veden, die vier Widderköpfe des Amun-Re auf seine Herrschaft über die Elemente. Auf zahlreichen Darstellungen der griechischen Zwillinge Kastor und Polydeukes blickt einer der beiden nach oben, der andere nach unten. Damit soll auf die auf- und absteigenden Phasen der himmlischen Wesen und Phänomene verwiesen werden. In Ägypten galten Wesen mit einem männlichen und einem weiblichen Kopf als Schutzsymbole. Auch der Kopfhaltung kommt eine Bedeutung zu – man denke an die unterwürfige Verbeugung und das stolz erhobene Haupt.

Eine Stele aus dem vor-toltekischen Guatemala zeigt einen Priester, der bei einem Sonnenritual einem Opfer den Kopf abtrennt. Der Kopf konnte in kultischen Spielen als Ball und zugleich als Sonnensymbol verwendet werden. Hinabfallende Schlangen symbolisieren die Ströme von Blut.

HAND UND AUGE

Die ausführende Rolle der HAND im menschlichen Leben ebenso wie der Glaube, sie könne geistige und körperliche Kraft weitergeben, hat sie zu einem machtvollen Symbol werden lassen. Sie steht für geistige und weltliche Macht, für Handeln, Kraft und Schutz und sie besitzt genug Aussagekraft, um für sich allein zu stehen, etwa als Motiv früher Höhlenmalereien. Aber auch christliche Gemälde zeigen Gottes Hände, die aus den Wolken auftauchen. Seit Urzeiten glaubte man, dass die Hände von Königen, religiösen Führern oder Heilern wohltuende Kräfte besaßen. Daher rührt die Geste des Handauflegens zur Beruhigung und zum Segen bei Konfirmationen, Firmungen und Einsegnungen. Der Gebrauch von Händen als Talisman reicht bis zur grausigen Praktik von Dieben, die die abgetrennte Hand gefangener Verbrecher als Glücksbringer mit sich trugen.

Das Udjat-Auge steht für die kosmische Ganzheitlichkeit und die alles sehende Macht des Himmelsgottes Horus.

In der europäischen Kultur ebenso wie in vielen anderen hat die RECHTE HAND einen höheren Symbolwert als die LINKE. Das liegt einfach daran, dass mehr Menschen Rechtshänder sind. Mit wenigen Ausnahmen gilt die rechte Hand als Symbol des Vorranges, des Handelns und des männlichen, solaren Prinzips. Die Linke nimmt die untergeordnete Position ein, sie steht für Schwäche, Passivität und das weibliche, lunare Prinzip. In China sorgt das Konzept der Harmonie von Yin und Yang für eine weniger starre Trennung der symbolischen Wertung. Wenn überhaupt, wird der linken Hand der Vorzug gegeben. Ebenso wird in Japan die linke Hand mit Ehre, Adel, Weisheit und dem männlichen Prinzip assoziiert, während der rechten Hand die lunaren und weiblichen Eigenschaften zukommen.

Obwohl die assoziative Verbindung zwischen Hand und Macht in der darstellenden Kunst auf der Hand liegt (im Althebräischen sind die Begriffe sogar Synonyme), ist dies nur ein Aspekt der weitaus umfassenderen Symbolik der Gesten. Vor

In der christlichen Symbolik bedeutet die erhobene Hand Segnung oder Weihe. Dieses Gemälde von Christus dem Erlöser zeigt ihn mit zwei gespreizten Fingern, Symbol für Lehre und Urteil.

allem im Hinduismus und Buddhismus bilden sie eine komplexe Symbolsprache, zu der Hunderte von Gesten und Fingerfiguren gehören. In religiösen Ritualen, Tanz und Theater spielen diese eine bedeutende Rolle. In der Ikonografie steht das Auge auf einer Handfläche für Klarsicht, im Buddhismus auch für Einfühlsamkeit und Weisheit.

Für die Moslems symbolisiert die Hand von Mohammeds Tochter Fatima sowohl die schützende Hand Gottes als auch die fünf Säulen des Islam (Glaube, Gebet, Pilgerfahrt, Fasten und Almosen).

Das AUGE ist unter visuellen Aspekten ein noch suggestiveres Symbol als die Hand. In der europäischen Symbolik ist das rechte Auge aktiv und solar, das linke dagegen passiv und lunar. In der asiatischen Tradition ist die Zuordnung umgekehrt. Der ägyptischen Mythologie zufolge wurde das Mondauge des Himmelsgottes Horus in einem Kampf mit Seth, dem Gott der Unordnung und Sterilität, zerstört und anschließend wiederhergestellt. Diese Geschichte ist die Basis dafür, dass vor allem das Auge als Schutzsymbol auf Amuletten beliebt war. Geschnitzte oder gemalte Augen auf ägyptischen Grabkammern sollten die Toten in der Unterwelt beschützen. Ägyptische Darstellungen von geflügelten Augen symbolisieren die Himmelsrichtungen Nord und Süd.

Das okkulte »dritte Auge«, manchmal auch »Auge des Herzens« genannt, ist das Auge der geistigen Wahrnehmung. Es wird im Hinduismus mit der Kraft des Shiva und dem verschmelzenden Element Feuer in Verbindung gebracht. Im Buddhismus steht es für die innere Vision und im Islam für Hellsichtigkeit. Das Auge, das auf der Stirn des Shiva dargestellt wird, ist ein »inneres Auge«. Es ist das Gegenstück zum BÖSEN BLICK, der im Islam Symbol für die destruktive Kraft des Neides ist. Die Gorgone Medusa, deren Blick einen Menschen in Stein verwandeln konnte, ist eine frühere griechische Personifikation des bösen Blicks. Perseus verwendete einen Spiegel, um den Blick zu Medusa zurückzulenken und sie so zu töten. Talismane mit Darstellungen von Augen sollen noch heute den bösen Blick abwenden. Im Europa des Mittelalters glaubte man, dass Hufeisen besonders wirkungsvoll gegen den bösen Blick, Hexerei und den Teufel selbst seien. Man findet vielfach Abbildungen des Teufels mit einem deplatzierten Auge auf dem Körper.

Vielfache Augen stehen für Umsicht und das Licht der Sterne am Himmel. Amitabha, der tibetanische Buddha des Lichts, hat als Begleiter einen Pfau, dessen vieläugiges Gefieder diese Symbolik repräsentiert. Die Augen anderer Tiere stehen meist für Hellsichtigkeit. Daher rührt der parsische Brauch, einen Hund ans Totenlager zu führen, damit der Tote die Unterwelt mit dessen Augen sehen könne.

Das Sonnenauge symbolisiert die Allgegenwart der Himmelsgötter. In der frühchristlichen Kunst ist ein einzelnes Auge auch ein Symbol für Gott.

DER LEBENSLAUF

Die Kürze des Lebens, die Furcht vor dem Tod und die Hoffnung auf Wiedergeburt sind wichtige Themen in der Symbolik von Mythologie, Religion und Philosophie. Der Übergang von einem Lebensstadium ins nächste wird durch Rituale markiert, aber ebenso durch Personifikationen wie beispielsweise den SENSENMANN. Das KIND, oft angstfrei und in einer paradiesischen Landschaft dargestellt, ist ein Symbol für Reinheit, Kraft, Unschuld und Spontaneität. Das Thema der verlorenen Jugend taucht in zahlreichen Legenden über verjüngende Quellen auf. Der in der europäischen Kultur bekannte Begriff des JUNGBRUNNENS geht mindestens bis auf römische Zeiten zurück. In der Kunst sitzt häufig Cupido über diesem Brunnen. Das sprudelnde Wasser steht für die Sexualität als Ausdruck der Lebensenergie und propagiert die verjüngende Wirkung der Verliebtheit.

Dieses schamanische Mischwesen aus Mensch und Tier – eine Höhlenmalerei aus der Dordogne – stammt aus dem späten Paläolithikum (ca. 10 000 v. Chr.). Das Geweih ist ein häufiges Symbol der Erneuerung.

LANGLEBIGKEIT ist die Botschaft vieler Symbole aus China. Klassische Motive sind Bäume und ihre Früchte, vor allem Apfel, Bambus, Zeder, Zitrone, Zypresse, Myrte, Eiche, Palme, Pfirsich, Birne, Kiefer und Pflaume. Auch die Farbe Grün steht für Langlebigkeit, ebenso Felsen sowie Edelsteine wie Jade, Diamant und Rubin, aber auch Tiere wie Kranich, Taube, Elefant, Hase, Phönix, Storch, Kröte und Schildkröte.

Nicht nur in der hinduistischen und buddhistischen Philosophie werden die Menschen gemahnt, dass es eitel ist, dem vergänglichen Körper und seinen Freuden allzu viel Bedeutung beizumessen. Auch in der europäischen Kunst ist die Eitelkeit weltlicher Güter ein wichtiger Bereich der Symbolik. Zahllose Stillleben zeigen materielle Besitztümer wie Münzen, Gold oder Juwelen, Symbole der Macht wie Krone und Zepter, zu denen sich Bilder der Leere, etwa umgestürzte Becher, oder Symbole des Memento mori, beispielsweise ein TOTENSCHÄDEL, gesellen. Diese sollen den Betrachter gemahnen, dass das Leben vergänglich ist und es wenig sinnvoll ist, sich an die dingliche Welt zu klammern.

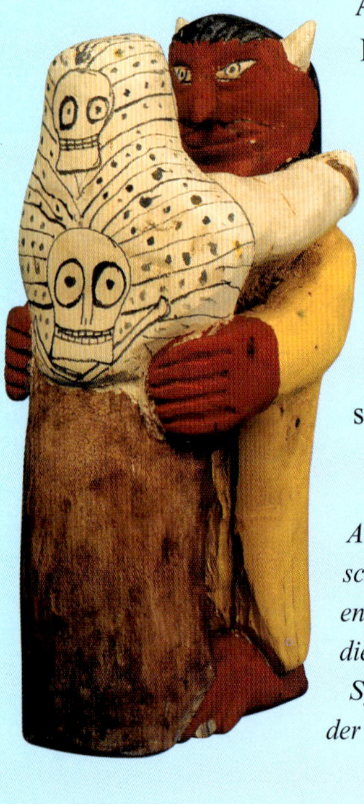

Auf dieser mexikanischen Holzschnitzerei tanzt der Tod (in Frauengestalt) mit dem Teufel. Skelette, die mit dem Tod tanzen, sind häufig Symbole für die Vergänglichkeit der irdischen Freuden.

In der hinduistischen Ikonografie steht ein mit Blut gefüllter Totenschädel für den Wunsch, dem Leben zu entsagen. Das RAD, das sich im endlosen Kreislauf von Entstehung, Existenz und Zerstörung dreht, ist ein wichtiges hinduistisches und buddhistisches Symbol für die Schattenseiten der Reinkarnation. In den meisten frühen Kulturen hatten der Schädel und andere Teile des SKELETTS eine positivere Symbolik, weil sie langsamer als alle anderen Teile des Körpers zerfielen. So nahm man an, dass sie die Grundlage für eine Auferstehung bildeten. Aus diesem Grund wurden in vielen alten Kulturen die Knochen besonders sorgfältig verwahrt. Nordeuropäische Stämme zwischen Finnland und Sibirien begruben auch die Knochen von Bären und anderen wilden Tieren, um ihre Wiedergeburt sicherzustellen. In einer skandinavischen Legende erweckt Thor Ziegen aus ihren Knochen wieder zum Leben, nachdem er ein Festmahl mit ihrem Fleisch gefeiert hat. Als er feststellt, dass eine Ziege humpelt, wird er zornig auf seinen Sohn, weil er annimmt, dass der Junge das Mark aus den Knochen gesaugt hat. Der Ausdruck, etwas »in den Knochen« zu haben, geht zurück auf diesen Glauben, das Wesentliche eines Menschen sei in den Knochen enthalten. In Mali siedelt man dort sogar die Seele an.

DER TOD UND SEINE SYMBOLE

Personifikationen des Todes sind meist unheimlich und erschreckend. Durch die religiöse Symbolik hat sich das Bild der Endlichkeit des Lebens jedoch verändert. Der Tod wird zu einer notwendigen Phase, die man durchlaufen muss, um Freiheit oder Unsterblichkeit zu erlangen. Die Symbole von Angst und Hoffnung stehen oft nebeneinander und erzeugen eine beträchtliche Spannung. In der Kunst ist die häufigste Darstellung des Todes das SKELETT ZU PFERD mit Umhang und Kapuze, das erbarmungslos Sense, Dreizack, Schwert oder Pfeil und Bogen schwingt. Oft trägt der Tod ein Stundenglas bei sich, das für die begrenzte Lebenszeit steht. Auch die Götter der Unterwelt, die über die Toten herrschen, benutzen solche Attribute, um die Seelen zu sich zu holen. Sie sind dennoch häufig weniger furchterregend als der personifizierte Tod selbst. Die Druiden lehrten, dass der Gott des Todes, in Irland Donn genannt, der Ursprung allen Lebens sei. Andere Symbole des Todes sind das Skelett, der Totenschädel, das Grab oder eine Figur mit schwarzem Umhang und Schwert, z. B. der griechische Gott Thanatos. In europäischen Kulturen ist Schwarz die Farbe des Todes, in Asien hingegen Weiß. Der Tod kann auch als Tänzer oder Trommler auftreten. Sanftere Symbole sind verschleierte Frauen oder Engel des Todes. Boote symbolisieren die Reise in die Unterwelt. Unter den Pflanzen sind Mohn, Narzisse und Zypresse häufig verwendete Todessymbole.

Details aus Pieter Bruegels Triumph des Todes *zeugen von den religiösen Verfolgungen um 1560 in den Niederlanden. Der Tod, von den Künstlern zuerst als Pest, später als Krieg dargestellt, wütete in ganz Europa.*

SEELE, GEIST UND DAS ÜBERNATÜRLICHE

Symbole versuchen, dem Nichtgreifbaren Kontur zu geben. Das gilt nirgends so sehr wie in Magie, Ritualen und Religion. In allen Kulturen kennt man die Versuche, mit den übernatürlichen Kräften zu kommunizieren, die man jenseits der sichtbaren Welt vermutet. Die Geschichte der Symbole zeigt eine langsame Entwicklung weg von der Vorstellung, dass die gesamte Menschheit auf Gedeih und Verderb den unberechenbaren Göttern ausgeliefert ist. Differenziertere Gesellschaftsformen haben sich entwickelt, deren Künstler betonen die Wahlfreiheit des Menschen in einem Universum der Dualitäten zwischen Hell und Dunkel, Gut und Böse, Erlösung und Verdammnis, Tugend und Laster. Die Vorstellung, die Welt sei eine Kampfarena, in der jedem Prinzip sein Gegenteil gegenübersteht, basiert auf Beobachtungen der natürlichen Umgebung wie auch der Natur des Menschen. Auf einfachster Ebene ist dies zu erkennen in den Mythen der Irokesen mit der Symbolik der Zwillinge, von denen einer gut und einer böse ist. Dem gegenüber steht die Hoffnung auf ein geistiges Gleichgewicht, das durch das alchemistische Symbolbild von Sonne und Mond repräsentiert wird (unten).

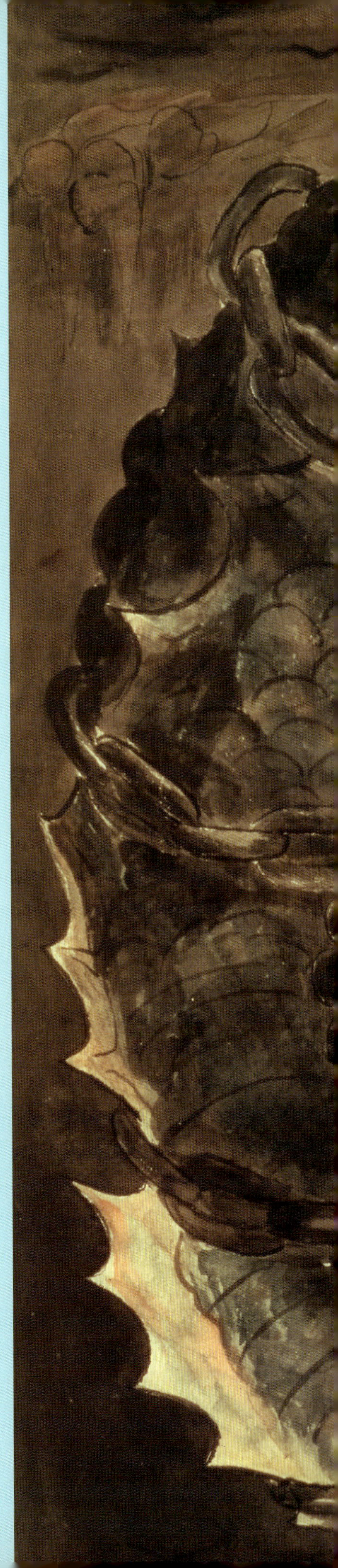

William Blakes Gemälde vom Sieg des Erzengels Michael über den Teufel ist ein Beispiel für die symbolische Umsetzung der Vorstellung, dass zwei entgegengesetzte, unversöhnliche Mächte in der Welt wirken. In vielen Traditionen wird es jedoch nicht als Kampf zwischen Gut und Böse dargestellt. Für die Taoisten besteht das Böse einfach in der Unordnung.

HIMMEL UND HÖLLE

Der Glaube an ein LEBEN NACH DEM TOD hat eines der reichsten Symbolsysteme geschaffen. Ägyptische und tibetische Totenbücher halten präzise Regeln für das Verhalten während des Sterbens und danach fest. In weniger ausgefeilter Form findet man solche Regeln auch in den religiösen Schriften Chinas, Japans und Mittelamerikas, der Buddhisten, Moslems, Hindus und Christen.

Schmetterlinge als Symbol für die Seele und Auferstehung kennt man im Kongo, in Mexiko und Polynesien. Auch in christlichen Gräbern hat man sie gefunden.

In relativ primitiven Gesellschaften stellte man sich das Totenreich als glücklichere Version der bekannten Welt vor. In den monotheistischen Religionen ist die Unterscheidung zwischen Erlösung und Verdammnis verblüffend einheitlich. Das Paradies liegt oberhalb des Himmelsgewölbes (in der Architektur durch Kuppeln und Pagoden umgesetzt). Dort herrscht helles Licht, harmonische Musik erklingt. Die Hölle liegt unter der Erde. Sie ist dunkel, raucherfüllt, modrig und voller Schmerzen, seltener auch eiskalt.

In den meisten Kulturen stellt man sich vor, dass im Körper eine SEELE wohnt, die ihn in Träumen manchmal verlässt und nach dem Tod auf irgendeine Weise weiterbesteht. In Ägypten wird die Seele, die den Körper verlassen hat, als menschenköpfiger Habicht, Ba genannt, dargestellt. In der europäischen Kunst haben Seelen oft die Gestalt nackter Kinder. Semitische und andere mystische Kulturen stellen die Seele als Funken dar. Sie ist ein Bruchteil des göttlichen Lichts, der in der Dualität von Licht und Dunkelheit vom Kopf des Gottes getrennt wurde, aber dorthin zurückkehren kann, wenn die Seele sich von der materiellen Welt gelöst hat.

Künstler haben das PARADIES oft als Übergangsstadium dargestellt, an den sich ein nicht greifbarer Bereich anschließt, symbolisiert durch das reine Licht. Der Himmel besteht aus einer Reihe von Ebenen. Eine von diesen ist der »siebte Himmel« des Islam, wo Mohammed den Thron Allahs erreichte. Aus den himmlischen Gärten oder Städten steigen die rechtschaffenen Seelen auf zu einer abstrakten Seligkeit, die in

Die Trennlinie zwischen Leben und Tod wird oft als Fluss dargestellt. Dieses Bild von Joachim Patinir zeigt den griechischen Styx mit seinem Fährmann Charon. In den ozeanischen Kulturen führt der Weg ins Totenreich über das Meer.

der Betrachtung von Gottes strahlender Größe besteht. Diese Ebene des Losgelöstseins entspricht der hinduistischen und buddhistischen Vorstellung vom Nirwana, in dem die Seele aus dem Zyklus der Wiedergeburt erlöst und als Individuum ausgelöscht ist, jedoch aufgenommen wird in eine ultimative Wirklichkeit. Für diese reine Erleuchtung verwendet man im Buddhismus das Symbolbild vom strahlenden Vollmond, der dunkle Wolken teilt. Die UNSTERBLICHKEIT wird häufig durch den Schmetterling symbolisiert, der eine perfekte Analogie auf das Leben (die kriechende Raupe), den Tod (der dunkle Kokon) und die Wiedergeburt (die davonfliegende Seele) bildet.

Eine weitere verbreitete Metapher für das nichthimmlische Paradies ist die INSEL. Symbolisch handelt es sich fast immer um ein magisches »Irgendwo«, eine abgelegene, eigene Welt. Diese Insel kann ein geistiges Ziel sein oder ein Ort, an den die auserwählten Seelen gelangen, z. B. die »glücklichen Inseln« der klassischen Mythologie oder die chinesische »Insel der Seligen«. Es kann auch eine verzauberte Insel sein, wie Prosperos Insel in Shakespeares *Sturm,* auf der über die Fehler des Lebens gerichtet wird.

Für einige Kulturen war der HIMMEL ein Ort für die Elite. Das skandinavische Walhalla beispielsweise war den Helden vorbehalten, die im Krieg gefallen waren. Ins Elysium der griechischen Mythologie gelangten ebenfalls nur wenige Auserwählte. In anderen Traditionen erreichen diejenigen den Himmel, die in der Unterwelt die richtigen Riten oder magischen Formeln anwenden (etwa im alten Ägypten) oder die in einem Zwischenreich von den kleineren Sünden erlöst werden (wie im Fegefeuer der katholischen Kirche). Auch die HÖLLE ist nicht unbedingt eine Endstation, obwohl im christlichen Mittelalter die Vorstellung von einem ewigen Höllenfeuer große Verbreitung gewann. URTEIL UND STRAFE ist ein häufig variiertes Thema. Manchmal wird es durch das Wiegen der Seelen symbolisiert. Bei den tibetischen Buddhisten wurde das Urteil mit Hilfe von schwarzen und weißen Kieseln ausgewogen, bei den japanischen Buddhisten durch angedeutete rote und weiße abgetrennte Köpfe. Andere Prüfungen bestanden in gefährlichen Reisen, so konnte z. B. eine Brücke zu überqueren sein, die sich für Sünder als dünn und schlüpfrig erwies, für rechtschaffene Seelen jedoch als breit und stabil.

Die Waage ist Symbol für das göttliche Urteil, wie in diesem Gemälde des Erzengels Michael. In jeder Waagschale befindet sich eine winzige menschliche Gestalt. Ein hinterhältiger Dämon stößt die Waage an.

GUT UND BÖSE

Die Vorstellung von Gut und Böse als ständig miteinander im Widerstreit stehende Kräfte des Universums geht hauptsächlich auf den persischen Gelehrten Zarathustra (Zoroaster, ca. 628–551 v. Chr.) zurück. Er baute auf ältere symbolische Traditionen auf, in denen das LICHT eine Metapher für das Göttliche war und für kosmische Macht sowie für ultimative Güte und Wahrheit stand. Obwohl die meisten philosophischen Schulen die DUNKELHEIT als notwendigen Gegenpol zum Licht betrachten, folgen die monotheistischen Religionen des Nahen Ostens wie Judentum, Christentum und Islam der Lehre Zarathustras insofern, als sie Licht und Dunkelheit als entgegengesetzte ethische Reiche des Guten und Bösen ansehen.

Das Göttliche wird durch menschenähnliche geflügelte Wesen dargestellt, die ENGEL. Man vermutet, dass sie sich aus den semitischen und ägyptischen geflügelten Gottheiten entwickelt haben. Engel tauchen in vielen Religionen auf, doch besonders ausgeprägt ist ihre Symbolik im moslemischen, jüdischen und christlichen Glauben. In der Kunst sind ihre Attribute häufig Trompete, Harfe, Schwert, Weihrauchgefäß und Zepter oder Zauberstab. Engel können in der Rolle von Boten (griechisch *angeloi*), Kriegern, Wächtern oder Beschützern auftreten. ERZENGEL haben eine spezielle, personenbezogene Symbolik. In der christlichen Kunst findet man Gabriel als Engel der Verkündung. Er trägt eine Lilie oder ein Zepter mit einem Fleur-de-Lis-Emblem. Michael, Krieger und Beschützer der Rechtschaffenen sowie richtender Erzengel, trägt als Attribut ein Schwert oder eine Waage. Das Attribut von Raphael, dem Beschützer der Kinder und Reisenden, ist ein Stab.

Die Dunkelheit ist ebenso wie die Farbe Schwarz ein ambivalentes Symbol. Sie steht nicht nur für Tod und Sünde, Unwissenheit und das Böse, sondern auch für die Kraft des Lebens, das Dunkel der Keimung. Ihre negative Bedeutung kommt also nur zum Tragen, wenn sie in der Dualität von Hell und Dunkel betrachtet wird. In der Alten Welt sowie in weiten Teilen Asiens, Afrikas, Ozeaniens und Nordamerikas galt das Böse eher als gelegentlich auftretende Unbill und weniger als inhärenter Bestandteil der Natur. Vielfach wird es

Das Strahlen hinter der Figur auf William Blakes Gemälde »Glücklicher Tag« knüpft an die alte Symbolik an, der zufolge Licht als Verkörperung göttlicher Güte gilt.

eher mit dem Missgeschick gleichgesetzt. Als Symbole dienten Ungeheuer, Trolle oder Gottheiten mit dualer Natur, die sowohl unberechenbare und destruktive als auch wohlwollende Wesenszüge besaßen.

Diese Skulptur des Humbaba ist etwa 4000 Jahre alt. Er ist einer von vielen babylonischen Dämonen, die für Missgeschick und Unglück verantwortlich gemacht wurden.

Auch die Idee des TEUFELS geht auf Zarathustra zurück, der die Existenz eines solchen Wesens – Ahriman genannt – postulierte, um die Fehler der Schöpfung zu erklären. Ahriman war ein dunkler Schöpfergeist, der den Weg des Bösen gewählt hatte und dadurch in endlose Verwicklungen mit seinem guten Bruder Ahura Mazda geraten war. Aus dieser Idee entwickelte sich nach und nach der biblische Satan als gefallener Engel. Klassische christliche Darstellungen des Teufels sind teilweise den griechischen Abbildungen des gehörnten Minotaurus und des Pan in Ziegengestalt entliehen. Sie zeigen den Teufel mit Hörnern, gespaltenen Hufen und einem gegabelten Schwanz.

HEXEN UND SYMBOLE DER HEXEREI

Zwischen dem 13. und 18. Jahrhundert wurde die Hexe in Westeuropa zum gängigsten Symbol für den Missbrauch übernatürlicher Kräfte. Vor dieser Zeit hatte man Hexen zwar gefürchtet und ihnen misstraut, doch hatte man ihre Dienste häufig in Anspruch genommen. Als die Menschen die Hexen nicht mehr als selbstständig handelnde Personen, sondern als ausführende Organe des Teufels anzusehen begannen, wurde die Hexerei zu einem gefährlichen Geschäft. Die biblische Aufforderung, »eine Hexe nicht leben zu lassen«, nahm man noch 1692 wörtlich, als neunzehn »überführte« Hexen in Salem, Massachusetts, gehenkt wurden. Während in Kulturen mit vielen Gottheiten auch hässliche und böse Götter – wie die Kali im Hinduismus – ihren Platz als Teil einer dualistischen Ordnung hatten, wurde im monotheistischen Christentum der Satan als Irrtum der Natur betrachtet, dessen Anhänger verbrannt werden mussten. Zur »Blütezeit« der Hexenhysterie wurden die Hexen auch als Sündenböcke für natürliche Phänomene wie Missernten oder Geisteskrankheit missbraucht. Daneben wurden sie für jegliches Gedankengut hingerichtet, das der Kirche nicht genehm war.

Horaz beschreibt, dass während römischer Geisterbeschwörungen ein schwarzes Lamm geschlachtet wurde. Diese umgekehrte Symbolik ist typisch für die meisten traditionellen Symbole der Hexerei. Zu ihnen gehören die Nachttiere (wie schwarze Katzen und Eulen), Kröten, Wölfe oder (in Japan) Füchse, ziegenartige Symbole der Lust, Schlangen, giftige Kräuter und grausige Opfergaben wie tote Säuglinge. Carl Gustav Jung betrachtete die Hexen als Projektion der dunklen Seite der Seele – der weiblichen Seite der menschlichen Natur.

MAGIE

Die Alraune ist eine mediterrane Pflanze mit betäubender Wirkung. Ihre gegabelte Wurzel erinnert an die menschliche Gestalt, darum schrieb man ihr magische Kräfte zu und assoziierte sie mit der Hexerei.

Die Magie ist Vorläuferin der Religion insofern, als mit ihr versucht wird, die Kräfte zu beeinflussen, die den Menschen nutzen oder schaden. Die Religion übernahm später die Aufgabe einer Mittlerin zwischen den Menschen und den übernatürlichen Mächten, doch ihre Verbindung zu den magischen Symbolen blieb über Jahrhunderte erhalten. Im Volksglauben ist die Vorstellung, dass Naturereignisse durch spezielle Magie beeinflussbar seien, nie ganz verschwunden. AMULETTE, häufig hergestellt aus Bernstein oder einem anderen apotropäischen Edelstein, sind nur ein Beispiel für den alten alchemistischen Glauben, dass ein Gegenstand mit symbolischer Kraft (z. B. ein Stein) seinen Träger beschützen könne. Die Bedeutung des RUNDEN TISCHES in der keltischen wie auch der hinduistischen Mythologie geht ebenfalls auf eine uralte Symbolik zurück. Der Kreis wird als Form betrachtet, die dem Kosmos ähnelt und darum kosmische Kräfte besitzt.

Das HUFEISEN ist ein weiteres altes Schutzsymbol. Fast immer wird es mit der Öffnung nach oben abgebildet, was vermutlich auf die Schutzsymbolik der Mondsichel zurückgeht. Auch dem HOLZ werden schützende Eigenschaften zugeschrieben. Diese Symbolik basiert auf frühen Kulten zu Ehren freundlicher Waldgeister und auf einer weltweiten Tradition, die den Baum als Ausdruck von mütterlicher Nahrung und Lebenskraft sieht. Der Aberglaube, der mit dem Berühren von Holz verbunden ist, stammt von den magischen Kräften, die man der Esche, dem Weißdorn, dem Hasel, der Eiche und der Weide zuschrieb. In der indischen Tradition ist Holz das Ur-Material, aus dem alle Dinge geformt wurden.

Der BESEN ist ein bescheidenes Werkzeug, dem seit jeher magische Kräfte zugeschrieben werden. Hauptsächlich war er ein Symbol der Beseitigung (»neue Besen fegen gut«), darum lassen abergläubische Menschen beim Fegen Vorsicht walten, damit sie nicht gleichzeitig mit dem Staub die guten Geister aus dem Haus kehren. Die Vorstellung, dass Hexen auf Besen ritten, geht auf die Vorstellung zurück, dass böse Geister von dem Werkzeug Besitz ergreifen könnten, das sie vertreiben soll.

Die Runenschrift nahm eine magische Symbolik an, als sie sich über Skandinavien verbreitete. Man verwendete sie zur Benennung der Himmelsgötter und las aus ihnen die Zukunft.

RITUELLE TÄNZE

Der Tanz ist eine instinktive Ausdrucksform der Lebenskraft. Als Sympathiezauber ist er vermutlich älter als die Malerei. In primitiven Kulturen fühlten sich die Tänzer mit dem Fluss der kosmischen Energie vereint und sie glaubten, dass sie durch tänzerische Bewegungen und Gesten diese Energien und damit die von ihnen gesteuerten Prozesse der Natur beeinflussen könnten.

Dieser Glaube führte zu einem komplexen Symbolsystem alter Tänze, mit denen Regen oder Sonne, Ernteerfolg oder menschliche Fruchtbarkeit, Kriegserfolg oder die Heilung einer Krankheit, der Schutz freundlicher Geister oder die Besänftigung böser Geister bezweckt wurde. Weil in diesen Tänzen ein ganzer Stamm gemeinsam seinen Glauben lebte und wichtige Ereignisse nachstellte, schien es nur wahrscheinlich, dass bei so viel kollektivem Bitten die Hilfe der Götter nicht versagt werden würde. Der Tanz, in dem religiöse Dogmen in Bewegung umgesetzt wurden, mag als Urform des Theaters betrachtet werden. Das Nachstellen kriegerischer Erfolge ist noch heute in den Schwerttänzen der Schotten zu erkennen.

Kreistänze ahmten die Bewegungen von Sonne und Mond oder den Zyklus der Jahreszeiten nach. Ein Tanz um ein Objekt bündelte dessen Kraft und besaß zugleich eine Schutzsymbolik. Schamanen drehten sich darum wie Planeten. Sie hoben die Arme, um kosmische Energie aufzunehmen, oder senkten sie, um Energie in die Erde zu leiten.

Tänze in Tierkostümen und -masken oder mit tierähnlichen Bewegungen riefen die Kräfte herbei, die den jeweiligen Tieren zugeschrieben wurden. Der Schlangentanz der Priesterinnen von Delphi sollte die Weisheit und die Fruchtbarkeit der Schlangen heraufbeschwören. Vereinigung wird durch Hochzeitstänze und viele Arten von Kettentänzen symbolisiert, auch Trauer findet ihren Ausdruck in besonderen Tänzen. In Afrika und andernorts versuchten die Schamanen, durch spezielle Tänze heilende Energien zu herbeizurufen. Wenn sie während des Tanzes in Trance fielen, wurde dies als Erreichen einer übernatürlichen Ebene gewertet, auf der sie in direkten Kontakt zur kosmischen Energie gelangten. Shiva, der tanzende Gott des Hinduismus, wird oft in einem Flammenkranz dargestellt. Sein Tanz ist die Verkörperung von schöpferischer und zugleich destruktiver Energie.

Ein Schamane im Totentanz-Gewand soll bei einem Erntefest im Himalaja-Staat Bhutan böse Geister vertreiben.

Im Gesellschaftstanz und vor allen Dingen im Volkstanz, der sich geradlinig aus den alten Fruchtbarkeitsriten entwickelt hat, ist die Symbolik der Rückkehr zum Lebenszentrum der kosmischen Energie zwar verändert und reduziert, jedoch nicht ganz verschwunden.

RITUALE

Der Drachen-Regentanz in Singapur ist eine Zeremonie, die auch heute noch die Gemeinschaft zusammenhält.

In den Versuchen der Menschen, den Übergang von einem Lebensstadium ins nächste darzustellen, verschmelzen Magie und Ritual. Prüfungen im Zusammenhang mit INITIATIONSZEREMONIEN symbolisieren den Tod der einen Identität, der die Geburt einer neuen nach sich zieht. Das alte Ritual der BESCHNEIDUNG, das außerhalb Nordeuropas, der Mongolei und dem hinduistischen Indien weit verbreitet ist, hat neben seiner physischen Bedeutung auch eine Initiations- und Opfersymbolik. Das hebräische Gebot, männliche Kinder acht Tage nach der Geburt zu beschneiden, hat sowohl hygienische als auch initiatorische Symbolik: die Kinder werden in die von Gott auserwählte Gemeinschaft aufgenommen. Andernorts ist die Beschneidung in der Pubertät ein Ritual des Übergangs in das Erwachsenenalter, häufig für beiderlei Geschlecht.

DAS URCHAOS

Heute werden Rituale mit Disziplin und Konventionen in Verbindung gebracht, was in den Kulturen des Altertums keineswegs immer der Fall war. Neben bestimmten orgiastischen Kulten gab es in vielen frühen Kulturen feste, institutionalisierte Zeiten der Ausschweifung, in denen gesellschaftliche Normen missachtet oder sogar in ihr Gegenteil verkehrt werden durften. In Babylonien symbolisierten acht Tage der Anarchie den mythologischen Kampf gegen die Göttin des Chaos, ehe die Ordnung der Welt hergestellt werden konnte. Die römischen Saturnalien, ein offizielles siebentägiges Fest um die Wintersonnenwende, feierten die Wiedergeburt des Gottes der Vegetation mit einer Zeit der Vergnügungen und der gemäßigten Anarchie. Solche alten Traditionen liegen vermutlich den jüngeren Karnevalsbräuchen zugrunde, die man ursprünglich am Faschingsdienstag (in Frankreich als Mardi Gras bekannt) feierte.

Die Symbolik der religiösen Orgien, versinnbildlicht beispielsweise in den alkoholischen Ausschweifungen des Gottes Dionysos, bestand im Verwischen der Grenze zwischen den Menschen – beschränkt durch Zeit, Moral, gesellschaftliche Konventionen und individuelle Kraft – und die zeitlose, unbeschränkte Göttlichkeit mit ihrer nie versiegenden Kraft.

In diesem römischen Wandgemälde von einem Gelage wird die Stimmung einer Orgie eingefangen, die den elementaren kreativen Kräften von Instinkt und Leidenschaft symbolisch Tribut zollt.

Diesen Beschneidungsritualen liegt vermutlich die noch ältere Symbolik des Blutopfers zugrunde: ein bedeutungsvoller Teil des Körpers wird abgetrennt, damit Unsterblichkeit erlangt. Eine andere Theorie lautet, dass die Beschneidung zur Klärung des Unterschieds zwischen den Geschlechtern diente, da die Vorhaut als weiblicher Aspekt des männlichen Geschlechts und die Klitoris als männlicher Teil des weiblichen gesehen wurde.

Als sich das Christentum vom Judentum löste, ersetzte das Sakrament der TAUFE die Beschneidung, die im Christentum nicht mehr vorgeschrieben war. Die Taufe symbolisiert Reinigung und Erneuerung. Sie steht für die Ablösung von einer alten Identität und für die Wiedergeburt aus den Urwassern des Lebens. Alte, weit verbreitete Taufkulte erinnern oft mehr an eine Initiation der Toten als der Lebenden. Je nach Bekenntnis kann die christliche Taufe den Eintritt in die Kirche symbolisieren, aber auch die Besiegelung des Glaubens des Erwachsenen, die Wiedergeburt durch Gottes Gnade, die Vergebung vergangener Sünden oder die symbolische Anteilnahme an Leben und Auferstehung Christi.

In vielen Kulturen gehören auch WASCHUNGEN zu den bedeutungsvollsten Reinigungsritualen. Symbolisch ist damit eher eine innere als eine äußere Reinigung gemeint, etwa bei dem islamischen Ritual, sich vor dem Gebet Hände, Gesicht und Füße zu waschen. In buddhistischen Initiationsritualen waschen die Novizen sich ihr vorheriges Leben ab. Pilatus wusch sich nach dem Prozess Christi feierlich die Hände, um sich von jeglicher Schuld für dessen Kreuzigung zu befreien.

Aus Ritualen der Geisterbeschwörung und des Ahnenkultes entwickelten sich unheimliche Formen der melanesischen Kunst; ein Beispiel ist diese Maske aus Rindengewebe und Gräsern (Neuguinea).

Vor allem im Mittleren Osten kommt ÖL neben Wasser eine besondere symbolische Bedeutung in rituellen Bräuchen zu. Öl als Symbol göttlicher Gnade wurde zum Salben von Herrschern und bei der Weihe von Geistlichen verwendet. Die Verknüpfungen zwischen Öl, göttlicher Gnade, Erleuchtung und Weihe haben vermutlich ihren Ursprung im Mittleren Osten, wo Olivenöl als Nahrungsmittel, zur Beleuchtung und auch als medizinischer Balsam verwendet wurde.

Bestattungsrituale stecken voller Symbole. Die VERBRENNUNG beispielsweise stand bei den alten indoiranischen Völkern für Reinigung, Vergeistigung und Himmelfahrt. Ähnliche Bedeutung kommt der Verbrennung seit der Bronzezeit auch in Westeuropa zu. Später breiteten sich solche Rituale über das ganze Römische Reich aus, wo sie oft Kennzeichen eines hohen Status waren. Die Auflösung des Körpers im Feuer symbolisierte die Befreiung der Seele vom Fleisch und mit dem Rauch ihren Aufstieg zum Himmel. In Kulturen, in denen man an die körperliche Auferstehung glaubte – in Ägypten und im christlichen Europa –, zog man das Begraben der Toten vor.

HEIRAT

Nur wenige menschliche Rituale sind bedeutungsvoller und mit mehr Symbolik behaftet als die Heirat. Seit Jahrtausenden ist die Eheschließung ein Ritual, in dem das Paar durch die Vereinigung des männlichen und des weiblichen Prinzips, die Voraussetzung für das Entstehen neuen Lebens ist, einen halbgöttlichen Status der Ganzheit erlangt. In der Kunst findet man zahlreiche Darstellungen der »Heirat« zwischen elementaren Gegensätzen: Gott und Göttin, Sonne und Mond, König und Königin oder in der Alchemie Schwefel und Quecksilber. Diese Vereinigung steht für den Fortbestand der kosmischen Ordnung. In diesem Kontext kam Eheschließungen gesellschaftlich und religiös ein besonderer Stellenwert zu. Die Idee von der menschlich-göttlichen Vereinigung findet in den Hochzeitsformeln vieler Sprachen ihren Ausdruck, aber auch in der Bezeichnung von Nonnen als den »Bräuten Christi«.

Dieses Hochzeitsmotiv enthält vier traditionelle Symbole: den Händedruck der Vereinigung, den Granatapfel der Fruchtbarkeit und die Kornähren des Wohlstandes. Alles ist umschlossen vom Kreis der Beständigkeit.

Früher waren die Heiratsbräuche voll von Symbolen, deren Bedeutung heute weitgehend in Vergessenheit geraten ist. Die meisten Bräuche kreisten um die Braut. Sie sollten dafür sorgen, dass die Ehe nicht nur eine gesetzliche Bindung war, sondern vor allem fruchtbar und glücklich. Zu den noch heute gebräuchlichen Symbolen gehört der RING als Zeichen für Endlosigkeit, Vereinigung und Ganzheit, das Zusammenlegen der HÄNDE und das Binden von KNOTEN. Im hinduistischen Brauchtum knotet der Bräutigam ein Band um den Hals seiner Braut. Zur Zeremonie der Heirat, *vivàha* genannt, gehört außerdem ein Tanz aus sieben Schritten, der die perfekte Harmonie der Partner symbolisiert.

Zu den Hochzeitsbräuchen mit uralter Fruchtbarkeitssymbolik gehört das Werfen von GETREIDE oder REIS auf das Paar. Konfetti ist nur ein moderner Ersatz. Der HOCHZEITSKUCHEN war früher insofern ein Fruchtbarkeitssymbol, als er die Verbindung von Nahrung und Sexualität versinnbildlichte. Das formelle Teilen des Kuchens während der Hochzeitsfeier stand für die symbolische Vereinigung der beiden Familien und ihrer engen Freunde. Auch der Brauch der Brautjungfern – kleine Kinder begleiten die Braut – geht auf einen alten Fruchtbarkeitszauber zurück. Die Kinder sind festlich angezogen und sie tragen BLUMEN als Symbole der Weiblichkeit und der Fruchtbarkeit. Die Entjungferung der Braut wird durch das Zerbrechen von GLÄSERN und anderen Gegenständen symbolisiert.

Von den vielen Traditionen im Zusammenhang mit dem Eintritt der Braut in ihr eheliches Zuhause ist der Brauch erhalten geblieben, sie über die SCHWELLE und somit symbolisch in ihr neues Leben zu tragen. In China pflegten Bräute vor dem Haus der Schwiegereltern über einen Sattel zu steigen. Diese Tradition geht auf die Ähnlichkeit der Worte »Sattel« und »Frieden« in der chinesischen Sprache zurück. Es gibt viele andere Bräuche, die böse Einflüsse fernhalten und das Glück sichern sollen sowie soziale Bindungen versinnbildlichen, die durch die Ehe entstehen. Selbst der Brauch, einem frisch verheirateten Paar leere Konservendosen ans Auto zu binden, geht zurück auf uralte Zeiten: Man macht möglichst viel Lärm, um böse Geister zu verjagen.

Peruginos »Hochzeit der Jungfrau« ist ein Gemälde, in dem Symmetrie, Harmonie und Ordnung sorgfältig komponiert sind. Diese Eigenschaften wollte die Gesellschaft der Renaissance in der Hochzeitszeremonie symbolisiert wissen.

OPFERGABEN

Seit jeher sind OPFER der Versuch, mit göttlichen Wesen in Kontakt zu treten, indem etwas Wertvolles zunächst geweiht, dann zerstört und schließlich der Gottheit als symbolisches Geschenk dargeboten wird. Haustiere besaßen im Altertum einen hohen Status und Wert, darum wurden sie besonders häufig geopfert. Die Opferhandlungen reichten jedoch von komplizierten Bußritualen bis zu Bestattungsriten, in denen auch Menschen geopfert wurden. Im Grunde waren solche Opfer schöpferische Akte, die den Tod alles Lebenden nachahmten, vor allem aber das Sterben der Natur während des Winters. Der Tod war die Grundvoraussetzung für die Wiedergeburt, die Erneuerung der Fruchtbarkeit. Ein besonders grausames Beispiel ist das aztekische Ritual, lebendigen Opfern die Haut abzuziehen, um den Vorgang des Maisschälens zu imitieren. In ähnlicher Weise bildet die Opferform der ZERSTÜCKELUNG, bei der Menschen oder Tiere auseinandergerissen wurden, eine Parallele zum Mähen des Getreides während der Ernte: auf den Schnitt folgen Erneuerung und neues Wachstum.

Eine sanftere Form des Opfers ist das Verbrennen von WEIHRAUCH – Symbol für Reinheit und Tugend, Milde und aufsteigende Gebete. Religiöse Literatur und Ikonografie deuten darauf hin, dass Weihrauch ursprünglich zum Parfümieren von Opfern und Totenfeuern verwendet wurde. Erst später wurde er als eigenständige Opfergabe eingesetzt. Der aufsteigende Rauch schlug dabei eine sichtbare Brücke zwischen Erde und Himmel, Menschen und Göttern. Weihrauch und Myrrhe, zwei der Gaben der Heiligen Drei Könige an den neu geborenen Christus, wurden im Mittleren Osten des Altertums hoch geschätzt. In den Kulturen Ägyptens und Persiens, in der sumerisch-semitischen Welt und später auch in Griechenland und Rom wurden diese und andere wohlriechende Substanzen im Rahmen des täglichen Gebetsrituals verbrannt. Weiter im Osten, in China, Japan und Indien, verwendete man vor allem Basilikum und Sandelholz.

Das bekannte Motiv des SÜNDENBOCKS war ursprünglich ebenfalls eine Form des Opfers: er wurde zum symbolischen Träger der Sünden und Verfehlungen der Menschen. Am Tag der Vergebung (Jom Kippur) jagten die Hebräer eine

Diese arabische Illustration zeigt eine Prozession am Ende des Ramadan, des Monats, in dem Moslems von Sonnenaufgang bis Sonnenuntergang fasten. Das Fasten ist, wie am jüdischen Jom Kippur und in der christlichen Fastenzeit, ein Symbol der Buße.

»Ziege für Azazel« (einen Dämon der Wüste) in die Wildnis hinaus, der symbolisch die Gesetzesverletzungen der Israeliten mit sich forttragen sollte. Im Christentum machte sich Christus selbst zum Sündenbock, indem er die Sünden der Menschheit auf sich nahm. James Frazer beschreibt in seinem Buch *Der goldene Zweig* (1890) eine Tradition Kleinasiens, in der ein menschliches Opfer stellvertretend für den Herrscher ausgepeitscht oder verbrannt wurde, wenn das Land unter Dürre, Pest oder einer Missernte zu leiden hatte.

Auch Selbstverleugnung kann eine Art von Opfer sein, etwa durch FASTEN, das in vielen Religionen symbolische Bestrafung, Reinigung oder Huldigung bedeutet. Im Hinduismus, Taoismus und Dschainismus dient das Fasten vor allem zur Reinigung und zur Schaffung eines körperlichen Zustands, der den Menschen für spirituelle Visionen empfänglich macht.

Die Priester des aztekischen Pflanzengottes Xipe Totec, dargestellt auf dieser Steinmaske, trugen die abgezogenen Häute menschlicher Opfer, um das Aufbrechen der Hüllblätter des Mais zu symbolisieren.

Die SELBSTGEISSELUNG ist ein weiteres Symbol für Strafe und Reinigung, für Disziplin und opfernde Huldigung. Sie ist aus vielen Kulturen und Religionen bekannt. Im 11. bis 15. Jahrhundert nahm sie in einigen christlichen Sekten ein derartiges Ausmaß an, dass sie zur ketzerischen Handlung erklärt wurde.

PILGERFAHRTEN

In vielen Religionen gilt auch die Reise zu einem geistigen Glaubenszentrum als eine Form des Opfers, die für Sühne, Reinigung und Aufstieg in eine andere Daseinsebene steht. In diesem symbolischen Sinn ist die Pilgerfahrt sowohl eine Initiation als auch ein Akt der Ergebenheit. Sie geht zurück auf den alten Glauben, dass die übernatürlichen Mächte ihre Kraft an bestimmten Orten besonders stark entfalten. Im Islam ist dies der Ort Mekka, die Geburtsstadt des Propheten. Im Hinduismus ist es Benares am Ganges. Für Buddhisten und Christen sind es die Schlüsselstationen im Leben des Gautama Buddha oder Jesu Christi. Als das Heilige Land unter islamische Herrschaft fiel, wandten sich die christlichen Pilger den Schreinen der Heiligen zu, insbesondere in der Stadt Rom (zu Ehren von Petrus und Paulus) und Santiago de Compostela (zu Ehren von Jakobus, Sohn des Zebedäus).

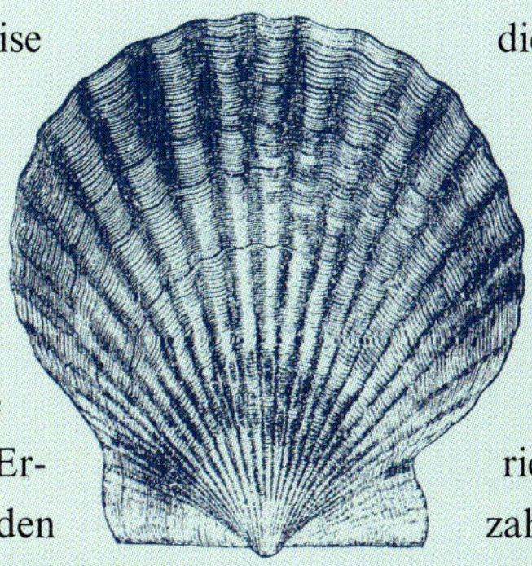

Im Zusammenhang mit dem Marienkult der katholischen Kirche pilgern zahlreiche Menschen an Orte, an denen die Jungfrau erschienen sein soll und an denen sie auf Wunderheilungen hoffen. Zu den traditionellen Symbolen europäischer Pilger gehört ein breitkrempiger Hut, ein ausgehöhlter Flaschenkürbis als Trinkgefäß, Palmblätter (Symbol für eine Reise nach Palästina), Beutel, Muschelschale (Attribut des heiligen Jakobus von Compostela) und Wanderstab.

TUGENDEN UND SÜNDEN

Viele Kulturen haben Symbole für ihre Tugenden und Sünden gefunden, doch haben nur wenige einen solchen Reichtum an Motiven wie das Westchristentum. Die wichtigste der paulinischen Tugenden ist die MILDTÄTIGKEIT, die – wie die meisten Tugenden in der europäischen Kunst – zumeist als junge Frau dargestellt wird. Oft trägt sie ein Bündel Kleider für die Nackten, Nahrung für die Hungrigen, eine Flamme, eine Kerze oder ein flammendes Herz.

Der GLAUBE ist eine weitere paulinische Tugend, personifiziert als Frau mit einem Kreuz, einem Kelch oder einer Kerze. Oft steht sie an einer Quelle, ihr Fuß ruht auf einem Würfel. Die dritte der paulinischen Tugenden ist die HOFFNUNG, eine Frau mit einem Anker und einem Segelschiff als Kopfschmuck. Manchmal träg sie einen Korb oder greift nach einer Krone. In der hebräischen Tradition wurden Fisch, Brot und Wein mit der Hoffnung assoziiert.

Der ägyptische Gott Osiris trägt Krummstab und Fliegenwedel (Geißel) als Zeichen seiner göttlichen Autorität und seiner besonderen Macht, über die Toten zu richten.

Zu den vornehmsten Tugenden zählt weiterhin die STANDHAFTIGKEIT, oft dargestellt als wehrhafte Frau, die nicht mehr als einen Schild und einen Helm trägt. Ihr Begleiter ist ein Löwe, dem sie auf manchen Darstellungen mit den Händen das Maul aufbiegt. Andere Symbole sind die Kamelie, der Karpfen, die Keule, die Säule und das Schwert. Die GERECHTIGKEIT wird durch eine Frau mit verbundenen Augen dargestellt, die die Waage des Urteils und das Schwert der Macht hält. Barocke Künstler, die die Augenbinde hinzufügten, wollten damit zum Ausdruck bringen, dass sich Justitia durch den Augenschein nicht beeinflussen lässt. Eine Schlange oder ein Drache sind die Begleiter der UMSICHT, deren Attribut ein Spiegel ist: Symbol der Selbsterkenntnis und Weisheit. Die MÄSSIGUNG wird häufig durch das Umfüllen von Wasser aus einem Krug in einen anderen (Verdünnen von Wein) dargestellt. Die KEUSCHHEIT, deren Personifikation das Einhorn ist, kann auch als verschleierte Figur auftreten, die einen Schild trägt (gegen die Pfeile der Begierde) oder auf ein Schwein (Lust) tritt. Es gibt zahllose andere Symbole der Keuschheit, darunter die Farben Blau und Weiß.

Der Hermelin auf Leonardo da Vincis Porträt ist ein Symbol der Keuschheit. Sein weißes Winterfell wird mit Reinheit assoziiert, weil einer Legende zufolge das Tier stirbt, wenn sein Fell beschmutzt wird.

DIE SIEBEN TODSÜNDEN

»Die sieben Todsünden und die vier letzten Dinge« von Hieronymus Bosch ca. 1475–80 auf einer Tischplatte gemalt. In der Mitte ein vorwurfsvoll blickender Christus.

Die so genannten Todsünden, die vor allem in der Kunst des Barock und der Renaissance beliebte Motive waren, stellen eher menschliche Fehler als wahrhaftiges Übel dar.

ZORN wird häufig durch eine Frau dargestellt, die ihre Kleider zerreißt. Interessanter für die Künstler war der GEIZ, meist symbolisiert durch einen Sünder, der eine Börse hält, aber auch durch einen Übeltäter, der Münzen oder goldene Äpfel hortet und von einer Harpyie angegriffen wird. Auch Ratte und Kröte zählen zu den Symbolen des Geizes.

Symbol für den NEID ist vielfach eine Frau, die das Herz isst, das sie sich selbst aus der Brust gerissen hat. Gelegentlich verzehrt sie auch ihre Eingeweide. Ihre bekanntesten Attribute sind die Schlange, die manchmal wie eine giftige Zunge aus ihrem Mund ragt, die Farbe Grün (daher die Redensart »grün vor Neid«), der böse Blick und der Skorpion. Die UNMÄSSIGKEIT wird meist durch korpulente Menschen oder durch Tiere symbolisiert, die mit dem fleischlichen Laster der Unersättlichkeit assoziiert werden – vor allem Schwein, Fuchs, Bär und Wolf.

Das beliebteste sündige Thema für viele mittelalterliche Künstler war die UNKEUSCHHEIT. Bekannte Symbole sind Kröten oder Schlangen, die häufig an den Brüsten oder Genitalien weiblicher Gestalten saugend dargestellt werden. Der Kirche erschienen die sexuellen Bedürfnisse der Frauen weitaus Besorgnis erregender als die der Männer. Zu den weiteren Symbolen der Unkeuschheit gehören Affe, Esel, Basilisk, Bär, Eber, Katze, Zentaur, Hahn, Teufel, Ziegenbock, Hase, Pferd, Leopard, Minotaurus und Hexe. Der STOLZ wird meist als Frau mit einem Pfau dargestellt. Sie kann aber auch von einem Löwen oder einem Adler begleitet werden, beides erhabene Symbole für die Natur von Himmel und Erde. Die biblische Formulierung »Hoffart kommt vor dem Sturz und Hochmut kommt vor dem Fall« (Sprüche 16.18) führte zu der Darstellung des Stolzes als stürzender Reiter. Diese Symbolik beeinflusste auch Caravaggios Meisterwerk *Die Bekehrung des heiligen Paulus* (ca. 1600), auf der Saulus auf der Straße nach Damaskus von einem Pferd abgeworfen wird. Andere Symbole des Stolzes sind der Hahn, der gefallene Engel, der Leopard, der Spiegel und der Stufenturm. TRÄGHEIT wird zumeist als übergewichtiger Mann personifiziert, der auf einem Schwein oder einem Lasttier reitet. Auch die Schnecke war ein christliches Symbol der Trägheit.

DIE TIERWELT

Tiere bilden seit Urzeiten die unmittelbarste, mächtigste und wichtigste Basis für die Symbolsysteme aller Kulturen. Keine andere Quelle hat eine solche ikonografische Vielfalt zu bieten, weil es kaum eine menschliche Eigenschaft gibt, die nicht durch ein Tier symbolisiert werden könnte. Die Psychologie hat sich der Religion angeschlossen und den Tieren einen Symbolcharakter zugewiesen, der vor allem instinktive und unbewusste Bereiche, Libido und Gefühle, umfasst.

Der Respekt, den man Tieren in den meisten primitiven Kulturen zollt, hat viel mit dem Glauben tun, dass sie in engerem Kontakt mit den unsichtbaren kosmischen Mächten stehen als wir Menschen. Ihre beachtlichen körperlichen und sensorischen Fähigkeiten führten die Menschen zu der Annahme, dass sie magische oder übernatürliche Kräfte besäßen und dass man durch spezielle Rituale zu diesen Kräften Zugang bekäme. Sippen und Stämme nahmen aus ähnlichen Gründen bestimmte Tiere als Totem an. Man trug ihre Häute, Felle und Federn, um eine magische Bindung zu symbolisieren, in der das Tier den Träger beschützt. Die meisten ägyptischen Gottheiten wurden durch Tiere personifiziert. Andernorts stehen bestimmte Tiere für besondere spirituelle Fähigkeiten.

Die riesigen Totempfähle an der amerikanischen Nordwestküste waren Statussymbole der Stämme. Dieser geschnitzte und bemalte Donnervogel repräsentiert nicht nur eine mächtige Gottheit, sondern auch den mythischen Geist der Ahnen mit Eigenschaften, die die Sippe bewunderte und zu erben hoffte.

FABELTIERE UND MISCHWESEN

Fabelwesen tauchen weltweit in Mythologie und Folklore auf. Meist sind sie Symbole übernatürlicher Kräfte oder Projektionen der menschlichen Psyche. Im Lauf ihrer Entwicklung hat sich ihr Symbolcharakter häufig verändert. Die SPHINX beispielsweise war ursprünglich in Ägypten ein riesiger Löwe mit Menschenkopf, ein Symbol der Macht und Herrlichkeit der Sonne sowie des unendlichen Glanzes des Herrschers, den er repräsentierte. Von ganz anderem Charakter ist die Rätsel erfindende Sphinx der Griechen mit ihren weiblichen Brüsten, den Flügeln und dem Frauenkopf. Carl Gustav Jung sah in ihr ein Symbol für die verschlingende Mutter. Ähnlich hat sich der GREIF, ein Mischwesen aus Löwe und Adler und Symbol der Herrschaft über Land und Himmel, von einem aggressiven zu einem schützenden Symbol entwickelt.

Der Satyr, hier im Gemenge mit einer Mänade, ist ein ziegengestaltiges Symbol der männlichen Lust. In der klassischen Mythologie sind die Satyrn Begleiter der Götter, im christlichen Mittelalter wurden sie mit dem Bösen assoziiert.

Der mittelalterliche BASILISK mit Hahnenkörper und -schwanz, Sinnbild für Lust und Krankheit, hat sich aus der Symbolik der giftigen Schlange entwickelt. Andere Furcht erregende Mischwesen sind AMAMET, eine Bestie mit dem Körper eines Flusspferdes, dem Maul eines Krokodils und der Mähne eines Löwen, der die verdammten Seelen der Ägypter verschlang, sowie der griechisch-römische Höllenhund ZERBERUS mit seiner Schlangenmähne. Beide sind Personifikationen der Furcht einflößenden Unwägbarkeiten des Todes. In der griechischen Mythologie steht die HYDRA, ein Geschöpf aus Drachen und Schlange mit zahlreichen Köpfen, für die Schwierigkeit der Menschen, ihre Laster zu beherrschen. Wann immer ein Kopf abgeschlagen wird, wachsen zwei neue nach. PEGASUS, das geflügelte Pferd, das den Helden Bellerophon zum Sieg über die Feuer speiende CHIMÄRE (Mischwesen aus Schlange, Löwe und Ziege) trug, symbolisiert den Sieg des Geistes über die Materie. Mischwesen aus Mensch und Tier repräsentieren in den meisten Fällen die seelisch-geistige Gespaltenheit des Menschen. In diesem Sinne ist der ZENTAUR, ein Pferd mit dem Oberkörper eines Mannes, Symbol für den Menschen, der von seinen eigenen Impulsen gefangen ist, vor allem von Lust und Gewalt. Entstanden ist dieses Fabelwesen vermutlich durch Gruppen betrunkener Reiter aus den Bergen von Thessalien.

LAMIA, ein Wesen mit Schlangenkörper, das die Kinder anderer Frauen verschlingt, ist das griechische Symbol für die Eifersucht. Die GORGONEN mit ihren Schlangenhaaren, den Keilerzähnen und den goldenen Flügeln sind noch direktere Verkörperungen des Feindlichen und Bösen. Die Urkräfte der Natur ließen in der Phantasie der Menschen auch andere Riesenwesen wie LEVIATHAN und BEHEMOT entstehen.

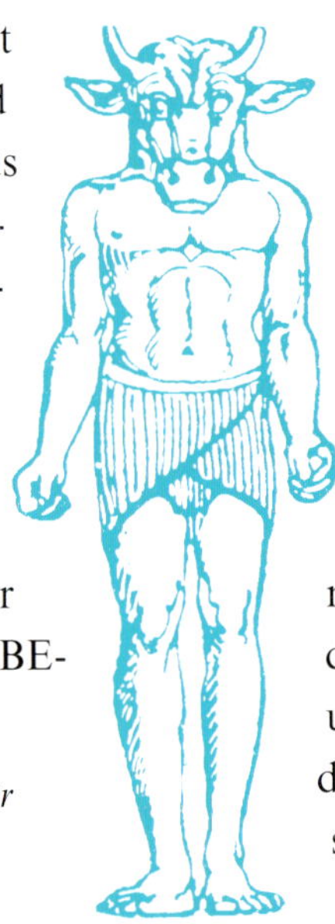

Der stierköpfige kretische Minotaurus steht für die Tyrannei der tierischen Instinkte und die Destruktivität unterdrückter Lust.

DIE ENTSTEHUNG DES PHÖNIX

Der Phönix ist das bekannteste aller Symbole für die Wiedergeburt – ein Fabelvogel, der sich wieder und wieder im Feuer selbst erneuert. Die Phönix-Legende hat ihren Ursprung in Heliopolis, dem alten Zentrum des ägyptischen Sonnenkultes, wo dem reiherartigen Benu, dem Schöpfergeist der Sonne, geopfert wurde. In Anlehnung an diese Brandopfer-Rituale und Beschreibungen prächtiger exotischer Vögel wie des Goldfasans ersannen die griechischen Schreiber Geschichten, die sich zwar in Details unterscheiden, insgesamt aber miteinander im Zusammenhang stehen. Der Begriff Phönix wird für die Dattelpalme (Sonnenpalme) ebenso wie für den männlichen Vogel verwendet, dessen Leben wundersam lang ist: 500 Jahre, in manchen Beschreibungen sogar noch länger. Am Ende dieser Zeit baut sich der Phönix ein duftendes Nest, opfert sich selbst, wird nach drei Tagen wiedergeboren und trägt Nest und Asche seiner vorherigen Inkarnation zum Sonnenaltar nach Heliopolis.

Zunächst stand die Legende symbolisch für den zyklischen Lauf der Sonne. Doch bald wurde sie auf das Leben und die Wiedergeburt des Menschen übertragen, und schließlich auf den unbesiegbaren Geist des Menschen, der alle Prüfungen besteht. Weil die Künstler sich nicht einig waren, wie der Phönix aussah, wird seine Ikonografie leicht mit den Darstellungen der Sonnen- und Seelensymbolik anderer Vögel verwechselt, insbesondere mit dem Adler, der aus dem Scheiterhaufen des römischen Kaisers aufsteigt.

Auf römischen Münzen steht der Phönix für das unsterbliche Reich. In frühen christlichen Gräbern fand man ihn als Skulptur, die Christi Auferstehung und die Hoffnung auf den Sieg über den Tod symbolisiert. In der mittelalterlichen Malerei ist er, gemeinsam mit dem Pelikan, Symbol für die göttliche Natur Christi. Auch als Attribut der Mildtätigkeit kann der Phönix auftauchen. In der Alchemie ist er ein häufig verwendetes Symbol, das für die reinigende und verändernde Kraft des Feuers, für das chemische Element Schwefel und die Farbe Rot steht.

Zwischen dem Phönix und anderen Fabelvögeln werden häufig Analogien festgestellt. Diese Rückseite eines Lackspiegels aus der Tang-Dynastie zeigt den chinesischen Vogel Feng-huang. Der Vogel symbolisiert die wechselseitige Abhängigkeit in der Ehe.

OPFERTIERE

Mit dem Stier vergleichbar ist der nordamerikanische Büffel, hier auf einer Cherokee-Maske zu sehen. Ihm wurde ebenfalls göttliche Macht zugeschrieben.

Dass im Altertum große Tiere – allen voran der Stier – häufig als Opfertiere gebraucht wurden, hängt direkt mit ihrer körperlichen Stärke und ihrem wirtschaftlichen Nutzen zusammen. Der Ochse, der mit seiner Kraft den urzeitlichen Pflug zog, spielte in kultischen Ritualen eine große Rolle, besonders um die Fruchtbarkeit des Bodens zu beschwören. Der Ochse ist in der ganzen Welt ein Symbol für Gutmütigkeit, Stärke, Geduld, Unterordnung und Beständigkeit. Im Christentum ist er Zeichen des geopferten Christus, auch des heiligen Lukas und des gesamten Priesterstandes. Heute attestiert man dem Ochsen geistige Trägheit. Früher dagegen gab Albertus Magnus dieses Attribut seinem etwas unförmigen, aber hochintelligenten Studenten Thomas von Aquin (1225–1274), der zu einen der größten Philosophen seiner Ära wurde: »Eines Tages wird dieser stumme Ochse die ganze Welt mit seinem Muhen erfüllen.«

Im Buddhismus und Taoismus ist der Ochse Symbol der Weisen und der kontemplativen Gelehrten, zugleich auch Metapher für den Sieg des Menschen über seine animalische Natur. In vielen Kulturen war es verboten, weiße Ochsen zu schlachten. In der Antike wurden weiße Ochsen dem griechischen Gott Zeus (bzw. dem römischen Gott Jupiter) geopfert, schwarze opferte man dem Hades (Pluto). In der Kunst sieht man schwarze Ochsen die Kutsche des Todes ziehen, zudem sind sie ein Attribut der Nacht. Der Ochse wird mit dem Mond, der Stier mit der Sonne in Verbindung gebracht.

In Indien und Südostasien wurde der BÜFFEL durch sein hohes Ansehen zum Opfertier. Yama, der hinduistische und buddhistische Gott des Todes, ritt auf einem schwarzen Büffel. In Tibet ist ein Büffelkopf ein Symbol des Todes. Die Chinesen brachten die ruhige Kraft des Büffels mit einem Leben in stiller Kontemplation in Verbindung. Der Legende nach ritt der Weise Lao-Tse auf einem grünen Büffel davon.

Der BISON symbolisierte für die Prärie-Indianer nicht nur gewaltige Körperkraft, sondern auch Wohlstand, Überfluss und übernatürliche Macht. Vor allem weiße Büffel waren heilig. Es entfachte den Zorn der Indianer, wenn diese von weißen Jägern geschossen wurden.

Neben dem Esel findet man auf Darstellungen von Christi Geburt fast immer den Ochsen. Ochsenfiguren fungieren gelegentlich auch als Träger von Taufbecken.

DER STIER ALS HEILIGER UND ALS GEGNER

Der Stier ist nicht nur ein machtvolles Tiersymbol, auch als Opfertier hatte er herausragende Bedeutung. In Ritualen wie in der Ikonografie steht er für Sonne und Mond, Erde und Himmel, Regen und Hitze, weibliche Fruchtbarkeit und männlichen Eifer, Matriarchin und Patriarch, Tod und Auferstehung. Als Symbol des Todes und der Auferstehung bildete er das Zentrum des Mithraismus, eines frühen persischen Kultes, der sich über weite Teile des Römischen Reiches ausbreitete und mit dem frühen Christentum rivalisierte. Im römischen *taurobolium* wurden junge Männer mit Stierblut übergossen, das für den Strom des Lebens stand. Eine ähnliche Fruchtbarkeitssymbolik ist auch in wesentlich älteren indoiranischen Mythen zu finden. Auf noch älteren Höhlenmalereien nimmt der Stier als Symbol der Lebenskraft die zweite Stelle nach dem Pferd ein. Von Nordeuropa bis nach Indien findet man ihn als Symbol göttlicher Macht. Vor allem wird er mit den Göttern von Sonne, Mond, Himmel oder Sturm in Verbindung gebracht. Mit seiner Verdammung des Goldenen Kalbes versuchte der biblische Moses, die uralte semitische Tradition der Verherrlichung des Stiers zu verändern.

In Indien wird der erste Heilige der asketischen Anhänger des Dschainismus als goldener Stier dargestellt. Die körperlichen Merkmale des Stiers tragen viel zu seiner Symbolik bei. Seine Hörner werden mit der Mondsichel in Verbindung gebracht. Allein durch seine Masse stellt er in der vedischen und islamischen Tradition eine Stütze für die Welt dar. In der persischen Mythologie speichert der Mond seinen fruchtbaren Samen. Und seine stampfende, schnaubende, kaum bezähmbare Energie wird vor allem auf Kreta, der Heimat des mythologischen Stier-Mannes Minotaurus, mit Donner und Erdbeben assoziiert. Der Stier als wichtigstes aller Haustiere ist seit Urzeiten Heiliger und Gegner zugleich. Nur legendäre Helden wie Herkules wagten es, sich mit seiner Stärke zu messen. Minoische Männer pflegten das riskante Spiel, über die Hörner von Stieren zu springen.

Der moderne Stierkampf ist letztlich ebenfalls ein Ritual, das auf die uralte Tradition zurückgeht, den Stier für einen Flirt mit dem Tod zu benutzen. In dieser Herausforderung des Todes mag eine wesentlich fundamentalere Symbolik liegen als in Carl Gustav Jungs moralischer Deutung des Stierkampfes als einem Symbol des Versuches, die animalischen Leidenschaften zu unterdrücken. Allerdings ist in der griechischen Mythologie durchaus auch eine sexuelle Symbolik zu finden. Sie ist zu erkennen in den orgiastischen Ritualen des Dionysos-Kultes und in der Geschichte von Zeus, wie er Europa in der Gestalt eines sanften weißen Stiers erscheint, ehe er sie verführt. Diodorus berichtet, dass ägyptische Frauen sich vor Darstellungen des Apis-Stiers entblößten. Weiter verbreitet ist jedoch die Symbolik von Tod und Auferstehung, die man aus dem Mithraismus kennt. Besonders ausgeprägt ist sie in Ägypten, aber auch in China, wo der Tod auf dem Rücken eines schwarzen Stiers daherkommt.

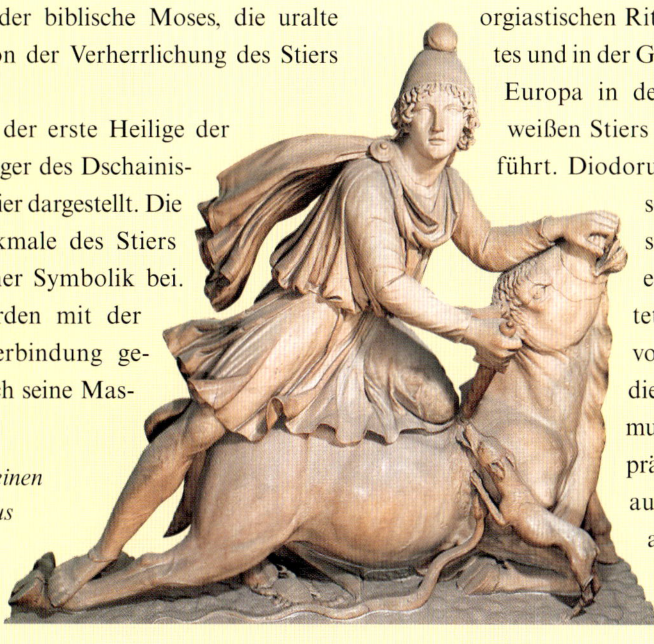

Mithras schlachtet einen urzeitlichen Stier, aus dessen Blut und Samen neues Leben entsteht.

PFERDE UND REHE

Ein archetypisches Symbol tierischer Vitalität, Schnelligkeit und Schönheit ist das PFERD. In vielen Kulturen wird es auch mit Überlegenheit und Sieg assoziiert – daher rührt die Beliebtheit der Reiterstandbilder als Zeichen des Unterwerfers. Auf Höhlenmalereien wie auch in der Kunst der Romantik fliegen Pferde über den Hintergrund, als seien sie Inkarnation der Lebenskraft. Sie können auch für die Elementarkräfte von Wind, Sturm, Feuer, Wellen und fließendem Wasser stehen. Als Symbol der Kontinuität wurden Mars, dem römischen Gott des Krieges und der Landwirtschaft, jedes Jahr im Oktober Pferde geopfert. Ihre Schwänze bewahrte man als Fruchtbarkeitssymbol den Winter über auf.

In alten Volksreligionen kannten die Pferde die Geheimnisse der Unterwelt, der Erde und ihres Zyklus der Erneuerung. Diese frühe erdbezogene Symbolik wurde später ersetzt durch die weitreichendere Assoziation des Pferdes mit der Sonne und den Himmelsgöttern. Allerdings spielten Pferde auch weiterhin eine Rolle in Bestattungsritualen und sie galten als Führer oder Boten in der Welt der Geister. Das Pferd ohne Reiter ist noch heute bei Militär- und Staatsbegräbnissen ein klares und recht häufig verwendetes Symbol.

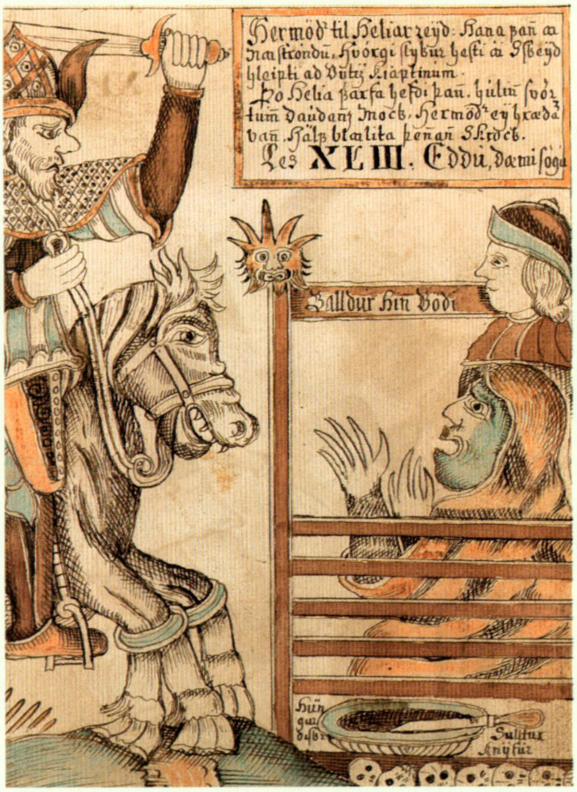

Sleipnir, die Stute des nordischen Himmelsgottes Odin, hat dem Mythos nach acht Beine. Sie symbolisieren die Kraft und die Geschwindigkeit der acht Winde.

Der Tod wird oft als Reiter auf einem schwarzen Pferd dargestellt. Das weiße Pferd ist fast immer ein Sonnensymbol, das für Licht, Leben und geistige Erleuchtung steht. Es ist das Zeichen des Buddha, der sein weltliches Leben auf einem weißen Pferd verlassen haben soll, des hinduistischen Kalki (der letzten Inkarnation Vishnus), des gütigen Bato Kannon in Japan und des Propheten im Islam, wo weiße Pferde auch für Glück und Reichtum stehen. Auch Christus wird manchmal auf einem weißen Pferd dargestellt. Das geflügelte Pferd ist ebenfalls ein geistiges oder Sonnensymbol. In der klassischen, iranischen, babylonischen, indischen und nordischen Mythologie wird der Wagen der Sonne von Pferden gezogen. Obwohl Pferde hauptsächlich mit elementaren oder instinktiven Kräften assoziiert werden, können sie auch für geistige Wendigkeit stehen. Legende und Volksglauben statten sie obendrein oft mit magischen oder hellseherischen Fähigkeiten aus.

Das Geweih des keltischen Gottes Cernunnos steht für die Fruchtbarkeit des Frühlings, für Fülle und Wohlstand. Der Gott ist verantwortlich für den Erfolg der Ernte.

Auch REHE werden mit übernatürlichen Kräften assoziiert. Die norddeutsche Vorstellung, dass Rentiere mit der Wintersonnenwende in Verbindung stünden, führte zu dem Volksglauben, sie würden den Schlitten des Nikolaus ziehen. (Um die Güte des heiligen Bischofs Nikolaus von Myra aus dem 4. Jahrhundert ranken sich zahlreiche Legenden.) Rehe sind allgemein wohlwollende Wesen, die mit dem Osten, der Dämmerung, Reinheit, Regeneration, Kreativität und Spiritualität assoziiert werden. Der HIRSCH ist ein Fruchtbarkeits- und Sonnensymbol. Sein verzweigtes Geweih steht bei den nordamerikanischen Indianern und in anderen Kulturen für den Lebensbaum und die Sonnenstrahlen. Der Prozess des Abwerfens und Nachwachsens wird als Metapher für Langlebigkeit und Wiedergeburt verstanden.

Das Einhorn steht für die reine Liebe und die Macht einer keuschen Frau, das Horn der sexuellen Begierde zu zähmen und zu verwandeln.

Der Hirsch wird auch mit Lebensenergie und Begeisterungsfähigkeit in Verbindung gebracht, in China darüber hinaus mit Wohlstand und Glück. Das Geweih der Schamanen war ein Symbol ihrer übernatürlichen Kräfte.

Die ANTILOPE ist ein weiteres Symbol für Eleganz und Schnelligkeit. In den Kulturen Afrikas und Indiens ist sie geistiges Leitbild und zugleich wendiges Reittier für die Götter. In der variierten Gestalt des Einhorns wurde sie zum wichtigsten Sinnbild der Keuschheit.

DER MISSVERSTANDENE ESEL

Obwohl der Esel heute als Sinnbild der Dummheit gilt, war seine Symbolik in der Vergangenheit variantenreicher und positiver. Jesus ritt auf einem Eselfohlen nach Jerusalem ein – um ein Versprechen einzulösen, aber auch, um die Tugend der Bescheidenheit zu zeigen. Folglich steht der Esel in der christlichen Denkweise für Bescheidenheit, Armut und Geduld. In China reiten die Unsterblichen auf weißen Eseln. In der ägyptischen und indischen Mythologie spielen die Esel eher böse und finstere Rollen. In griechischen und römischen Legenden werden sie mit Lust oder mit komischer Dummheit in Verbindung gebracht. In Ovids berühmter Erzählung zieht König Midas von Phrygien die Flöte des Pan der Leier des Apoll vor. Als Zeichen seiner geistigen und musikalischen Beschränktheit wachsen ihm daraufhin Eselsohren. Im Märchen wird der Esel auch mit Faulheit und Sturheit assoziiert.

In seinem Stück »Ein Sommernachtstraum« karikiert Shakespeare die romantische Verzückung: Titania verliebt sich in den Weber Zettel, der die komische Maske eines Esels trägt.

DIE SCHLANGE

Diese griechische Darstellung einer um ein Ei gerollten Schlange repräsentiert die durch eine kosmische Schlange beschützte Welt.

Von all den Tiersymbolen ist die SCHLANGE das bedeutungsvollste und komplexeste. Frühen Schlangenkulten scheint sexuelle oder landwirtschaftliche Fruchtbarkeitssymbolik zugrunde gelegen zu haben. Jedoch vermögen Analogien zwischen der Schlange und dem Penis, der Nabelschnur und dem feuchtwarmen Geburtsablauf – die Schlange vereint in sich sowohl männliche als auch weibliche Symbolik – die Bedeutung der Schlange in der Mythologie nicht vollständig zu erklären. Fast überall in der Welt war die Schlange auch ein magisch-religiöses Symbol der ursprünglichen Lebenskraft – und manchmal ein Abbild der Schöpfergottheit selbst. Das Motiv der Schlange, die sich selbst in den Schwanz beißt (Uroboros), symbolisierte nicht nur die Ewigkeit, sondern auch eine göttliche Selbstgenügsamkeit.

Emblematisch stand die Schlange mit den Mysterien der Erde in Verbindung, den Wassern, der Dunkelheit und der Unterwelt – selbstgenügsam, manchmal giftig, kaltblütig, äußerst geheimnisvoll und in der Lage, sich ohne Füße schnell fortzubewegen, wie durch Zauberei große Geschöpfe zu verschlingen und sich durch Abstreifen ihrer Haut selbst zu verjüngen. Neben ihren Charakteristika war ihre kurvenreiche Form selbst voller Anspielungen, etwa auf Wellen oder Landschaften, auf Flusswindungen, Reben oder Baumwurzeln und auf den Regenbogen, den Blitzschlag und die spiralförmige Bewegung des Kosmos. Aus diesem Grund wurde die Schlange zu einem der weltweit meist verbreiteten Tiersymbole.

In der Mythologie der Hindus wird der Schöpfergott Vishnu auf den Windungen der GROSSEN SCHLANGE Ananta (Shesha) thronend dargestellt. Indra erschlägt die Schlange des Chaos, Vritra, um die von ihr festgehaltenen lebens-

DIE HEILENDE SCHLANGE

Erstaunlicherweise wurde die Schlange auch häufig als Symbol für die Heilkunst benutzt. Die zwei Schlangen, die sich um den Caduceus (Merkurstab) ringeln, stehen für die Vermittlung zweier entgegengesetzter Kräfte. Carl Gustav Jung interpretierte den Merkurstab als Symbol für die homöopathische Medizin. Die eherne Schlange, die Moses auf Gottes Vorschlag hin errichtete, um Schlangenbisse zu heilen (Numeri 21,9), ist ein ähnliches homöopathisches Symbol und wurde später übertragen auf Christus am Kreuz, der die Menschen von den Sünden der Welt heilt. Daher ist eine ans Kreuz genagelte Schlange in der mittelalterlichen christlichen Kunst ein Symbol für die Auferstehung und für die geistige Sublimierung der physischen Lebenskraft. In der Antike wurde die Verjüngungssymbolik der Schlange mit dem altgriechischen Heilgott Asklepios (Äskulap) in Verbindung gebracht.

Der Caduceus, ein von zwei Schlangen umwundener und manchmal geflügelter Stab, war von jeher sowohl ein Symbol für den Handel als auch für die Medizin.

Fruchtbarkeitssymbolik ist die wohl wahrscheinlichste Erklärung prähistorischer Schlangenmotive, wie z. B. in dieser bronzezeitlichen Szene auf einer skandinavischen Felswand.

bringenden Wasser zu befreien und besiegt die große Schlange des Erdbebens. Das halbgöttliche Schlangenwesen Vasuki hält das Meer der Schöpfung in Bewegung. In afrikanischen und anderen Mythen reicht eine REGENBOGENSCHLANGE von der feuchten Unterwelt bis in den Himmel. In Südamerika erklärte man Sonnen- oder Mondfinsternisse damit, dass eine Riesenschlange den Himmelskörper verschlang. Die aztekische GEFIEDERTE SCHLANGE Quetzalcoatl vereint die Macht des Himmels und der Erde. In Ägypten wird die Sonnenbarke auf ihrem nächtlichen Weg durch die Unterwelt durch die Schlange Apep bedroht und muss eine andere große Schlange durchdringen, um jeden Morgen wiedergeboren zu werden.

Diese Symbolik der Erhaltung und Zerstörung demonstriert, wie sehr die Schlange eine dualistische Kraft darstellt: eine Quelle der Macht, wenn sie gemeistert wird, jedoch potenziell gefährlich und oft auch emblematisch für Tod oder Chaos. Ein positives Symbol der inneren Schlangenkraft, psychischer Energie und latenter spiritueller Macht ist die yogische *kundalini,* die sich zusammengerollt an der Basis des Rückgrates befindet. Die Schlange in ihrer gefährlichsten Verkörperung wird sowohl in Ägypten als auch in Indien durch eine hoch aufgerichtete Kobra mit Brillenzeichnung dargestellt. In Ägypten ist dies die Uräus-Schlange, ein Emblem der schützenden Königsmacht, die Feinde niederzuschlagen vermag. In Indien waren KOBRA-Gottheiten (Nagas) Schutzsymbole, im Allgemeinen wohlwollend, wie z. B. die siebenköpfige Kobra, die Buddha beschirmt. Hier wie anderswo erscheinen Schlangen auch häufig als Hüter von Heiligtümern, Wasserquellen sowie von Schätzen.

Solche Traditionen stehen einerseits mit der Fruchtbarkeitssymbolik der Schlangen in Verbindung und andererseits mit dem Aberglauben, dass Edelsteine aus Schlangenspeichel entstanden sind. Die Kobra der Hindus wird oft mit einem Juwel in der Brillenhaube dargestellt, ein Symbol für spirituellen Reichtum. Wie auch in Afrika und Nordamerika erscheinen Schlangen in Chinas Mythologie sowohl als Schöpfergottheit wie auch als Ahnenfigur. Schlangen im Haus wurden als Seelen von Vorvätern betrachtet und galten als Glück verheißend.

Auf dem Sarkophag des Psusennes I. in Tanis trägt der Pharao das Uräus- oder Kobra-Diadem.

FEINDSELIGE REPTILIEN

Vergoldete Bronze aus Nepal mit einer Szene aus der indischen Mythologie. Garuda, der Vogel des Lichts, zerstört die Schlange der Dunkelheit.

Die Dualität der Schlange in der Symbolik – eine prekäre Mischung aus Furcht und Anbetung – erklärt ihr häufiges Auftreten als Menschenfeindin. Ihr furchterregender Aspekt führte zur Entstehung der DRACHEN und der SEESCHLANGEN der europäischen Tradition sowie der SCHLANGENHYBRIDEN der griechischen Mythologie, in der die Gefahren der menschlichen Existenz durch die Kinder der Echidna – Hydra, Chimäre und der Höllenhund Zerberus mit seiner Schlangenmähne – symbolisiert wurden. In der europäischen Folklore wird die Schlange normalerweise negativ dargestellt, ihre gespaltene Zunge symbolisiert Heuchelei oder Betrug, ihr Gift bringt plötzlichen und unerwarteten Tod. Im tibetanischen Buddhismus stellt die GRÜNE SCHLANGE des Hasses einen der drei Grundinstinkte dar. Die Schlange ist eines der fünf schädlichen Tiere Chinas, wobei sie dort auch in positiveren Rollen erscheint.

Die Schlange als Satan wurde zuerst durch die dualistische zoroastrische Religion im Iran heraufbeschworen, in der die Schlange das Symbol des Bösen ist. Nach der germanischen Überlieferung treten sowohl Thor als auch Beowulf als Drachentöter auf und werden am Ende von Drachen oder Schlangen getötet. Es ist verlockend, das Erschlagen von Drachen/Schlangen als die symbolische Zerstörung einer älteren, väterlichen Macht zu erklären – wie in der Legende des Herkules, in der der Held schon in der Wiege zwei Schlangen erdrückt. Um seinen Kult in Delphi zu etablieren, musste Apoll zuerst Python, die drachengestaltige Amme des schrecklichen Ungeheuers Typhon, erschlagen – ein Mythos, der auf die Verdrängung eines älteren, matriarchalischen Schlangenkultes hinweist.

In einem Kontext, in dem ein Zuviel an Wissen als Gotteslästerung verstanden wurde, wendet sich die Weisheit der Schlange gegen sie selbst – so in der biblischen Geschichte, in der Eva von einer Schlange »schlauer als alle Tiere des Feldes, die Gott, der Herr, gemacht hatte« (1. Mose 3,1) verführt wurde. Die um den Baum der Erkenntnis gewundene Schlange des Paradieses hat viele Parallelen im Nahen Osten. So war ein mit einer Schlange umwundener Baum das Emblem der Fruchtbarkeitsgöttin Ishtar. Wie die vielen ande-

In der griechischen Mythologie hütet eine Schlange die goldenen Äpfel der Hesperiden. Gemälde von Sir Edward Burne-Jones.

Das Furcht erregende Mischwesen Chimäre wird mit einem Schwanz in Schlangenform dargestellt.

ren Erdgöttinnen zeigen, die mit einer phallischen Schlange in der Hand dargestellt sind, spielten Schlangen in den landwirtschaftlichen Fruchtbarkeitskulten des Mittelmeerraums und des Nahen Ostens eine wichtige Rolle. Semitische Fruchtbarkeitskulte verwendeten sie in sexuellen Ritualen, um sich der Gottheit zu nähern. Evas Versuch, Adam mit der verbotenen Frucht zu verführen kann als Warnung der Hebräer vor den Verlockungen solcher rivalisierender Kulte verstanden werden. Daraus erklärt sich die jüdisch-christliche Symbolik der Schlange als Menschenfeindin und ihre spätere Identifizierung mit der »alten Schlange, die *Teufel* oder *Satan* heißt« (Offenbarung 12,9). In der europäischen Kunst wurde die Schlange so zu einem dominanten Symbol für das Böse.

DER ARCHETYPISCHE VERSCHLINGER

Von allen Reptilien ist das Krokodil das Hauptsymbol für zerstörerische Gefräßigkeit – ein Werkzeug göttlicher Bestrafung und Herr über Wasser und Erde, Leben und Tod. Es war häufig ein Objekt blinder Verehrung oder moralisierender Feindseligkeit. Der griechische Historiker Plutarch glaubte, dass die Ägypter das Krokodil seiner göttlichen Gabe des Schweigens wegen verehrten, sowie wegen seiner Fähigkeit, alles zu sehen, obwohl seine Augen von Schutzmembranen bedeckt waren. Wo immer es bekannt war, verehrte man es mit furchtsamem Respekt als Geschöpf voller Urkraft und okkulter Macht über Wasser, Erde und Unterwelt. In Indien diente das Fisch-Krokodilwesen Makara als Reittier Vishnus. In der ägyptischen Ikonografie erscheinen die Toten häufig in Krokodilform und die Stadt Crocodopolis war dem krokodilköpfigen Fruchtbarkeitsgott Sobek gewidmet. In noch drastischeren Darstellungen findet man Amarnet, der die Herzen von Sündern mit seinem Krokodilrachen verschlingt, und den Gott Seth, der Krokodilform annahm, um seinen Bruder Osiris zu verschlingen. In der Ikonografie der Indianer Nordamerikas erscheint das Krokodil oder der Alligator mit weit aufgerissenem Maul, um allabendlich die Sonne zu verschlingen. In einigen mittelamerikanischen Mythen heißt es, ein Krokodil habe die Erde geboren oder trage sie auf seinem Rücken. In Liberia erscheint es im Zusammenhang mit dem Wiedergeburtsmythos: Beschneidungsnarben werden der Sage nach von einem Krokodil hinterlassen, das Kinder verschlingt und sie als Erwachsene wiederbringt. Im Westen wird das Krokodil zuweilen als Variante des Drachens interpretiert. In China erscheint es als der Erfinder des Trommelns und des Gesangs.

Die Randverzierung auf diesem Krug aus Sierra Leone aus dem 16. Jahrhundert zeigt das Krokodil in seiner symbolischen Rolle als Feind des Menschen.

DRACHEN

Der DRACHE ist ein derart mesozoisches Reptil, dass die menschliche Vorstellungskraft siebzig Millionen Jahre zurück in die Vergangenheit gegriffen zu haben scheint, um ihm seine Form zu geben. Da Drachen im Osten allgemein als wohlwollend, im Westen aber als böswillig dargestellt werden, ist ihre Symbolik nicht so einfach zu erklären, wie man denken möchte. In Mythos und Legende waren Drache und SCHLANGE oft synonym – so beispielsweise in China und auch in Griechenland, wo große Schlangen als *drakonates* bezeichnet wurden.

Die Assoziation von Drachen mit Wachsamkeit (die sie oft in der Kunst verkörpern) lässt sich durch die vielen Geschichten belegen, in denen Drachen als Wächter der Unterwelt und Besitzer prophetischer Gaben dargestellt werden. Das Christentum war hauptverantwortlich für die Verwandlung des Drachen in ein allgemeines Symbol des bösen Feindes. Der Drache der mittelalterlichen Vorstellung vereinigt in sich Luft-, Feuer-, Wasser- und Erdsymbolik. Er wird meist als feuerspuckendes, gehörntes Geschöpf mit Adlerfüßen, Fledermausflügeln, schuppigem Körper und einem schlangenförmigen, stacheligen Schwanz (manchmal in einem Knoten, um seine Niederlage anzudeuten) dargestellt. Alternativ dazu erscheint er als SEESCHLANGE, wie z. B. in einigen Darstellungen des heiligen Georg. Diese Tradition lässt sich bis zur sumerisch-semitischen Ikonografie Tiamats, der Göttin des Chaos, zurückverfolgen. Auch der griechische Held Perseus kämpfte mit einem Seeungeheuer, um die Prinzessin Andromeda zu befreien. Als Symbol des Schreckens war der Drache unter Kriegern beliebt. Er erschien auf parthischen und römischen Standarten, auf den geschnitzten Bugfiguren von Wikingerschiffen, unter den Kelten als Symbol königlicher Macht, auf Fahnen im angelsächsischen England und schließlich in Wales, wo der rote Drache noch heute auf der Nationalflagge zu sehen ist.

Der Drache, der sich über einen Tisch aus der Ming-Dynastie windet, gilt als Symbol übernatürlicher, von moralischen Bedenken unberührter Macht.

In Asien, insbesondere in China, symbolisiert er den schöpferischen Rhythmus der Naturelemente, besonders die regenschwere Macht des Donners, was häufig durch eine Perle im Maul oder in der Kehle des Drachens dargestellt wird. Daraus erklärt sich die Regensymbolik der Papierdrachen, die in den von Feuerwerk begleiteten Prozessionen am chinesischen Frühlingsfest herumgetragen werden. Der türkisfarbene FÜNFKLAUIGE DRACHE Lung war das Emblem der Han-Dynastie und symbolisierte das aktive Yang-Prinzip, den Osten, die aufgehende Sonne, Fruchtbarkeit, Glück und die Gaben der spirituellen Weisheit und der Unsterblichkeit. Der DREIKLAUIGE DRACHE ist das Symbol des Mikado in Japan sowie eines der Haupt-Regensymbole dort und auch anderswo in Südostasien, während der Drache mit vier Klauen in China für die vergängliche Macht steht. Auch in der indischen Tradition hat der Drache eine ähnliche Machtsymbolik.

Der heilige Georg, hier in einem Gemälde von Raffael, ist einer von mehreren christlichen Heiligen, die als Drachentöter dargestellt werden. Die Drachen sind jeweils Symbole für Aufruhr, Unglauben, das Böse oder abgrundtiefe Bestialität. Auch die Jungfrau Maria wird zuweilen, die Überwindung des Bösen symbolisierend, mit Drachen zu ihren Füßen abgebildet.

ELEFANTEN, AFFEN, BÄREN UND WILDSCHWEINE

Der ELEFANT ist ein uraltes Symbol der kaiserlichen Macht in China, Afrika und besonders in Indien, wo er nicht nur den indischen Herrschern, sondern auch Indra, dem Gott des Donners und des Regens, als Reittier diente. Durch Assoziation wurde er später nicht nur zu einem Symbol für die Qualitäten einer guten Regierung – Würde, Intelligenz und Umsicht –, sondern auch für eine Reihe anderer guter Dinge wie Frieden, reiche Ernte und Regen. Fruchtbarkeits- und Regensymbolik waren die Hauptattribute des WEISSEN ELEFANTEN von Burma, Thailand und Kambodscha. Die bevorstehende Geburt des Buddha wurde seiner Mutter, Königin Maya, durch einen Traum angekündigt, in der ein kleiner weißer Elefant in ihrem Uterus erschien. Für Buddhisten ist der Elefant ein Symbol spiritueller Weisheit und Stabilität.

Die römische Assoziation des Elefanten mit dem Sieg (in der Kunst verkörpert er den Ruhm) mag die gelegentliche Darstellung des Elefanten als Symbol für den Sieg Christi über Übel und Tod erklären. Der mittelalterliche Glaube, dass der Elefantenbulle während der langen Trächtigkeit seines Weibchens Enthaltsamkeit übe, machte ihn im Westen zu einem Symbol der Keuschheit, Treue und Liebe.

Die Assoziation des Elefanten mit plumper Schwerfälligkeit scheint modernen Ursprungs zu sein – doch einer netten Hindu-Legende zufolge verloren die Elefanten ihre Gabe des Fliegens durch den Fluch eines Eremiten, dessen Hütte in einem Banjan-Baum durch ihre Landung vernichtet worden war.

Das ELFENBEIN entwickelte seine ganz eigene Symbolik, die der Unzerstörbarkeit. Das Bild der hochmütigen Unnahbarkeit (daher »Elfenbeinturm«) leitet sich wahrscheinlich aus dem hohen Status des Elfenbeins in den Kulturen des Altertums her, in denen es zur Herstellung einiger der dauerhaftesten Kunstwerke überhaupt verwendet wurde. Die Assoziation mit Reinheit und insbesondere mit der Jungfrau Maria in der christlichen Symbolik rührt von seiner weißen Farbe her.

Der MENSCHENAFFE ist ein Tier mit sehr unterschiedlicher Symbolik. Während er im alten Ägypten, Afrika, Indien und China verehrt wurde, misstraut man ihm in der christlichen Tradition zutiefst und setzt ihn in Verbindung mit Lasterhaftigkeit, Lüsternheit, Götzenverehrung und Teufelsanbetung. Wie beim TIERAFFEN wurde seine Fähigkeit, andere nachzuahmen, gerne in Satiren auf menschliche Eitelkeit und andere Albernheiten aufgegriffen. In der europäischen Kunst erscheint der Affe mit einem Apfel im Maul als Symbol des Sündenfalls, und später etwas spielerischer als Analogie auf den ja ebenfalls die Welt nachahmenden Künstler. In der ägyptischen Ikonografie empfängt der MANTELPAVIAN die aufgehende Sonne als »Begrüßer des Son-

Der indische elefantenköpfige Gott Ganesha symbolisiert die Weisheit in seiner Funktion als Schirmherr der Kunst und der Schrift.

nenaufgangs« und ist ein Symbol der Weisheit. Nach der tibetischen Überlieferung betrat der Bodhisattva Avalokiteshvara (inkarniert in Gestalt des Dalai Lama) das Land ursprünglich in der Gestalt eines frommen Affen.

Die Wildschweinhelme der Wikinger trugen eine aggressive Symbolik zur Schau und sollten ihren Träger unter den Schutz des Gottes Freyr stellen.

Viele Geschichten und Legenden von lebhaften und intelligenten Affenkönigen und -helden finden sich in der chinesischen und der indischen Mythologie.

Das WILDSCHWEIN ist ein Urbild der Kraft, des furchtlosen Angriffs und des entschlossenen Mutes, besonders in Nordeuropa und bei den Kelten, wo es außerdem spirituelle Autorität verkörperte. Sein Fleisch wurde rituell verzehrt und zusammen mit im Kampf erschlagenen Kriegern begraben. Der Respekt vor dem Wildschwein erstreckte sich bis nach Indien, wo der Gott Vishnu einst die Gestalt eines Schweins annahm, um die Erde aus den Wasserfluten zu bergen, in denen sie von Dämonen gefangen gehalten wurde. Durch die Assoziation des Wildscheins mit dem zerstörerischen Gebaren von Kriegern, die es zu ihrem Emblem gemacht hatten, wurde es zu einem christlichen Symbol für Tyrannei und Lüsternheit.

Der Affengott Hanuman war sowohl Heiler als auch Krieger.

BÄRENSYMBOLIK

Als Symbol der Urkraft war der Bär eine Inkarnation des Gottes Odin in Skandinavien, wo die grimmigen Berserker sich für die Schlacht in Bärenfelle hüllten (bärserk = Bärenhemd). Er steht mit vielen anderen Kriegsgottheiten in Verbindung, darunter die griechische Muttergöttin Artemis (die Jungfrauen ihres Kultes nannten sich »Bären«), der germanische Thor und der keltische Artio, unter dessen Anbetern sich die Bewohner der Stadt Bern (die schweizerische Stadt »des Bären«) befanden. In China verkörpert der Bär maskuline Stärke. Träume von Bären sollen die Geburt von Söhnen prophezeien. Als Symbol der Kraft ist der Bär eine Ahnenfigur bei den Ainu des nördlichen Japan, eine ähnliche Rolle spielt er im nordamerikanischen Indianerstamm der Algonkin. Anderswo wird der Bär zuweilen mit Mond- und Auferstehungssymbolik in Zusammenhang gebracht, vielleicht wegen seines Winterschlafs. Schamanen trugen Bärenmasken, um mit Waldgeistern in Verbindung zu treten. Obwohl Bärinnen ein weit verbreitetes Symbol mütterlicher Stärke, Fürsorge und Wärme sind, brachte Carl Gustav Jung sie mit gefährlichen Aspekten des Unterbewusstseins in Verbindung. In der christlichen und islamischen Tradition wird der Bär als grausam, lüstern und rachsüchtig verstanden.

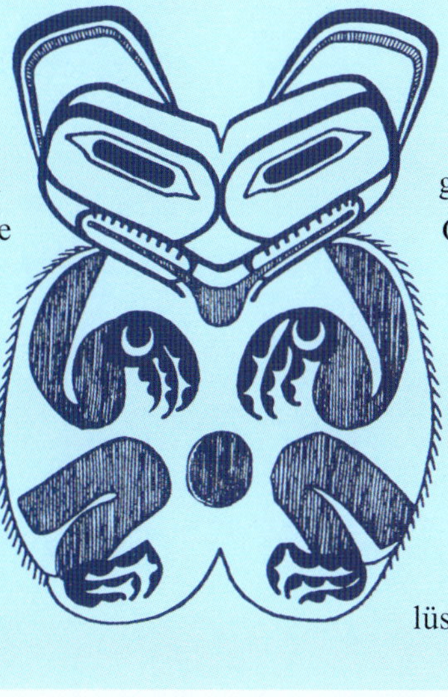

Der Bär, ein oft anzutreffendes Totem bei den nordamerikanischen Ureinwohnern, verkörperte die Kraft des Wirbelwinds.

GROSSE UND KLEINE KATZEN

Der LÖWE ist das ehrfurchtgebietendste Symbol für das Große und Gewaltige in der Natur, oft verkörpert er die Sonne selbst. Die Assoziation mit der Sonne beruht auf der Pracht seines goldenen Fells, seiner wallenden Mähne und seiner physischen Präsenz. Er tritt sowohl als Zerstörer wie auch als Retter auf. Ihm ist eine gottähnliche Dualität gegeben, aufgrund derer er auch das Böse und die Zerstörung zu verkörpern vermag. Die königliche Löwenjagd, ein in der frühen Ikonografie des westlichen Asiens häufig vorkommendes Thema, symbolisiert Tod und Wiedergeburt – die Fortdauer des Lebens durch die Tötung eines gottähnlichen Tieres. Auf einigen Schnitzereien scheint der Löwe sich selbst zu opfern. Die Göttlichkeit des Königs selbst ist angedeutet durch dessen furchtloses Anpacken der Pfoten des Tieres – das archetypische Bild eines Menschen mit »Löwenmut«.

Diese tibetanische Bronzestatuette eines auf einem Löwen reitenden Bodhisattva verweist auf indische Beschreibungen Buddhas als »ein Löwe unter den Menschen«.

In Ägypten verkörperte die Rachegöttin Sachmet, dargestellt als Löwin, die gnadenlose Sonnenhitze. Doch war der Löwe auch ein Führer in die Unterwelt. Daher rühren die in Ägypten gefundenen löwenfüßigen Sarkophage und die Bilder von Mumien, die von Löwen getragen werden. Masken oder ringförmige Türklopfer in Löwenform schmückten ägyptische Türen. Ägypten ist auch das Ursprungsland für löwenköpfige Wasserspeier oder Springbrunnen. Diese symbolisierten das lebenspendende Hochwasser des Nils, wenn die Sonne im Zeichen des Löwen stand (23. Juli – 23. August).

Das Tragen von Löwenfellen symbolisiert den Sieg über den Tod, so wie Herakles den Nemeischen Löwen besiegt oder Samson einen Löwen zerreißt. In der jüdischen Tradition wird der Tod durch das Gebet überwunden (Daniel in der Löwengrube). Weiter gefasst ist der Löwe ein Symbol für königliche Macht und Herrschaft, für militärischen Sieg, Mut, Wachsamkeit und Stärke, eine Tugend, die in der Kunst durch eine mit einem Löwen spielende Frau dargestellt wird. Der Löwe war ein königliches Symbol in Schottland und England und wurde zu einem dominanten Symbol des Britischen Reichs im 19. Jahrhundert. In China und Japan kommt dem Löwen eine Schutzfunktion zu. Löwenmaskentänze erfüllen denselben Zweck wie Drachentänze.

In vielen Kulturen stand der Leopard für das Böse schlechthin. Leopardenfelle symbolisieren die Herrschaft über die dämonische Macht dieses Tieres.

In Asien und Indien wird der Löwe als Symbol für das Große und Schreckliche in der Natur weitgehend durch den TIGER ersetzt. Götter demonstrieren ihre Macht, indem sie ihn als Reittier benutzen, und Krieger trugen sein Symbol in die Schlacht. Diese Schutzsymbolik erklärt die steinernen Tiger auf chinesischen Gräbern und vor Eingängen sowie den uralten Brauch der Tigermützen für Kinder.

Das dominante Tier in der Symbolik Mittel- und Südamerikas ist der JAGUAR. Er wird mit Zukunftsdeutung, Königswürde, Zauberei, den Mächten der Geisterwelt, Mond und Erde sowie Fruchtbarkeit in Verbindung gebracht. Nach weit verbreitetem Glauben verfügten Schamanen über okkulte Kräfte, indem sie sich in Jaguare verwandelten. Dies erklärt auch die vielen Darstellungen fauchender Jaguarmenschen in der mittelamerikanischen Kunst, die frühesten stammen aus der Kultur der Olmeken (ca. 1500–400 v. Chr.).

Der Jaguar, hier im Aztekischen Kodex als Krieger dargestellt, war die Ehrfurcht gebietende Inkarnation des obersten Gottes Tezcatlipoca, dessen magische Spiegelaugen von menschlichen Gedanken bis zu den Geheimnissen der Zukunft alles offen legten.

DAS RÄTSEL DER KATZEN

Die geringe Größe der HAUSKATZEN nimmt ihnen dennoch nicht ihre Symbolkraft. Sie repräsentieren Transformation, Hellsichtigkeit, Beweglichkeit, Wachsamkeit, sinnliche Schönheit, Geheimnis und weibliche Boshaftigkeit. Diese fast universellen Assoziationen hatten in den Kulturen des Altertums unterschiedliche Schwerpunkte. In Ägypten, besonders in der Verehrung der katzenköpfigen Göttin Bastet oder Bast, galten Katzen als wohlwollende und heilige Tiere. Die Mondgöttin Bastet wurde ursprünglich als Löwin dargestellt und stand mit Freude, Fruchtbarkeit und beschützenden Mächten in Verbindung. Ihretwegen wurden Katzen in Ehren gehalten und häufig mumifiziert – zusammen mit Mäusen, die ihnen als Speise dienen sollten. In der Ikonografie erschien die Katze als eine Verbündete der Sonne, indem sie der Unterweltschlange den Kopf abbiss. Doch waren Katzen auch häufig die Begleiterinnen von Mondgöttinnen, darunter die griechische Artemis (die römische Diana) und die nordische Göttin Freyja, deren Zugtier sie war. In Rom war die Katze aufgrund ihrer selbstgenügsamen Unabhängigkeit ein Symbol der Freiheit. Anderswo allerdings misstraute man ihren nächtlichen Streifzügen und ihrer Wandlungsfähigkeit (Pupillenerweiterung, einziehbare Krallen, plötzliches Umschwenken von Trägheit auf Angriffslust). Insbesondere SCHWARZE KATZEN wurden bei den Kelten mit boshafter List, im Islam mit Dschinns und in Japan mit Pech in Verbindung gebracht. Dort berichten Volksmärchen, dass Katzen Frauengestalt annehmen können. In Indien, wo Katzen animalische Schönheit verkörperten, hielten ihnen die Buddhisten dennoch ihre Hochmütigkeit vor: wie die Schlangen hatten auch sie es versäumt, den Tod des Buddha zu betrauern. Die negativste Sichtweise erscheint jedoch in der europäischen Folklore über Hexerei: hier erscheinen Katzen als dämonische Helfer bei satanischen Orgien und als Verkörperungen des Teufels.

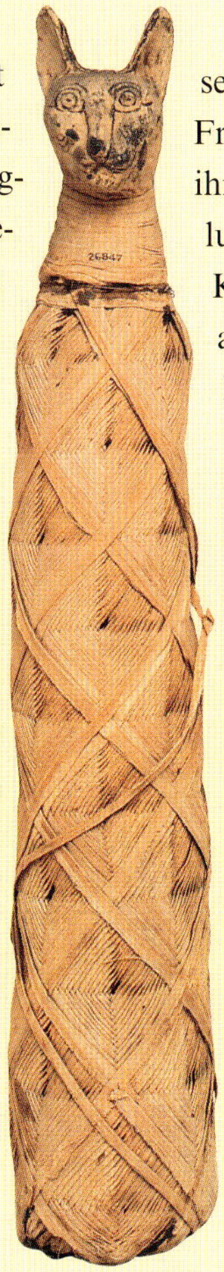

Die Mumifizierung von Katzen (und deren Nahrung) war in Ägypten nichts Ungewöhnliches. Sie werden dort schon seit mindestens 4000 Jahren als Haustiere gehalten.

HAUSTIERE

Die Hirtenkulturen des Altertums brachten den WIDDER mit Sonnen- und Feuersymbolik in Verbindung. Als Emblem der Sonnenenergie repräsentierte er mächtige Götter wie Amun-Re in Ägypten, Ea und Baal im Nahen Osten, Apoll in Griechenland sowie Indra und Agni in Indien. Als erstes Zeichen im Tierkreis symbolisiert Aries, der Widder, die Erneuerung des Wachstums und die Wiederkehr der Sonnenwärme zum Frühlingsäquinoktium im März. Widder können ebenfalls Manneskraft, Ehrgeiz und Sturheit verkörpern. SCHAFE hingegen stehen gewöhnlich für Schwäche und Hilflosigkeit, ein Bedürfnis nach Führung und Schutz. Von weit größerer Bedeutung in der christlichen Ikonografie ist das LAMM – eines der frühesten Symbole für Christus und ein Emblem für Reinheit, Opferbereitschaft, Erneuerung, Erlösung, Unschuld, Sanftheit, Demut und Geduld. Die emblematische Verwendung des Lammes sowohl in der christlichen Ikonografie als auch im Schrifttum ist die Fortführung einer uralten semitischen Tradition, in der neugeborene Lämmer als Symbole der Wiederkehr des Frühlings rituell geopfert wurden. Das Blut der Osterlamms war seit der Zeit des Passahfestes ein besonderes Heilszeichen für die Hebräer und Propheten wie Jesaja bezeichneten den kommenden Messias als Lamm. Das Lamm ist ein wichtiges Opfer- und

DER URSPRUNG DER TEUFLISCHEN ZIEGE

Vieles der ambivalenten Symbolik der Ziege ist sexuellen Ursprungs: Potenz, Lüsternheit, Schläue und Destruktivität beim Mann; Fruchtbarkeit und mütterliche Sorge bei der Frau. Die Ziege Amaltheia war die hochverehrte Amme des griechischen Gottes Zeus (in der römischen Mythologie Jupiter). Ihr Horn war das Füllhorn des Überflusses – eine Symbolik, die sich offensichtlich von der Qualität und der Eignung ihrer Milch für die Ernährung von Säuglingen herleitet.

Die Ziege war das Reittier des vedischen Gottes Agni. Auf dieser persischen Darstellung erscheint sie als das Tierkreiszeichen Steinbock.

Die Vitalität des Ziegenbocks hat die alte Welt sehr beeindruckt, wie man aus seiner Verbindung mit mehreren sumerisch-semitischen und griechischen Gottheiten unschwer erkennen kann. Pan und seine Satyrn haben mehrere körperliche Merkmale des Ziegenbocks. Böcke sind besonders aktiv im Winter (wenn die Weibchen brünstig sind), was die Verwendung von Strohziegen beim skandinavischen Julfest erklären mag. Im Gegensatz dazu empfanden die Hebräer die Potenz der Ziege als anstößig. Der griechische Geschichtsschreiber Herodot berichtete im 5. Jahrhundert v. Chr. von animalischen Sexualpraktiken im mendesischen Ziegenkult Ägyptens. Dies mag die christliche Symbolik der Ziege als Personifizierung der Unreinheit und der Lasterhaftigkeit beeinflusst haben – daher die ziegenähnlichen Merkmale des mittelalterlichen Teufels, eine Assoziation, die durch den Ruf der Ziege als böswillige Zerstörerin noch verstärkt wurden.

Ziegen können ebenfalls Torheit repräsentieren. In China und Indien hingegen ist die Ziege ein positives männliches Symbol.

Die spiralförmigen Hörner der Widders waren ein ägyptisches Symbol für die Sonnenkraft von Göttern und Herrschern.

Erlösungssymbol in den islamischen Riten des Ramadan.

Ein uraltes Symbol für die mütterliche Nahrungsquelle ist die KUH. Sie erscheint in Kulturen von Ägypten bis China als Personifizierung der Mutter Erde. Sie stand auch für Mond und Sterne. Ihre weit ausladenden Hörner repräsentierten den Mond (wie bei der kuhköpfigen ägyptischen Göttin Hathor), ihre Milch die zahllosen Sterne der Milchstraße. Ein ähnliches Bild der Kuh als Nährmutter des ursprünglichen Lebens erscheint in der nordischen Mythologie, wo die Kuh Adumla, die Amme der Ur-Riesen, den ersten Menschen aus dem ihn umgebenden Eis herausleckt. Für Hindus und Buddhisten ist der bedächtige, geduldige Lebensrhythmus der Kuh ein Abbild von solcher in sich ruhender Heiligkeit, dass diese zu Indiens höchstverehrtem Tier wurde. Das Bild der Kuh wird überall mit Glück assoziiert.

Die Symbolik des SCHWEINS ist weniger einheitlich. Es kann für Völlerei, Eigennutz, Lüsternheit, Sturheit und Dummheit stehen – jedoch auch für Mutterschaft, Fruchtbarkeit, Wohlstand und Glück. In den frühen Kulturen wurde die SAU als Emblem der Fruchtbarkeit der Ur-Mutter verehrt. In China war das Schwein ein Symbol der Fruchtbarkeit und Manneskraft. Die jüdischen und islamischen Vorbehalte gegen den Verzehr von Aasfressern führten zur negativen Assoziation von Schweinen mit tierischen Trieben wie Gier und Lüsternheit.

Der HAHN kann in der europäischen Kunst ebenfalls für Lüsternheit stehen. Im Christentum jedoch hat er eine positivere Symbolik. Wetterfahnen in Form eines Hahnes auf Kirchtürmen sind ein Zeichen der Wachsamkeit gegen das Böse. Hähne stehen fast überall mit der Morgendämmerung, der Sonne und dem Licht in Verbindung, außer in der keltischen und nordischen Überlieferung. In China personifizierte der Hahn die fünf Tugenden – bürgerliches und militärisches Verdienst, Mut, Verlässlichkeit und Großzügigkeit (durch sein Anbieten von Nahrung an die Hühner). Sein Emblem sollte bei Bestattungen das Böse abwenden. Hähne waren heilige Tiere in Japan – daher ihr freies Umherlaufen in Shinto-Schreinen. Nach der islamischen Überlieferung war der Hahn jener riesige Vogel, den Mohammed im ersten Himmel hatte krähen hören: »Es gibt keinen Gott außer Allah.«

Der Hahn ist das Wappentier Frankreichs. Hier schwebt er zusammen mit dem Siegesadler über den Seelen französischer Kriegsgefallener.

HUNDE, SCHAKALE UND WÖLFE

In der keltischen und christlichen Tradition hat sich der HUND als Symbol für Treue und Wachsamkeit etabliert. Die Dominikaner waren stolz auf den Beinamen »die Hunde des Herrn«. In primitiveren und älteren Kulturen wurde der Hund fast universell mit der Unterwelt assoziiert, in der er als Hüter oder als Führer fungierte. Seine Kameradschaft im Leben und die in ihm vermutete Kenntnis der Geisterwelt machte den Hund zu einem idealen Führer ins Jenseits. Selbst in Mittelamerika waren es Hunde, die die Seelen der Maya über den Fluss des Todes trugen. Xolotl, der aztekische Hundegott, führte die Sonne allnächtlich durch die Unterwelt und wurde zusammen mit ihr in der Morgendämmerung wiedergeboren. Hunde wurden häufig rituell getötet, um die Verstorbenen ins Jenseits zu begleiten. Sie sind Schutzsymbole in Japan und auch in China, dort jedoch mit Vorbehalten, da sie mit dämonischen Kräften in Verbindung stehen können, besonders im Zusammenhang mit Naturkatastrophen. Anderswo erscheint der Hund oder der KOJOTE oft im Zusammenhang mit der Zukunftsdeutung. In den Kulturen Nordamerikas und Afrikas nimmt er zuweilen auch die Stellung eines Helden ein.

Die positive christliche Symbolik zeigt sich in diesem Bildnis des heiligen Rochus, eines Eremiten des 14. Jahrhunderts, der von seinem Hund gepflegt wurde, als er an der Pest erkrankt war. In der keltischen Kunst werden Heilsgöttinnen von Hunden begleitet.

Als stinkender Aasfresser symbolisierte der SCHAKAL in Indien die Vernichtung oder das Böse. Im alten Ägypten jedoch war er dem Hund gleichgestellt. Man verehrte ihn als Anubis, den Gott der Einbalsamierung und Führer der Seelen vor das Jüngste Gericht. Anubis wird gewöhnlich entweder als schwarzer Schakal oder als schakalköpfige Menschenfigur dargestellt.

Die Symbolik des WOLFES ist ebenso unterschiedlich. Oft steht er mit Grausamkeit, Schläue und Gier in Verbindung, anderswo jedoch erscheint er als Symbol des Mutes, des Sieges oder der Mütterlichkeit. In den Hirtenkulturen des Nahen Ostens sowie in dicht bewaldeten Gebieten Europas war der Wolf als Raubtier gefürchtet. Der große, böse Wolf der Märchenwelt war sowohl ein Raubtier als auch ein Symbol für sexuelle Gewalt. Geschichten von Hexen, die sich in Wölfe, und von Männern, die sich in Werwölfe verwandeln, spiegeln die Furcht vor dämonischer Besessenheit und vor männlicher Gewalt und Sadismus wider. In Griechenland war der Wolf dem Apoll geweiht und im nordischen Mythos dem Odin (Wotan), wo er als Siegesbringer betrachtet wurde (obwohl Fenrir, der Himmelswolf, als Bote des Bösen galt). Die Romulus und Remus (Kinder des Mars und sagenumwobene Gründer Roms) säugende WÖLFIN ist ein Abbild glühender Mutterliebe, das auch in der Folklore Indiens wieder auftaucht. Dieses Bild mag auch für die vielen Geschichten von wölfischen Ahnen verantwortlich sein – so z. B. im Fall von Dschingis Khan. Die vorwiegend positive türkische Wolfsymbolik lässt jedenfalls vermuten, dass dieser eine zentralasiatische Ahnenfigur gewesen ist. In Nordamerika galt er sowohl als Gefahrensymbol als auch als Seelenführer.

Der griechische Mythos des dreiköpfigen Zerberus, der den Eingang zum Hades bewacht, basiert auf der uralten Assoziation des Hundes mit der Unterwelt.

KLEINE SÄUGETIERE UND AMPHIBIEN

Den HASEN und KANINCHEN ist eine starke Mondsymbolik zu eigen, möglicherweise weil die Mondflecken im Altertum als springende Hasen interpretiert wurden. Aus diesem Grund wurden sie in Afrika, Nordamerika, bei den Kelten und Buddhisten, den Hindus und Teutonen, in China, Ägypten und Griechenland mit dem Menstruationszyklus und der Fruchtbarkeit in Verbindung gebracht. Sowohl in der klassischen als auch in der keltischen Welt war der Hase ein Attribut von Jagdgöttinnen und begleitete auch die griechischen Götter Eros (als Leidenschaft) und Hermes (als leichtfüßiger Bote). Dem Bild des Osterhasen liegt die uralte Fruchtbarkeits- und Erneuerungssymbolik der teutonischen und nordischen Tradition zugrunde. Wegen seiner Verbindung zu bestimmten Gottheiten war der Verzehr des Hasen zeitweilig tabu. Ihr Kinderreichtum machte die Hasen zu idealen Instrumenten für Sympathiezauberei bei Unfruchtbarkeit oder Geburtskomplikationen. Ein ähnliches Beispiel für solch okkulte Symbolik ist der Volksglaube, dass die Pfote des schnellfüßigen Hasen ein guter Talisman gegen Rheumatismus und Gicht sei. Dem Hasen wird gutartige List zugeschrieben und in Nordamerika spielte der Mondhase eine schöpferische Rolle in der Gestaltung der Natur zum Nutzen des Menschen.

Der Hase (hier in einer arabischen Illustration aus dem 14. Jahrhundert) ist für einige Schiiten eine halbgöttliche Kreatur. Diese Symbolik steht im Zusammenhang mit dem Schwiegersohn Mohammeds.

Ebenfalls mit Fruchtbarkeit assoziiert wird die RATTE, jedoch ist diese im Allgemeinen ein Symbol der Zerstörung und des Geizes. Als nächtliche Räuberin in Getreidespeichern wurde die Ratte im Nahen Osten als Schädling gefürchtet und daher mit der Unterwelt in Verbindung gebracht, im Christentum sogar mit dem Teufel. Eine ganz andere Symbolik jedoch, beruhend auf ihrer Klugheit und ihrer Fähigkeit zum Broterwerb, zeigt sich nicht nur in der Folklore, wo sie Schiffsuntergänge vorhersehen konnte, sondern auch in ihrer Verbindung mit asiatischen Gottheiten der Weisheit, des Erfolgs und des Wohlstands. Im indischen Mythos ist es paradoxerweise eine Ratte, die dem elefantenköpfigen Gott Ganesha als Reittier dient. Ebenso begleitet sie Daikoku, den japanischen Gott des Wohlstands. Nach der chinesischen Überlieferung brachte sie der Menschheit den Reis. Die Ratte ist das erste Zeichen des chinesischen Tierkreises. Einige Gemälde der Renaissance zeigen eine schwarze und eine weiße Ratte, die an der Zeit nagen.

MÄUSE wurden eher mit Furchtsamkeit assoziiert – eine uralte Symbolik, wie man unschwer aus der legendären Bemerkung des ägyptischen Königs Tachos angesichts der spärlichen Anzahl seiner spartanischen Verbündeten schließen kann: »Der Berg war in Wehen, Jupiter war entgeistert und ein Mäus-

Das offene Maul der Fledermaus auf dieser Maya-Zeichnung demonstriert ihre symbolische Rolle als Verschlingerin des Lichts.

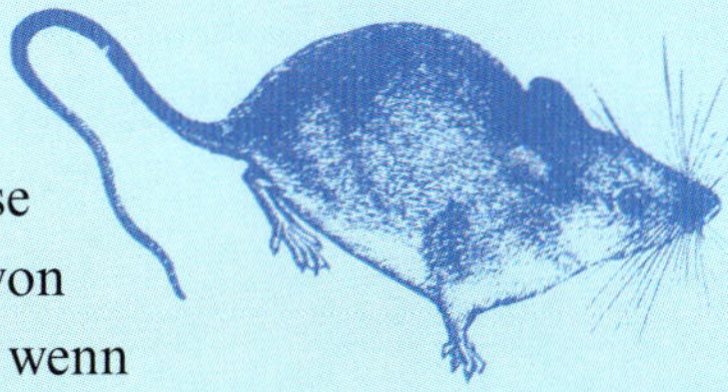

lein ward geboren.« Im Volksglauben sah man Mäuse als Seelen, die den Mündern von Toten entschlüpft waren (rot, wenn sie gut, schwarz, wenn sie schlecht waren). In Afrika verwendete man Mäuse für die Zukunftsdeutung, da ihnen das Wissen um die Mysterien der Unterwelt nachgesagt wurde.

Die FLEDERMAUS war ein Tier der Furcht und des Aberglaubens, oft assoziiert mit dem Tod, mit Götzenanbetung und Satanismus. Fledermäuse können auch Wahnsinn symbolisieren, so wie in Goyas albtraumhaftem Gemälde *Der Schlaf der Vernunft* aus dem 19. Jahrhundert. Die Fledermaus ist in der mittelamerikanischen und brasilianischen Mythologie eine Gottheit der Unterwelt. Irrtümlicherweise schrieb man ihr im antiken Griechenland und in Afrika scharfe Augen zu und erhob sie zum Symbol der Klarheit.

FROSCH UND KRÖTE

Der FROSCH ist ein Fötussymbol, besonders in Ägypten, wo die Froschgöttin Heket Gebärende beschützte. Er wird assoziiert mit dem Urzustand der Materie, mit Magie, Keimung, Evolution, den Mondphasen, Wasser und Regen. Seine amphibische Verwandlung vom Ei über die Kaulquappe bis hin zur Landamphibie mit rudimentären menschlichen Zügen mag zur Erklärung von Grimms Märchen vom Froschkönig beitragen.

Als Bote des Frühlingsregens und des neuen Wachstums symbolisierte der Frosch auch Fruchtbarkeit und Auferstehung, hauptsächlich im alten Ägypten und in Asien. Froschdarstellungen waren Glücksbringer in Japan, besonders für Reisende.

Im europäischen Aberglauben war die KRÖTE ein Attribut des Todes und wurde in der Kunst oft zusammen mit einem Schädel oder einem Skelett dargestellt oder, als Verkörperung der Wollust, die Geschlechtsorgane einer nackten Frau verzehrend.

Die Kröte war die abstoßende Begleiterin von Hexen und ein Hinweis auf die Qual der Verdammnis – eine dämonische Symbolik aus dem Nahen Osten, der vielleicht die giftigen Ausscheidungen der Kröte zugrunde liegen. Diese wurden im alten China medizinisch angewendet – wo die Kröte dann auch ein Symbol des Mondes, des Yin und der Feuchtigkeit war: eine Regenbringerin, und als solche assoziiert mit Glück und Wohlstand. Nach der Folklore lebt eine dreibeinige Kröte auf dem Mond. So erklärte man eine Mondfinsternis damit, dass die Kröte den Mond verschluckte. Regen- und Fruchtbarkeitssymbolik im Zusammenhang mit der Kröte findet sich in Mexiko und in einigen Teilen Afrikas, wo diese zuweilen sogar den Status einer Volksheldin annimmt. In der Alchemie assoziierte man die Kröte mit den Urelementen Erde und Wasser.

Die Wassersymbolik der Frösche machte sie zu idealen Instrumenten von Sympathiezauberei im alten China. Das Froschemblem in dieser Navajo-Sandzeichnung deutet auf eine ähnliche Funktion hin.

TIERE DES MEERES

Im Mittelmeergebiet sind Delfine ein altes Symbol für die Kraft des Meeres. Auf dieser etruskischen Vase aus dem 6. Jahrhundert v. Chr. begleiten sie einen Meeresgott.

Der FISCH, ein phallisches Symbol sexueller Erfüllung und Fruchtbarkeit, ist auch als eines der ältesten Symbole für Christus bekannt. Die Buchstaben des griechischen Wortes für »Fisch«, *ichthys*, bilden ein Akronym für »Jesus Christus, Gottes Sohn, Heiland« *(Iesous CHristos THeou hYios Soter)*. Siegel und Lampen in den Katakomben Roms trugen dieses Emblem als geheimes Zeichen. In den Evangelien wurde diese Symbolhaftigkeit noch verstärkt durch den von Christus gezogenen Vergleich zwischen Fischzügen und dem Konvertieren von Gläubigen. Daher rührt auch der »Fischerring« des Papstes. Das Taufbecken wurde auf lateinisch *piscina* (»der Fischteich«) genannt, und getaufte Christen *pisciculi* (»kleine Fische«). In Gemälden des Abendmahls weisen Fische auf die katholische Sitte hin, am Freitag Fisch statt Fleisch zu essen. Drei ineinander verschlungene Fische oder drei Fische mit einem gemeinsamen Kopf sind Symbole der Dreifaltigkeit. Die hebräische Tradition war Wegbereiterin dieser umfangreichen Symbolik. Fische repräsentierten hier die Treuen und die Gläubigen: sie waren die Nahrung des Sabbats und des Paradieses. Für die Priester des mesopotamischen Wasser- und Weisheitsgottes Ea hatte der Fisch ebenfalls sakrale Bedeutung. Als Geschöpfe grenzenloser Freiheit, unberührt von Flutkatastrophen, erscheinen sie als Retter in der indischen Mythologie und als Avatare von Vishnu und Varuna. Auf Buddhas Fußsohlen symbolisieren sie die Freiheit von irdischen Gelüsten. Auch Buddha selbst und der Grieche Orpheus hatten den Beinamen »Menschenfischer«.

Drei ineinander verschlungene Fische repräsentieren die Dreifaltigkeit. Auf einem Glasfenster im Münster von Wrexham, England.

Die Sexualsymbolik des Fisches ist fast universell – und leitet sich ab aus seinen zahllosen Eiern, der Fruchtbarkeitssymbolik des Wassers sowie der Ähnlichkeit des Fisches mit dem Penis. Fische stehen häufig in Verbindung mit Mond- und Muttergottheiten und der Geburt. In China sind sie Symbol des Wohlstands und des Glücks.

Der LACHS wurde zum Symbol für Manneskraft, Fruchtbarkeit, Mut, Weisheit und weiser Voraussicht. Für die Küstenbewohner Nordeuropas und des amerikanischen Nordwestens wurde der sich flussaufwärts kämpfende Lachs zum Abbild der Fülle und Weisheit der Natur. Bei den Kelten mischten sich Verwandlungs- und Phallussymbolik in der Geschichte von Tuan mac Cairill, der in Lachsgestalt eine irische Königin schwängerte und später gefangen und ihr zum Mahl vorgesetzt wurde. Der irische Held Finn verbrannte sich den Daumen beim Kochen des Lachses der Weisheit. Um sich Erleichterung zu verschaffen, steckte er den Daumen in dem Mund. Der Geschmack des Lachssuds gab ihm prophetische Kraft und Weisheit.

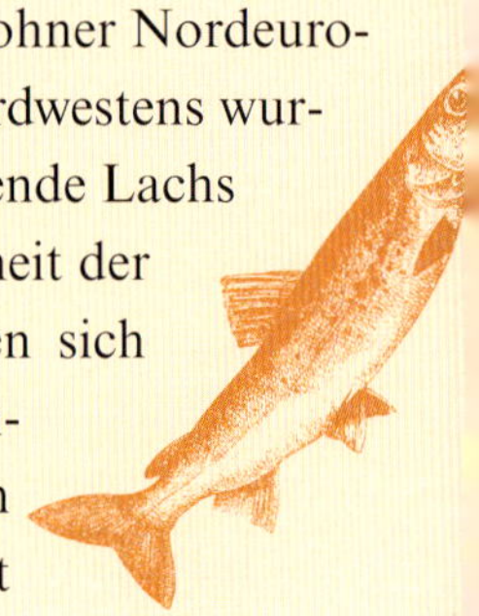

In China gilt der KARPFEN als Symbol der Langlebigkeit, Potenz und der Gelehrsamkeit. Er war ein Emblem der Samurai in Japan – wahrscheinlich aufgrund des Kontrasts zwischen seiner Sprungkraft im Wasser und seiner Gelassenheit im Tode am Angelhaken. Als Glückssymbole brachte man Karpfenbildnisse an Schiffsmasten oder auch an Dächern an, um vor einer Feuersbrunst zu schützen.

Unter den Wassertieren ist der DELFIN ein weit verbreitetes Symbol des Heils, der Umwandlung und der Liebe – ein Symbol für Christus als Heiland. Seine Symbolik ist Folge seiner freundlichen, spielerischen und intelligenten Natur. Die christliche Symbolik wurde beeinflusst von der griechischen, kretischen und etruskischen Mythologie, in der der Delfin den Göttern als Reittier dient, Helden vor dem Ertrinken rettet oder Seelen zur Insel der Seligen trägt. Er war ein Attribut des griechischen Gottes Poseidon (der römische Neptun), Aphrodite (Venus), Eros (Cupido), Demeter (Ceres) und Dionysos (Bacchus). Als Symbol des geopferten Christus erscheint der Delfin von einem Dreizack durchbohrt oder zusammen mit dem geheimen Kreuzsymbol des Ankers. Um einen Anker gewunden repräsentiert der Delfin die Umsicht (gedrosselte Geschwindigkeit).

DER WAL UND DIE WIEDERGEBURT

Der Wal, ein beeindruckendes Abbild des Kolossalen in der Natur, ist auch ein Sinnbild der Arche oder des Uterus, ein Symbol der Regeneration. Einige betrachten die Geschichte von Jona und dem Wal als eine Allegorie auf die Gefangenschaft und die Befreiung der Juden. Eine andere Erklärung mag die Interpretation des Walbauchs als die Dunkelheit der Initiation sein, die zu einer klareren Lebensweise führt.

Im Matthäus-Evangelium zieht Christus eine Parallele zwischen Jonas Erlebnis und seinem bevorstehenden Eingehen in die Erde und seiner anschließenden Wiederauferstehung. Jonas Zeit im Walbauch von drei Tagen und drei Nächten deutet hin auf die lunare Symbolik der »Dunkelheit des Mondes«, gefolgt von seinem Wiederauftauchen als Halbmond.

In Afrika und Polynesien steht der Wal in Zusammenhang mit der Initiation. Mythen von spirituellen Helden, die von Walen geboren wurden, finden sich auch in Südostasien. Der Wal wird oft mit dem Seeungeheuer Leviathan in Verbindung gebracht. Mittelalterliche Darstellungen eines Walrachens als Höllentor basierten auf Abbildungen in Bestiarien ihrer Zeit.

Die Wiedergeburtssymbolik des Wales kommt auf diesem Verduner Altarbild aus dem 12. Jahrhundert zum Ausdruck, auf dem der biblische »große Fisch« den Propheten Jona wieder ausspuckt.

GESCHÖPFE DES HIMMELS

Prähistorische und altägyptische Darstellungen von VOGELKÖPFIGEN MENSCHEN symbolisieren die spirituelle Seite der menschlichen Natur und implizit das Versprechen der Unsterblichkeit. Die Vorstellung von der Seele als VOGEL ist so weit verbreitet wie der Glaube, dass sie das Gute und die Freude repräsentieren – eine Symbolik, die von ihrer Leichtigkeit und Schnelligkeit, der Freiheit ihres Fluges und ihrer Verbindung zwischen Himmel und Erde herrührt. Schamanen mit Vogelmasken und Federschmuck sollten sich zu höheren Ebenen der Weisheit emporschwingen. So standen Vögel traditionell für Weisheit, Intelligenz und Gedankenschnelle – eine Symbolik, die von der modernen abfälligen Bezeichnung »Spatzenhirn« meilenweit entfernt ist. Die römische Sitte der Zukunftsdeutung aus dem Gesang oder den Fluggewohnheiten von Vögeln war wohl ein Versuch, diese höhere Weisheit zu entschlüsseln. Viele Märchenhelden erfahren wichtige Informationen von Vögeln. Allerdings können diese auch Informanten des Feindes sein, wie viele Geschichten der Aborigines berichten. So ist der Ausdruck »das hat mir ein kleines Vögelchen gezwitschert« ein Echo dieser alten Vorstellung. In der europäischen Kunst können Vögel für das Element Luft und den Tastsinn stehen.

FEDERN repräsentieren die Himmelfahrt und sind weit verbreitete Symbole des Gebets. In Nordamerika brachte ein Kopfschmuck aus Adlerfedern den Häuptling in Verbindung mit dem Großen Geist und mit den Mächten der Luft, des Windes und des Donners.

Unter den Vögeln sticht besonders die TAUBE hervor, deren universelle Bedeutung als Friedenssymbol sich weniger aus ihrer Natur (oft recht kampfeslustig) als aus ihrer Schönheit und dem biblischen Einfluss herleitet. Der kleine, weiße Vogel, der mit einem Ölzweig im Schnabel zu Noah zurückkehrte, war von unwiderstehlichem Charme als Sinnbild des erzürnten Gottes, der nunmehr bereit war, mit der Menschheit Frieden zu schließen. Die Taube wurde zur vorchristlichen Verkörperung des Göttlichen. Johannes sah, wie eine Taube sich auf den getauften Christus herabließ. So ist die Taube ein Sinnbild des Heili-

Die Taube repräsentiert den Heiligen Geist in vielen Darstellungen der Verkündigung, der Taufe Christi und auch der Dreifaltigkeit, so wie in diesem Gemälde von Lucas Cranach d. Ä.

gen Geistes und ein Symbol der Taufe. Durch eine Sinnerweiterung repräsentiert die Taube auch die geläuterte Seele. So wird sie in Märtyrerbildnissen oft dem Mund des sterbenden Heiligen entfliegend gezeigt. Daneben ist die Taube ein christliches Symbol der Keuschheit. Einstmals war sie das Attribut semitischer und griechisch-römischer Göttinnen der Liebe. Das REBHUHN symbolisierte in der griechischen und indoiranischen Tradition ebenfalls Liebe und weibliche Schönheit.

In China war der FASAN ein symbolhafter Vogel. Seine Schönheit und Farbenpracht machte ihn zum Sinnbild der Sonne und der Tugend. Doch verbanden ihn die Chinesen außerdem mit dem Donner, vermutlich wegen seines klatschenden Flügelschlags. Ebenfalls in China wurde die WACHTEL mit Licht assoziiert – sie steht außerdem für Wärme, Eifer und Mut. Für die Griechen und die Hindus symbolisierte die Wachtel die Erneuerung des Lebens.

DER KÖNIGLICHE PFAU

Das prächtige Rad des Pfaus machte diesen zum Symbol der Sonne, der Königswürde und der Unsterblichkeit. Nach der iranischen Mythologie tötete der Pfau Schlangen und benutzte deren Speichel, um die irisierenden bronzegrünen und blaugoldenen »Augen« auf seine Schwanzfedern zu malen. Im Mittelmeerraum wurde der Pfau einst als Attraktion öffentlich zur Schau gestellt. Im Lauf der Zeit wurde er dort zum Symbol der Wiedergeburt, des Sternenhimmels und daher der kosmischen Einheit.

In Rom galt der Pfau als Seelenvogel der Kaiserin und der Prinzessin, während der Adler für den Kaiser stand. Der persische Hof wurde Pfauenthron genannt und Pfauen stehen ebenfalls in Verbindung mit den Thronen des Hindugottes Indra und dem Bodhisattva Amitabha, der über das chinesische Paradies residiert. Cherubim haben Pfauenflügel und Pfauen erscheinen in der christlichen Kunst entweder an der Krippe oder aus einem Kelch trinkend – beides Symbole des ewigen Lebens. Doch führte die christliche Doktrin der Demut ebenfalls zu einer Assoziation des Pfaus mit der Sünde des Stolzes, die der Pfau nun auch in der europäischen Kunst versinnbildlicht. In den meisten anderen Kulturen wurde er als ausschließlich positives Symbol der Würde betrachtet, besonders in China, wo er zum Emblem der Ming-Dynastie wurde. Die Pfauentänze Südostasiens berufen sich auf die ursprüngliche Bedeutung des Vogels als Sonnensymbol – sein im Tanz dargestellter Tod soll Regen bringen.

Pfauen sind Reittiere und Begleiter mehrerer Hindugottheiten, darunter Krishna, der in dieser Miniatur aus dem 18. Jahrhundert die Gopis (Hirtenmädchen) mit seiner Flöte bezaubert.

GREIFVÖGEL

Als Herr der Lüfte ist der ADLER ein universelles Symbol. Er verkörpert Macht, Schnelligkeit und den Blick aus der Höhe auf die ganze Schöpfung. Er ist nicht nur ein Begleiter der höchsten Gottheiten, sondern oft deren direkte Verkörperung. Als Sinnbild der sich erhebenden Seele ließ man Adler über die Scheiterhaufen römischer Kaiser fliegen. Die hebräische Vorstellung, dass sich der Adler an der Sonne die Flügel verbrennen und in den Ozean stürzen könnte, um sodann mit einem neuen Paar wieder aufzutauchen (Psalm 103.5), führte zu seiner Assoziation mit der christlichen Symbolik der Taufe. Der Adler erscheint außer an Taufbecken auch an Predigtkanzeln – als Attribut des Apostels Johannes, des Verkünders

Der Zorn des Zeus wird verkörpert durch den Adler, der die Leber des Prometheus frisst. Dieser hatte das Feuer aus dem Olymp gestohlen und den Menschen gebracht.

HOCHFLIEGENDES SYMBOL DER SONNE

Wie der Adler ist auch der FALKE ein Sonnensymbol. Er steht für Sieg, Überlegenheit, Ehrgeiz, Geist, Licht und Freiheit. Dem Habicht ähnelnd, jedoch mit längeren Flügeln und größerer Reichweite, ist der Falke in der Ikonographie dennoch schwer vom Habicht zu unterscheiden, sie sind hier praktisch identisch.

In Altägypten galt der Falke (in erster Linie der Wanderfalke) als Königssymbol. Viele ägyptische Götter werden mit einem Falkenkopf oder -körper dargestellt, darunter Re, der oft mit einer Sonnenscheibe anstatt seiner Feberhaube gezeigt wird. Horus, Gott des Himmels und des Tageslichts, ist ein Falkengott. Seine Falkenaugen sind ein häufig anzutreffendes Symbol auf Amuletten und repräsentieren die Schärfe seines beschützenden Blickes. Der Ba, ein Symbol des individuellen Geists, ist ein Falke mit einem Menschenkopf.

In der europäischen Tradition ist der Falke Symbol der Jäger und steht in Verbindung mit den nordischen Himmelsgöttern Wotan und Frigg sowie mit dem Schelm Loki.

Ein FALKE MIT HAUBE taucht zuweilen in der europäischen Kunst als Symbol der Hoffnung auf – wird ihm die Haube abgenommen, kann er davonfliegen ins Licht der Freiheit. Raubtiersymbolik findet sich relativ selten. In Peru erscheint der Falke als Sonnensymbol, als Bruderseele oder Begleiter der Inkas und auch als Ahnenfigur.

Der Falke oder Habicht war der König der Vögel im alten Ägypten, ein Bild der kosmischen Einheit und der aufgehenden Sonne.

der christlichen Botschaft. In vielen Kulturen repräsentiert ein Adler mit einer Schlange im Schnabel den Sieg über das Böse. Auch in Amerika hatte der Adler Himmels- und Sonnensymbolik, daneben war er eine schamanische Vaterfigur bei den Nomadenvölkern des nördlichen Asien.

Als uraltes Siegessymbol zierte der Adler als »Vogel Jupiters« römische Standarten. Das hethitische Emblem des doppelköpfigen Adlers war offensichtlich zur Zeit der Kreuzzüge noch bei den türkischen Seldschuken in Gebrauch und fand so seinen Weg nach Europa als Emblem des Heiligen Römischen Reiches und später der österreichischen und russischen Monarchien. Der Adler wurde auch in der Heraldik Polens, Deutschlands und des napoleonischen Frankreich gern gebraucht. Ein Weißkopfseeadler mit ausgebreiteten Flügeln ist das Wappentier der USA. In der Kunst repräsentiert der Adler zuweilen den Stolz.

Ein anderer Greifvogel, der GEIER, ist heute ein Symbol der opportunistischen Gier, im alten Ägypten jedoch war er ein Schutzsymbol. Die KRÄHE, in Europa ein Aasfresser, war ein negatives Symbol. Sie wurde zum Sinnbild für Krieg, Tod, Einsamkeit, Bosheit und Pech – eine Symbolik, die auch in Indien zu finden ist. Die amerikanische Krähe hingegen, ein geselliger Vogel, der sich hauptsächlich von Körnern und Insekten ernährt, hat eine deutlich andere Symbolik – positiv und sogar heldenhaft, wie man aus Tlingit-Mythen ersehen kann, in denen sie als schöpferischer Zivilisationsbringer und Sonnenvogel erscheint. Nordamerikanische Indianer und Aborigines erklären das schwarze Federkleid der Krähe als Resultat eines Unfalls und messen ihm keine negative Bedeutung bei. Allgemeiner erscheint die Krähe als Führerin oder als prophetische Stimme. In China war eine dreibeinige Krähe auf einer Sonnenscheibe das kaiserliche Emblem. In Japan stand die Krähe für die Liebe innerhalb der Familie.

Auch der RABE symbolisierte im westlichen Europa Tod, Verlust und Krieg, während er anderswo sehr verehrt wurde. Sein schlechter Ruf im Westen erklärt sich aus der Assoziation des prophetischen Raben mit keltischen Kriegsgöttinnen wie der Morrigan und der Badb sowie mit den kriegerischen Wikingern. Weiter im Osten ist der Rabe ein Symbol für die Sonne und die Zukunftsdeutung, das Emblem von Chinas Zhou-Dynastie. Er war der Bote Apolls und der Athene in Griechenland und stand mit dem Sonnenkult des Mithras in Verbindung. In Afrika und anderswo erscheint der Rabe als Führer und warnt vor Gefahren. Bei Indianern Nordamerikas ist er ein Volksheld. Für die Inuit ist er Vater Rabe, ein Schöpfergott, dessen Tötung schlechtes Wetter bringt.

Die Raben Huginn und Muninn, Gedächtnis und Geist, begleiteten den nordischen Gott Odin. Später wurden sie als kriegerische Wikingerembleme interpretiert.

WASSERVÖGEL

Der SCHWAN ist in Musik und Ballett zu einem romantischen und vieldeutigen Symbol maskulinen Lichts und weiblicher Schönheit geworden. In ähnlicher Weise war er in der klassischen Mythologie das Attribut von Aphrodite (die römische Venus) und von Apoll in seiner Eigenschaft als Gott der Poesie, Zukunftsdeutung und Musik. Das griechische Märchen, dass Schwäne im Sterben ein letztes Lied von überirdischer Schönheit anstimmen, verstärkte die Assoziation des Schwans mit der Poesie und brachte ihn zusätzlich mit dem Tod in Zusammenhang, so in der finnischen Legende des Schwans von Tuonela, der die Wasser der Unterwelt personifiziert.

Das durchgängige Thema der Transformation in der Schwanensymbolik wird im griechischen Mythos angestimmt, wo Zeus (Jupiter) Schwanengestalt annimmt, um Leda, die Frau des Tyndaros, des Königs von Sparta, zu verführen. Durch solche Mythen entwickelte sich der Schwan zum Symbol der erfolgreichen Leidenschaft und der verschwindenden oder verlorenen Liebe. Ein Paar mit einer Gold- oder Silberkette verbundener Schwäne zieht die keltische Sonnenbarke.

Die alte Welt war ebenso beeindruckt von der Schönheit und der Ausdauer des KRANICHS – von seinen Wanderflügen und der Wiederkehr im Frühling, von seinem komplexen Paarungstanz, seiner Stimme und seiner kontemplativen Ruhe. In China stand er für Unsterblichkeit, in Afrika für die Gabe der Rede und vielerorts für die Kommunikation mit den Göttern. Seine zyklische Wiederkehr war ein Symbol der Erneuerung, eine Auferstehungssymbolik, die zuweilen im Christentum angewandt wurde. In der europäischen Kunst personifiziert der Schwan Wachsamkeit. In Ägypten steht ein doppelköpfiger Schwan für Wohlstand.

Der STORCH war ein beliebtes Sinnbild für Langlebigkeit, im Taoismus auch der Unsterblichkeit. Dort und anderswo symbolisierte er die Kindesliebe, da man glaubte, dass Störche ihre betagten Eltern fütterten. Seine Fürsorglichkeit und die Assoziation mit der Wiederkehr des Frühlings machten diesen Zugvogel zum Attribut der griechischen Göttin Hera, der Schutzgöttin stillender Mütter – die Basis für die europäische Fabel, dass der Storch die Kinder bringt. In der christlichen Symbolik steht der Storch für Reinheit, Frömmigkeit und Wiederauferstehung.

In Ägypten war der IBIS ein heiliges Symbol der Weisheit, eine Inkarnation der Mondgottheit

Der Kranich (hier zwischen Blumen auf einem bestickten chinesischen Mantel) ist ein Symbol des Glücks. Er kann auch Ehre und schriftstellerische Eleganz versinnbildlichen.

Thot, dem Schutzpatron der Schriftgelehrten und Hüter okkulten Wissens. Ibis-Mumien wurden in königlichen Gräbern mitbestattet, um die Verstorbenen in die Mysterien des Jenseits einzuweihen. Der mythische ägyptische Vogel Benu, verehrt als der Schöpfer allen Lebens, hatte seine Basis in der Symbolik des REIHERS als Morgensonne.

Im Christentum wurde der PELIKAN mit einer aufwendigen Symbolik befrachtet. Ausgehend von der Legende, dass dieser eigenartige Vogel seine Brust aufreißt (anstatt seinen Schnabel zu leeren), um seine Jungen zu füttern, wurde er zum Sinnbild der aufopfernden Liebe. Das älteste christliche Bestiarium zog eine Parallele zwischen dem Pelikanmännchen, das seine Jungen mit dem Blut der eigenen durchbohrten Brust wiederbelebt, und Christus, der sein Blut für die Menschheit vergossen hat. Deshalb erscheint der Pelikan manchmal in Kreuzigungsdarstellungen. Wird er gemeinsam mit einem Phönix abgebildet, repräsentiert er die menschliche Natur Christi.

In europäischen Stillleben symbolisiert der Pelikan die Kindesliebe und die paulinische Haupttugend, die Mildtätigkeit.

DIE WACHSAME GANS

Die Gans hat eine sehr umfassende Symbolik, darunter Wachsamkeit, Geschwätzigkeit, Liebe und Treue. Ihre spektakulären Wanderzüge machen sie auch zu einem Symbol der Freiheit, des Ehrgeizes und der Wiederkehr der Jahreszeiten. In ihrer positiven Sonnensymbolik ähnelt sie dem Schwan. In der keltischen Welt sind beide Vögel austauschbar. Die Gans war ein Kriegstalisman sowohl für die Kelten als auch (als Begleiterin des Mars) für die Römer. Dort wurde sie auch zu einem gefeierten Sinnbild für Wachsamkeit nach einem berühmten Vorfall im Jahr 390 v. Chr., als das Geschrei der heiligen Gänse des Juno-Tempels die Verteidiger des Kapitols auf einen bevorstehenden Angriff der Gallier aufmerksam machte. Die Griechen brachten die Gans mit Hera, Apoll, Eros und dem Götterboten Hermes in Verbindung. Auch in Ägypten war sie eine Götterbotin sowie der legendäre Vogel, der das kosmische Ei gelegt hatte. Dies wurde zu einem Symbol der Seele des Pharaos (als Vertreter der Sonne, die aus dem kosmischen Ei geschlüpft war). Beim Amtsantritt eines neuen Pharaos wurden vier Gänse als Botinnen in die vier Himmelsrichtungen geschickt. Gänseopfer zur Wintersonnenwende symbolisierten die Wiederkehr der Sonne. Die Wildgans war nicht nur das Reittier asiatischer Schamanen, sondern auch das des Brahma in Indien und stand dort für die Sehnsucht der Seele nach Erlösung aus der endlosen Wiederkehr des Seins. Eine sekundäre Symbolik, in Märchen und Folklore weit verbreitet, rankt sich um die Hausgans und geht auf deren Assoziation mit Baba, der sumerischen Hofgöttin, zurück. Von dort her rührt das Bild der Gans als schwatzhaftes, mütterliches, zuweilen törichtes Geschöpf.

Dieses 4500 Jahre alte Fresko in der Pyramide von Meidum verweist vermutlich auf die Sonnen-Wiedergeburtssymbolik der Gans in ägyptischen Zeremonien.

DAS PFLANZENREICH

Seit frühester Zeit haben die Pflanzen den Menschen nicht nur mit Nahrung, sondern auch mit tröstenden Bildern des göttlichen Wohlwollens und der zyklischen Wiederkehr des Lebens versorgt. Aus diesem Grund ist die überwältigende Mehrheit der Pflanzensymbolik positiv konnotiert. Eine Dichotomie erscheint nur in dem scharfen Kontrast zwischen gebändigter und ungebändigter Natur. In Folklore und Märchen sesshafter Kulturen war der Wald ein geheimnisvoller Ort voller Gefahren, Prüfungen oder Initiation. Sich im Wald zu verlaufen oder seinen Weg hindurch zu finden ist eine eindrucksvolle Metapher für die Schrecken der Unerfahrenheit und den Erwerb von Wissen über die Welt der Erwachsenen und über das eigene Selbst. Den Wald zu verstehen galt vor allem in Mittelamerika als ein Zeichen schamanistischer Gaben. Am anderen Ende des Spektrums wurde der Garten zum Symbol des Paradieses – besonders in den Wüstenlandschaften Ägyptens und Persiens –, da er einen Vorgeschmack auf die Freuden der Unsterblichkeit gab. Die abgeschirmte Fruchtbarkeit des umfriedeten Gartens ist ein christliches Symbol der Jungfrau Maria, die oft in einem Garten dargestellt wird.

Harmonie und kosmische Ordnung werden in dieser alchemistischen Darstellung eines Sonnen- und eines Mondbaumes symbolisiert. Auch das Gemälde »Paradiesgarten« (rechts) versinnbildlicht diese Ordnung. Gärten stehen für die sichtbaren Segnungen Gottes (des göttlichen Gärtners) und für die menschliche Fähigkeit, den Zustand der Gnade zu erlangen.

DER LEBENSBAUM

BÄUME sind das höchste Natursymbol für dynamisches Wachstum sowie für Tod und Wiedergeburt im Zyklus der Jahreszeiten. Der Respekt vor ihrer Macht wurzelt in dem primitiven Glauben, dass sie von Göttern und Geistern bewohnt werden. Eine solch animistische Symbolik hat in der europäischen Folklore in der Figur des Grünen Mannes überdauert. In der Märchenwelt sind Bäume entweder Wünsche erfüllende Beschützer oder sie erscheinen als furchterregende, sogar dämonische Hindernisse.

Im Lauf der Zeit nahm die Vorstellung des Baumes als einer zentralen Achse des Energieaustauschs zwischen der natürlichen und der übernatürlichen Welt die symbolische Form des LEBENSBAUMES an – eines kosmischen Baumes, wurzelnd in den Wassern der Unterwelt, der von dort durch die Erde bis in den Himmel wächst. Der Lebensbaum ist ein fast universelles Symbol und wurde häufig zur Metapher für das Leben an sich. Nach anderen Überlieferungen steht er auf einem heiligen Berg oder im Paradies. Ein Quell der geistigen Erquickung entspringt zwischen seinen Wurzeln. Zuweilen repräsentiert eine unter seinen Wurzeln zusammengerollte Schlange die spiralförmige Erdenergie – oder sie ist ein Symbol der Zerstörung. Vögel als Symbol von Himmelsboten oder von Seelen nisten in

---

WEIHNACHTSBAUM UND JULBLOCK

Der Weihnachtsbaum ist ein Symbol der Wiedergeburt, insbesondere der Wiederkehr des Lichts – eine Sonnensymbolik, die mindestens bis zu den Saturnalien der Römerzeit zurückreicht, wo Dekorationen mit Immergrüngewächsen den Tod des alten und die Geburt des neuen Jahres versinnbildlichten.

Nordeuropäische Julrituale, in denen Fichten mit Lichtern geschmückt und mit Opfergaben umgeben wurden, sind direkte Vorfahren des modernen, festlich geschmückten Weihnachtsbaums. Der Julblock, ein brennender großer Eichenklotz, stand im Mittelpunkt der zwölf Tage dauernden teutonischen und keltischen Julfeierlichkeiten, in denen diese rituelle Verbrennung die Wiederkehr der Wärme und des Sonnenlichts zur Zeit der Wintersonnenwende symbolisierte. In die Fichte gehängte Kugeln, Sterne und Halbmonde hatten ursprünglich kosmische Konnotationen.

Der viktorianische Weihnachtsbaum und seine prachtvolle Dekoration beruhen weitgehend auf deutschen und österreichischen Traditionen, wie in dieser Ausstellung von Kinderspielzeug aus Stuttgart zu sehen ist.

seinen Zweigen. Durch den Lebensbaum steigt die Menschheit aus ihrer Tiernatur zur spirituellen Erleuchtung, Rettung oder Erlösung aus dem Kreislauf des Seins auf.

Allein seine Form macht den Baum zu einer Metapher der Evolution. Seine Äste sind die Vielfalt, der Stamm die Einheit. In der indischen Ikonografie repräsentiert der aus dem kosmischen Ei entsprossene Baum den Schöpfergott Brahma. Eine alternative Darstellung ist der umgekehrte HIMMELSBAUM, dessen Wurzeln spirituelle Kraft aus dem Himmel ziehen und sie nach außen und unten weiterleiten – ein Lieblingsmotiv im Kabbalismus und in anderen Formen des Mystizismus.

Viele OBSTBÄUME erscheinen als Lebensbaum – der Pfirsichbaum in China, der Feigenbaum in Ägypten, der Mandelbaum im Iran; Olivenbäume, Dattelpalmen und Granatapfelbäume in anderen nahöstlichen oder semitischen Traditionen. Diese kosmische Symbolik scheint sich aus einfacheren Kulten entwickelt zu haben, in denen Bäume die fruchtbare Mutter Erde symbolisierten. Fruchtbarkeitsriten drehten sich gewöhnlich um Laubbäume, deren nackte Winteräste und Frühlingsblüten ideale Symbole für saisonalen Tod und Wiedergeburt waren. Eine markante Ausnahme war die Verehrung des Frühlingsgottes Attis in Kleinasien und der griechisch-römischen Welt. Der Baum des Attis war die KIEFER, das Hauptsymbol der Unsterblichkeit. Sein Tod (durch Entmannung) und seine Wiedergeburt wurden symbolisch durch Abstreifen der Äste und das Umwinden des Baumes mit Wolle dargestellt – darauf basiert vermutlich die Maibaumtradition, ebenfalls ein Fruchtbarkeitsritus.

ZWILLINGSBÄUME oder Bäume mit Doppelstamm symbolisieren oft das Prinzip der Dualität. In der Symbolik des Nahen Ostens wird der Lebensbaum von einem Todesbaum begleitet. Dies ist der biblische Baum der Erkenntnis, dessen verbotene Früchte durch Eva den Fluch der Sterblichkeit über die Menschheit brachten.

Dieser reich dekorierte Keramikleuchter aus Mexiko hat die Form eines Lebensbaums, an dessen Fuß der Teufel und andere Figuren in Nationaltracht Brot und Früchte zur Schau stellen.

ZWEIGE, zum Beispiel solche, die in Fruchtbarkeitsriten verwendet wurden, hatten die gleiche Symbolkraft wie die Bäume, von denen sie stammten. So waren bei Prozessionen Palmwedel oder Olivenzweige Zeichen des Triumphs. Die bei den Kelten verbreiteten Mistelzweige sind Symbole der Wiederauferstehung. HOLZ an sich hat von alters her beschützende Funktion, was wahrscheinlich auf uralten Kulten von wohlwollenden Baumgeistern sowie auf Überlieferungen beruht, in denen der Baum ein Ausdruck der mütterlichen Nahrungsversorgung ist. In der indischen Tradition ist der Baum die Ursubstanz, die allen Dingen Form gibt – Brahma.

BÄUME IN DER MYTHOLOGIE

In der orientalischen Symbolik ist die KIEFER der wichtigste der Nadelbäume und versinnbildlicht Unsterblichkeit oder Langlebigkeit. Wie die Zeder symbolisierte sie Unzerstörbarkeit, aus diesem Grund umpflanzte man damit chinesische Gräber. Aus ihrem Harz wuchsen die Pilze, von denen sich die unsterblichen taoistischen Götter ernährten. Die Waldkiefer, entweder einzeln als Symbol der Unsterblichkeit oder paarweise als Verkörperung der ehelichen Treue, ist ein Lieblingsmotiv in der chinesischen und japanischen Kunst. Oft erscheint sie zusammen mit anderen Langlebigkeits- oder Regenerationssymbolen wie Pflaume, Bambus, Pilz, dem Storch und dem weißen Hirsch. Die Kiefer ist auch ein Emblem des Mutes, der Entschlossenheit und des Glücks – der Neujahrsbaum im Shinto. Im Westen stand sie mit landwirtschaftlicher Fruchtbarkeit in Verbindung, vor allem in den römischen Früh-

DER LORBEER DES APOLL

Der aromatische Lorbeer war durch seine Verbindung mit Apoll das Krönungsemblem der griechisch-römischen Welt, sowohl für Krieger als auch für Dichter. Der Sage nach pflegte sich Apoll damit in den Hainen von Tempe in Thessalien zu reinigen. Priesterinnen des delphischen Apollkultes kauten Lorbeerblätter, bevor sie ihre Orakel verkündeten. Der Lorbeer wurde zu einem Symbol des Sieges, des Friedens, der Reinigung, der Zukunftsdeutung und der Unsterblichkeit. Er sollte außerdem den Blitz abwenden – dieser Aberglaube wurde von dem römischen Kaiser Tiberius geteilt, der während eines Gewitters nach seinem Lorbeerkranz zu greifen pflegte. Der Lorbeer war nicht nur ein Symbol des Triumphs, sondern auch des Waffenstillstands und stand darüber hinaus mit vielen anderen Gottheiten in Verbindung, darunter Dionysos (Bacchus), Zeus (Jupiter), Hera (Juno) und Artemis (Diana). Das Sekundärsymbol der Keuschheit stammt vom Mythos der Nymphe Daphne, die in einen Lorbeer verwandelt wurde, als sie vor Apolls Nachstellungen floh. Der Lorbeer war ein Talisman in Nordafrika. In China ist es ein Lorbeerbaum, unter dem der Mondhase das Unsterblichkeitselixier bereitet.

In dieser Studie von Ingres für die »Apotheose Homers« trägt die geflügelte Siegesfigur einen Lorbeerkranz.

lingsriten der Kybele und des Attis. Die Kiefer war auch dem griechischen Gott Zeus (der römische Jupiter) heilig. Der Tannenzapfen selbst ist ein Phallus- und Flammensymbol der maskulinen generativen Kraft. An der Spitze einer Säule – und oft mit einer Ananas verwechselt – war er das Symbol des mesopotamischen Heldengottes Marduk.

Ein etwas rätselhafterer Nadelbaum ist die ZYPRESSE, ein Symbol von Tod und Trauer im Westen, jedoch in Asien und anderswo ein Sinnbild der Langlebigkeit, der Ausdauer und sogar der Unsterblichkeit (sie war der phönizische Lebensbaum). In Sumer war der Lebensbaum eine ZEDER, das Symbol für Macht und Unsterblichkeit. Ihr Ruf der Langlebigkeit mag den Gebrauch von Zedernharz für die Einbalsamierung bei den Kelten erklären. Der große Schutzbaum der nordeuropäischen und asiatischen Völker war die BIRKE. Sie war den höchsten germanischen Göttern geweiht und ist das Wappenzeichen Estlands. Ferner war sie der Himmelsbaum Zentralasiens, wo die Nomaden Birkenstämme als Mittelpfosten ihrer Jurten (Zelte) verwendeten, und sie wurde in schamanistischen Ritualen als Symbol des menschlichen Aufstiegs in die Geisterwelt benutzt. Man sagte ihr nach, das Böse abwenden zu können. Deshalb peitschte man Hexen mit Birkenruten, um Dämonen auszutreiben.

Das Akazienemblem auf diesen Freimaurerinsignien ist ein Initiationssymbol. Die Bundeslade der Juden war aus Akazienholz und ein Akazienzweig soll das Grab des Baumeisters Salomon bedeckt haben.

Die EICHE wird von jeher mit Adel und Ausdauer in Verbindung gebracht. Sie war den Donnergottheiten der Griechen, Germanen und Kelten heilig, da man ihr nachsagte, Blitzschläge in sich aufnehmen zu können. In druidischen Riten diente sie als axiales Symbol und als natürlicher Tempel, sie versinnbildlichte männliche Potenz und Weisheit. Obgleich ein hauptsächlich männliches Symbol, steht sie dennoch mit einer Reihe von mythischen Frauen in Verbindung – mit Kybele, Juno und anderen großen Muttergottheiten sowie mit den Dryaden, den Nymphen der Eichen.

Die WEIDE, ein weibliches und lunares Symbol, ist eines der gefeiertsten Motive in der chinesischen Kunst und Dekoration. Sie war eine taoistische Metapher für Geduld und Stärke, gepaart mit Flexibilität. In der tibetischen Tradition ist sie der Lebensbaum. Die japanischen Ainu hielten sie für die Wirbelsäule des ersten Menschen. Vermutlich steht sie deshalb für Gesundheit, leichte Geburt und andere medizinische und magische Wohltaten, da sich aus ihrer Rinde Schmerzmittel bereiten lassen. Noch größere Kraft wurde dem HASELBAUM zugesprochen: er wird mit Zukunftsdeutung, Weisheit, Fruchtbarkeit und Regen in Verbindung gebracht. In Nordeuropa und bei den Kelten galt ein Haselzweig als Instrument der Feen und Zauberer, der Propheten und Goldsucher. Er sollte Liebenden Glück bringen und nach dem normannischen Volksglauben gaben mit einem Haselzweig geschlagene Kühe Milch im Überfluss.

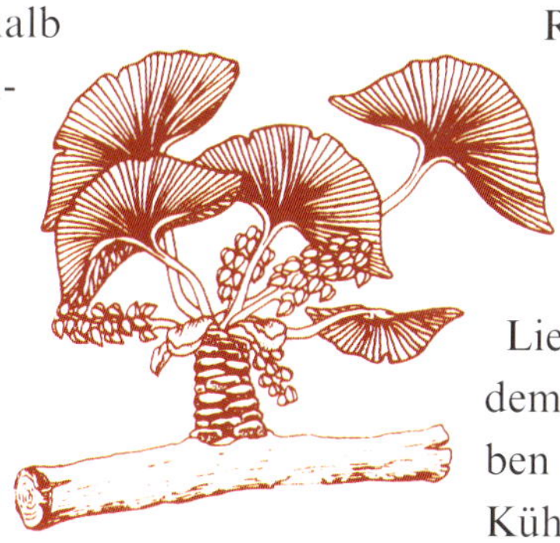

Der langlebige Ginkgo wird in China als Symbol für Unsterblichkeit und in Japan als ein Sinnbild für Loyalität verehrt. Es heißt, der Ginkgo sei bereit, für seinen Besitzer zu sterben.

BÄUME DES ÜBERFLUSSES

Wenn man seine Wichtigkeit als Nahrungsquelle in der alten Welt betrachtet, ist es wenig verwunderlich, dass der FEIGENBAUM in vielen Religionen den Lebensbaum verkörpert (besonders in Ägypten, Südostasien und in Teilen Ozeaniens). Deutliche Parallelen zwischen den Feigenblättern und den männlichen Genitalien sowie der einigen größeren Feigenarten als eine Art Gummi entzogene milchige Saft fügten dieser Symbolik starke sexuelle Konnotationen hinzu. Das Feigenblatt in der Kunst geht auf die biblische Geschichte von Adam und Eva zurück, die ihre Blöße mit Feigenblättern bedeckten, nachdem sie von den verbotenen Früchten gekostet hatten und »erkannten, dass sie nackt waren« (Genesis 3,7). Für die Griechen war die Feige ein Attribut des Priapos und des Dionysos. Nach der römischen Tradition wurden die Kinder Romulus und Remus unter dem Schutz eines Feigenbaums gesäugt, der so zu einem Symbol nationalen Wohlstands wurde, eine Symbolik, die sich auch im Judentum findet. In Ägypten war die Feige Sinnbild der Fruchtbarkeit. In Indien galt sie als Attribut der Schöpferkraft Vishnus und Shivas; Buddha erlangte unter dem heiligen Bo-Baum, einer Feigenart, seine Erleuchtung. Daher rührt die Bedeutung der Feige im Buddhismus als Symbol der Sittenlehre und der Unsterblichkeit.

Wie die Feige, so erscheint auch die OLIVE in der islamischen Kunst als Paradiesbaum der verbotenen Früchte. Als Segensbaum in der jüdisch-christlichen und klassischen Symbolik wird sie besonders mit Frieden in Verbindung gebracht. Sie kann jedoch auch Sieg, Freude, Überfluss, Reinheit, Unsterblichkeit und Jungfräulichkeit bedeuten.

Im Mittelmeerraum von alters her ein wichtiges und außerordentlich widerstandsfähiges Nahrungsmittel, war die Olive in Griechenland der kriegerischen Göttin Athene geweiht, die – so der Mythos – den Baum für die Stadt Athen geschaffen hatte und damit den Wettkampf mit Poseidon um die Schirmherrschaft über die Stadt gewonnen hatte. Bräute trugen Olivenzweige als Sinnbild der Jungfräulichkeit, Kränze aus Olivenzweigen schmückten die Sieger der Olympischen Spiele (sprachgeschichtlich ist das Wort »olympisch« nahe verwandt mit dem Wort »Olive«). Die Friedenssymbolik der Olive wurde zum dominanten Element in der Pax Romana, wo Gesandte zum Zeichen der Unterwerfung unter die kaiserliche Macht einen Olivenzweig darbrachten. In der jüdisch-christlichen Tradition kam dem Olivenzweig, den die Taube zu Noah brachte (und der

Der Olivenbaum ist ein Symbol des Friedens, der Eintracht und der Weisheit in der europäischen Kunst. Er ist beliebt im Christentum, z. B. als Attribut des Erzengels Gabriel und der Jungfrau Maria. In Japan steht er für Freundschaft und Erfolg, in China für Gelassenheit.

ursprünglich lediglich auf die Widerstandsfähigkeit des Baumes hinwies), daher später die Bedeutung des Friedenspaktes Gottes mit den Menschen zu.

Die majestätische PALME mit ihren riesigen, fedrigen Wedeln war im Nahen Osten ein Symbol der Sonne und des Triumphs; für Ägypter wie Araber war sie der Lebensbaum. Als Nahrungsquelle war die Dattelpalme in Westasien und China auch ein weibliches Fruchtbarkeitssymbol. Daher erscheinen Palmenmotive nicht nur im Zusammenhang mit dem römischen Sonnenkult des Apoll, sondern auch mit den Göttinnen Astarte und Ishtar. Die symbolische Verwendung von Palmwedeln in Prozessionen sowie als Siegespreise für Gladiatoren wurde von den Jüngern Christi übernommen, die seinen Einzug in Jerusalem feierten, der heute am Palmsonntag begangen wird. Pilger in das Heilige Land wurden auch »Palmer« genannt. Lampen oder andere Bestattungsbeigaben in Palmenform versinnbildlichten die Wiederauferstehung.

Die Palme, ein Symbol der Sieges, des Ruhmes und der Unsterblichkeit, wurde zu einem Attribut vieler Heiliger und Märtyrer des Christentums.

Ein weniger bekannter Baum, die TAMARISKE, ist in den Wüstenregionen des Nahen Ostens von hoher sakraler Bedeutung. Ihr honigartiger Saft, mit Flechten vermischt, ist vermutlich das biblische MANNA, das im Judentum ein Symbol der göttlichen Gnade darstellte. Die Tamariske ist noch heute eine wilde Nahrungsquelle für die Beduinen.

DER ORIENTALISCHE ZAUBER DES PFIRSICHBAUMS

Der Pfirsichbaum ist eines der positivsten Symbole in China und Japan. Sein Holz, seine Blüten und Früchte stehen mit Unsterblichkeit, Langlebigkeit, Frühling, Jugend, Ehe und Schutzzauber im Zusammenhang. In der chinesischen Mythologie trägt der Pfirsichbaum der Unsterblichkeit, der von der Himmelskönigin Xi Wang Mu gepflegt wird, alle 3000 Jahre Früchte. Das Holz des Pfirsichbaums wurde zur Herstellung von Wunderbögen, Talismanen, Orakelfiguren und Statuetten von Schutzgöttern verwendet; am Neujahrstag legte man Pfirsichzweige vor das Haus. Apotropäische Bedeutung hat der Pfirsich auch im japanischen Mythos, wo der Schöpfergott Izanagi acht ihn verfolgende Donnergötter besiegt, indem er drei Pfirsiche nach ihnen wirft. Die Pfirsichblüte ist ein Symbol der Jungfräulichkeit und der Pfirsich eine der drei heiligen Früchte des Buddhismus. In der europäischen Renaissance stand ein Pfirsich mit einem Blatt für Wahrhaftigkeit – ein Hinweis auf den früheren Gebrauch dieses Bildes als Symbol der Zunge, die aus dem Herzen spricht.

Shou-lao, der chinesische Gott des langen Lebens, hält in dieser Schnitzerei einen Pfirsich. Apfel, Birne, Pflaume und Zitrone können in China ebenfalls Langlebigkeit bedeuten.

STRÄUCHER, KRÄUTER UND GRÄSER

Wie der Haselstrauch so galt auch der WEISSDORN in Europa als ein mit magischen Kräften ausgestatteter Strauch. In der antiken Welt wurde er mit Hymen, dem Gott der Hochzeit, in Verbindung gebracht. Seine Blüten wurden bei Hochzeiten als Girlanden, das Holz für Fackeln verwendet. Die Assoziation zwischen seiner Frühlingsblüte und der Jungfräulichkeit führte zu dem Aberglauben, dass der Weißdorn die Keuschheit gewährleiste. Die STECHPALME ist ein bekannteres Symbol für Freude und Hoffnung. Sie gehörte zu den Immergrüngewächsen, die in Rom beim Fest der Saturnalien zur Wintersonnenwende getragen wurden. Ihre Verbindung mit Weihnachten ist allerdings eher auf den teutonischen Brauch zurückzuführen, im Dezember damit die Häuser zu dekorieren.

Ein anderes Immergrüngewächs, die MYRTE, war ein gnostisches Lebenssymbol im Irak. Vielleicht aufgrund seiner purpurfarbenen Beeren wurde dieser im Mittelmeerraum wild wachsende, aromatisch duftende Strauch zumeist mit Liebesgöttinnen, vor allem mit Aphrodite, und mit Hochzeits- und Geburtsriten in Verbindung gebracht. Man verwendete die Myrte auch in Siegeskränzen. In China war sie ein Erfolgssymbol.

In der chinesischen Tradition symbolisierte der BAMBUS Widerstandskraft, Langlebigkeit, Glück und spirituelle Wahrheit, in Japan bedeutete er Wahrhaftigkeit und Hingabe. Überall im Fernen Osten als Kalligrafiewerkzeug benutzt, hatte sein schlanker, hohler Schaft hohe symbolische Bedeutung für Künstler und Dichter. Südamerikanische Stämme verwendeten den Bambus als Schneidewerkzeug, für Blasrohre und geweihte Blasinstrumente, bei einigen galten hohe Bambusarten auch als Lebensbaum. In Afrika hatte der Bambus ebenfalls sakrale Bedeutung, da man ihn rituell bei Beschneidungen verwendete.

Das SCHILFROHR ist im japanischen Schöpfungsmythos des Izanagi ein Symbol der Reinigung, möglicherweise wegen seiner Assoziation mit dem Wasser. Die »Schilfebene« ist eine japanische Metapher für die Welt der Sterblichen. Auch bei den Kelten hatte das Schilfrohr Reinigungsfunktion. Dem Aberglauben nach sollte es außerdem vor Hexen schützen. In Mittelamerika war es ein Sinnbild der Fruchtbarkeit. Das Schilfrohr ist auch ein Attribut des Gottes Pan (wegen seiner Erfindung der Panflöte) und der Musik im Allgemeinen. Es ist ein Symbol der Passion

Die Stechpalme, hier in einem Gemälde von Rogier van der Weyden, steht im Christentum mit der Passion Christi in Verbindung – was von den Dornen und den blutroten Beeren der Pflanze herrühren mag.

Christi, da dem Gekreuzigten ein mit Essig getränkter Schwamm am Ende einer Bambusstange gereicht worden war. Schilfrohr ist ebenfalls ein Attribut Johannes' des Täufers.

AMARANT findet man auf griechischen Gräbern und Skulpturen als Symbol der Unsterblichkeit. Diese sehr haltbare Blütenpflanze stand mit Artemis, der griechischen Schutzgöttin der Mütter, in Verbindung und man sagte ihr Heilkräfte nach. In China wurden seine Blüten beim Mondfest dem Mondhasen als Sinnbild der Unsterblichkeit dargeboten.

In China waren der Bambus – einer der drei glückbringenden Winterpflanzen – neben der Kiefer und der Pflaume heilige Symbole für die Gelehrten. Der Titel dieses Bildes ist »Die sieben Weisen des Bambushains«.

Vergeltung ist die symbolische Bedeutung der DISTEL, dem Wappentier Schottlands und Lothringens. In der Schöpfungsgeschichte wird Adam mit einem Acker voller Disteln bestraft. Doch wurde die Distel ebenso wie andere Dornenpflanzen auch mit der Heilkunst assoziiert und diente als Talisman. Die weißgesprenkelte Mariendistel versinnbildlicht die Milch der Jungfrau Maria. In der europäischen Kunst war die Distel ein Symbol des Martyriums.

Der BÄRENKLAU (Akanthus) war ein griechisch-römisches Symbol für den Triumph über die Prüfungen des Lebens – eine Symbolik, die auf die Dornen und das kräftige Wachstum der Pflanze zurückzuführen ist. Stilisierte Akanthusblätter auf korinthischen Säulenkapitellen mögen auf den griechischen Mythos verweisen, dass der Bärenklau über Heldengräbern wächst.

DER MYSTISCHE GOLDENE ZWEIG

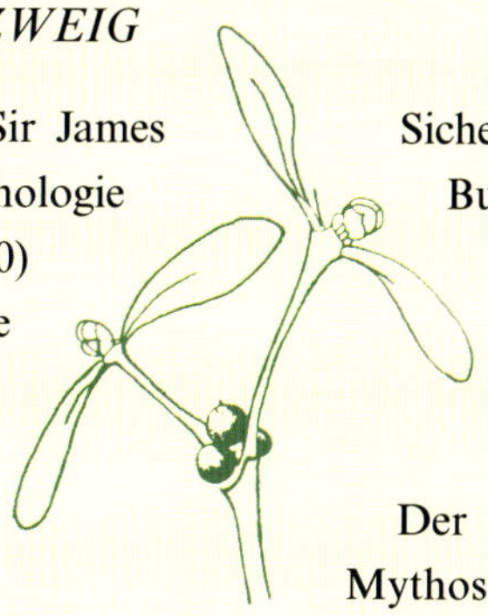

Der titelgebende goldene Zweig für Sir James Frazers provokative Studie der Mythologie und Folklore (*Der Goldene Zweig*, 1890) war ein unscheinbarer Baumparasit, die MISTEL. Frazer brachte sie mit alten Opferritualen in Verbindung, in denen sie Feuer, Blitzschlag und Wiedergeburt symbolisiert hatte. Als immergrüner Parasit mit gelblichen Blüten, der im Mittwinter weiße Beeren trägt, ist die Mistel ein Sinnbild der Fortdauer der Lebenskraft des Laubbaums, auf dem sie wächst. Misteln auf den heiligen Eichen waren für die Druiden ein Symbol der Fruchtbarkeit und Regeneration. Dem römischen Schriftsteller Plinius dem Älteren (ca. 24–79 v. Chr.) zufolge wurde sie – vermutlich bei Mittsommer- und Mittwinterfesten – mit goldenen Sicheln geerntet, daraufhin wurde ein weißer Bulle unter dem Baum geopfert. Der Beerensaft wurde unter anderem dazu verwendet, um das Vieh vor Unfruchtbarkeit und Krankheitsbefall zu schützen.

Der Goldene Zweig des Lebens wird im Mythos des Baldur, Sohn des Odin, zum Instrument des Todes, indem dieser durch einen Mistelpfeil stirbt. Diese Umkehr der Symbolik der Pflanze mag den Übergang von der Sterblichkeit zur Unsterblichkeit bedeuten. Die keltische Tradition könnte für die christliche Sitte des Kusses unter dem Mistelzweig verantwortlich sein – er soll eine fruchtbare Vereinigung verheißen.

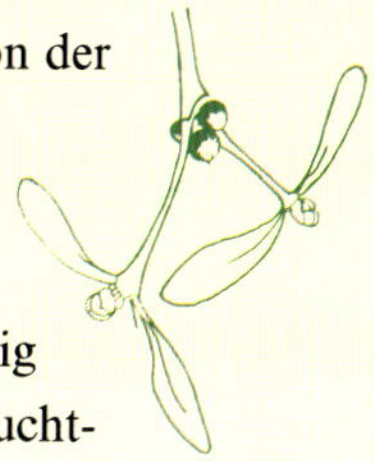

DIE FÜLLE DER NATUR

In den Teilen der alten Welt, wo Getreide das pflanzliche Hauptnahrungsmittel darstellte, waren MAIS, ROGGEN, WEIZEN und REIS Symbole des Wachstums, der Wiedergeburt und der Fruchtbarkeit. Das in der Erde heranreifende und im Frühling aus ihr emporwachsende Korn symbolisierte das Leben nach dem Tod. Aus diesem Grund war das Korn ein Bestattungssymbol in China, Rom, dem Nahen Osten und in Ägypten, wo es insbesondere das Sterben und die Wiedergeburt des Osiris repräsentierte. In der Kunst erscheinen Kornähren als Attribute der meisten Erdgottheiten. Die Azteken verehrten mehrere Haupt- und Nebengötter des Korns, während die Fruchtbarkeit in Peru durch eine Frau aus Maishalmen verkörpert wurde. Blau bemalte Maisgottheiten in Nordamerika symbolisierten die fruchtbare Synthese der roten Erde und des blauen Himmels. Mais kann ebenfalls Überfluss und Wohlstand versinnbildlichen.

Das BROT war eine christliche Metapher für die Nahrung des Geistes und den Körper Christi. Ungesäuertes Brot symbolisierte die Reinigung und das Opfer am jüdischen Passahfest. Eine ähnliche Symbolik der göttlichen Speisung war in Asien mit dem Reis verbunden, der als Fruchtbarkeitssymbol bei indischen Hochzeitsfesten verwendet wurde. Der Reis erscheint in der Mythologie

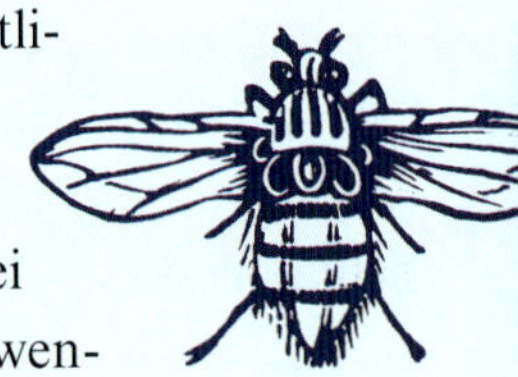

In diesem Gemälde von Jan Bruegel symbolisieren die mit dem Reichtum der Natur gefüllten Grotten das Paradies des Odysseus auf der Insel der Kalypso.

als Gabe des Helden oder als die Nahrung, die den ersten Menschen in der Ur-Kalebasse dargeboten wurde. Reiswein war in China ein rituelles Getränk und Reiskörner wurden den Verstorbenen als Schutzsymbole in den Mund gelegt. Der japanische Reisgott Inari war außerdem ein Gott der Fruchtbarkeit.

BOHNEN waren ebenfalls Fruchtbarkeitssymbole. Man benutzte sie in Indien für Liebeszauber. In Japan waren sie beliebte Talismane und wurden in Häusern verstreut, um Blitzschlag und böse Geister fernzuhalten.

In dieser vergnüglichen Szene aus einem Herbarium aus dem 15. Jahrhundert scheinen Frau und Bär gleichermaßen von der Süße des Honigs berauscht.

Eine der vielen, aus dem Tod entspringendes Leben verkörpernden Pflanzen war der PILZ – ein Hauptsymbol des Glücks und des langen Lebens in China und die legendäre Speise der Unsterblichen im Taoismus. In einigen Teilen Mitteleuropas und Afrikas repräsentieren Pilze wiedergeborene Seelen. Ihr plötzliches, fast magisches Erscheinen und wahrscheinlich auch der Gebrauch einiger Arten als halluzinogene Drogen mögen ihre Verbindung mit dem Übernatürlichen in der Folklore erklären und führten zu der Vorstellung von Hexenringen und Zwergenhäusern.

Sehr symbolträchtig ist auch der HONIG – die Speise der Unsterblichen, der Seher und Dichter, und weithin mit Reinheit, Inspiration, Rednergabe, dem Wort Gottes und dem göttlichen Segen assoziiert. Honig war der Hauptbestandteil des Met, ein rituelles Getränk in vielen Kulturen und dem Nektar der Götter gleichgestellt. Die goldene Farbe des Met reflektiert seine himmlischen Eigenschaften. Das biblische Land Kanaan, in dem Milch und Honig flossen, war ein Abbild sowohl materiellen als auch spirituellen Überflusses. In den alten Kulturen des Nahen Ostens wurde Honig nicht nur als Opfergabe, sondern auch zum Salben, Reinigen und Einbalsamieren verwendet.

DAS FÜLLHORN

Das mit Früchten, Blumen und Korn überfließende FÜLLHORN ist in der europäischen Kunst nicht nur ein Symbol der Fruchtbarkeit und des Wohlstands, sondern auch der göttlichen Großzügigkeit. Die uralte Verbindung zwischen dem Horn und der Fruchtbarkeit beruhen auf dem Mythos, dass Zeus (der römische Jupiter) versehentlich ein Horn seiner Amme, der Ziege Amaltheia, abbrach, worauf dieses ihn mit einem unerschöpflichen Vorrat an Essen und Trinken versorgte. Das Füllhorn erscheint in Gemälden als Attribut von Gottheiten der Vegetation und des Weines, wie der klassischen Demeter (Ceres), des Dionysos (Bacchus), des Priapus und der Flora, sowie von vielen positiven allegorischen Figuren wie Erde, Herbst, Gastfreundschaft, Frieden, Reichtum und Einigkeit. Putten wurden oft mit Füllhörnern dargestellt, aus denen sie (geistige) Nahrung verschütten.

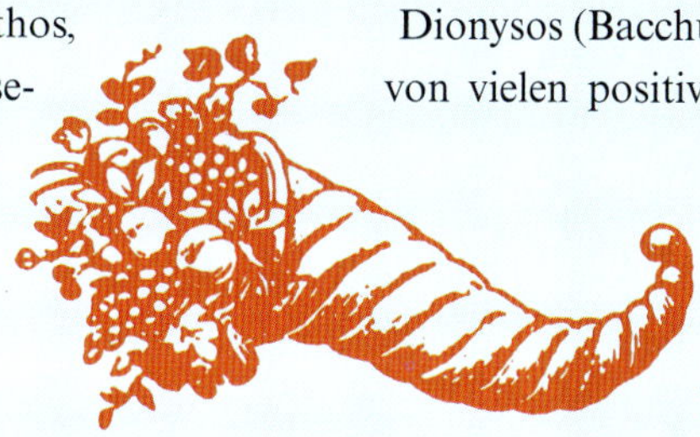

Das sagenhafte unerschöpfliche Füllhorn ist ein weibliches Symbol für mütterliche Liebe und Fürsorge.

TRAUBEN UND WEIN

Die WEINREBE ist im Nahen Osten eines der ältesten Symbole für die Fruchtbarkeit der Natur – und bei den Christen wie bei den Heiden ein noch wichtigeres Emblem des spirituellen Lebens und der Auferstehung. Die Weinrebe war die erste Pflanze, die Noah nach der Sintflut anbaute, und nach dem Exodus war eine mit Trauben beladene Rebe für die Israeliten das erste Zeichen der Ankunft im Gelobten Land. Seine Symbolik als göttliche Gabe erklärt die Funktion des Weines im jüdischen Ritus. Noch genauer ist die christliche Symbolik. »Ich bin der wahre Weinstock und mein Vater ist der Winzer«, sagt Christus im Johannes-Evangelium (Joh. 15,1). Der Weinstock wird zum spirituellen Sinnbild der Auferstehung und in der Eucharistie wird der Wein symbolisch – nach der katholischen Lehre buchstäblich – in das Blut Christi verwandelt.

Weintrauben symbolisierten in der Grabkunst die Erlösung durch Christus; allgemein jedoch sind es traditionelle Sinnbilder der Gastfreundschaft, der Geselligkeit und der herbstlichen Fülle.

Der WEIN ist das Symbol der Transformation, da der gekelterte Saft der Traube die wunderbare Gabe innehat, sich in etwas Stärkeres zu verwandeln – und diejenigen zu verändern, die davon trinken. Dies ist neben der roten Farbe des Weines die Basis für seine sakramentale Symbolik. Er wurde im Nahen Osten bereits vor 5000 Jahren hergestellt; damals betrachtete man ihn als Zeichen der Naturkraft und des wohltätigen Geistes, der in ihm steckte. Auf die Erde verschüttete Trankopfer symbolisierten Fruchtbarkeit und das Leben nach dem Tode. Der Kult des griechischen Gottes Dionysos (Bacchus) machte den Wein zu einem Sinnbild der ekstatischen Vereinigung mit Gott. Das Christentum verlieh dieser Vereinigung eine ganz eigene poetische Kraft: »Wer mein Fleisch isst und mein Blut trinkt, der bleibt in mir und ich bleibe in ihm.« (Joh. 6,56). Mittelalterliche Gemälde, in denen Christus in einer Kelter steht oder kniet, beziehen sich auf seine Beschreibung durch den Kirchenvater Augustinus (354–430) als »die Traube, die in die Kelter gegeben wurde«. In einigen Kreuzigungsszenen ist das Kreuz selbst zu einer Weinpresse geworden, in der der senkrechte Balken mit einem Gewinde gekrönt ist. Alternativ dazu symbolisiert das aus den gepressten Trauben fließende Blut den Zorn Gottes (Offenbarung 14,20).

Daraus leitet sich die Symbolik des Weines als Vermittler der Wahrheit ab – entweder indem er nach der rabbinischen Redewendung »das Herz für die Vernunft öffnet« oder indem er Lügnern und Heuchlern die Zunge löst. Die Bibel hat eine eher tolerante Einstellung zur Torheit des übermäßigen Trinkens. Noah wird dafür eher zurechtgewiesen als verurteilt. »Diese Männer sind voll des neuen Weines«, sagen Spötter, wenn die Apostel mit Engelszungen zu reden beginnen. Dennoch sind gefüllte WEINSCHLÄUCHE manchmal auch Symbol der Sünde. Der Islam hält für die Gerechten Wein im Paradies bereit – denn der Prophet verurteilte nicht den Wein an sich, sondern dessen Missbrauch. In bestimmtem Kontext können Trauben und Wein jedoch auch trunkene Torheit versinnbildlichen.

Caravaggios Gemälde »Der junge Bacchus« ist voll von Weinmotiven. Wie die älteren Götter der Vegetation in Mesopotamien wurde auch Bacchus mit der Weintraube gleichgestellt. Im orphischen Bacchuskult symbolisierte der Wein sein Opferblut.

ERLESENE FRÜCHTE

Die schönste der griechischen Göttinnen, die sinnliche Aphrodite, überreicht Paris einen goldenen Apfel, der dadurch zum »Zankapfel« wurde und schließlich den Trojanischen Krieg heraufbeschwor. Gemälde von Joachim Utewael.

Neben der Weintraube ist der APFEL die symbolträchtigste aller Früchte. Er repräsentiert, besonders im sexuellen Sinn, die Wonne – was vielleicht von der vulva-ähnlichen Form des Kernhauses im Längsschnitt herrührt. Fast überall in Europa erscheint der Apfel als Symbol der Liebe, der Hochzeit, des Frühlings, der Jugend, der Fruchtbarkeit und der Langlebigkeit oder Unsterblichkeit. In der griechischen, keltischen und nordischen Mythologie wird er als die wunderbar nahrhafte Speise der Götter bezeichnet. Die Schöpfungsgeschichte nennt die »verbotene Frucht« nicht namentlich. In späteren Interpretationen allerdings identifizierte man sie mit dem Apfel, da dieser damals das beliebteste Symbol für das Objekt der Begierde war. So wurde er zum Symbol der Versuchung. Im Maul einer Schlange versinnbildlicht er in der christlichen Kunst die Erbsünde. Der einen Apfel haltende oder nach ihm greifende Christus symbolisiert die Erlösung (zuweilen wird der Apfel dabei von Granatapfel, Orange oder Kirsche ersetzt). Da Eva den Apfel vom Baum der Erkenntnis pflückte, wurde der Apfel auch zum Sinnbild des Wissens. Die hermetische Wissenschaft sprach ihm diese Bedeutung aufgrund der »quintessenziellen« fünfgeteilten Form des Kerngehäuses im Querschnitt zu. In China steht der Apfel für den Frieden.

Symbolträchtig ist auch die MANDEL. Sie steht nicht nur für Reinheit, sondern auch für jungfräuliche Geburt – eine mythische Assoziation, die sowohl heidnische als auch christliche Wurzeln hat. Der Saft gepresster Mandeln wurde in der alten Welt dem männlichen Samen gleichgestellt, was in dem Mythos kulminierte, Attis, der Gefährte der phrygischen und griechisch-römischen Erdgöttin Kybele, sei einer Mandel entsprungen. In der biblischen Geschichte war Gottes Zeichen für die Priesterschaft Aarons ein in die Erde gesteckter Stab, der wunderbarerweise zu blühen begann und Mandeln hervorbrachte. Eine verwandte Symbolik ist der mandelförmige Heiligenschein (Mandorla), der Christus und Maria in der mittelalterlichen Ikonografie umgibt.

Die BIRNE ist ein Symbol der Mutter und der Liebe. Die sexuelle Konnotation bezieht sich vermutlich auf die schwellende Form der Frucht, in der weibliche Hüften oder auch Brüste angedeutet werden. In der klassischen Mythologie ein Attribut der Göttinnen Aphrodite und Hera, war die Birne in China auch ein Symbol für langes Leben, da der Baum selbst sehr alt werden kann. Interessanterweise machten die Chinesen eine nicht essbare Frucht, die RIPPEN-

ZITRONE, zu einer der drei gesegneten Früchte, da man in ihr die Finger des Buddha zu erkennen glaubte. Dass die ZITRONE in Europa Bitterkeit, Versagen und Enttäuschung symbolisiert, ist nicht verwunderlich. In der christlichen Kunst kann sie allerdings auch die Treue verkörpern.

Die KIRSCHE war in Japan ein Wahrzeichen der Samurai, vielleicht weil der harte Kern in dem blutfarbenen Fruchtfleisch zu poetischen Assoziationen mit der Kriegerkaste einlud. In China symbolisiert die Kirsche Jungfräulichkeit und war auch ein heraldisches Emblem des Glücks. Die Vulva wird dort »Kirschquelle« genannt. In der christlichen Ikonografie ist die Kirsche eine Alternative zum Apfel als Paradiesfrucht. Da sie blüht, ehe sie Blätter treibt, ist die Kirsche auch ein Symbol des Menschen, der nackt in diese Welt geboren wird.

DER SINNLICHE GRANATAPFEL

Eine andere, stark mit der sexuellen Versuchung verbundene Frucht ist der Granatapfel. Seine Zellenstruktur und die zahllosen, in sein saftiges Fruchtfleisch eingebetteten Samen unter seiner ledrigen Haut führten außerdem zu weiteren Assoziationen: die Einheit in der Vielfalt des Kosmos, die mannigfaltigen Segnungen Gottes und die Einheit vieler unter einer Leitfigur, sei sie kirchlich oder weltlich. Ursprünglich aus Persien stammend, war der Granatapfel in Rom als »Punischer Apfel« bekannt und wurde sowohl im Mittelmeergebiet als auch in China hauptsächlich mit Fruchtbarkeit, Liebe und Heirat in Verbindung gebracht. In China war er außerdem einer der drei »gesegneten Früchte« des Buddhismus. Im Vegetationsmythos der Persephone, Tochter der Korngöttin Demeter, die von Hades entführt worden war, erhielt diese von Hades einen Granatapfel (als Symbol der unauflösbaren Ehe), als sie an die Erdoberfläche zurückkehren wollte. Durch sein Verspeisen verurteilte sie sich dazu, jeden Winter in die Unterwelt zurückzukehren. Man sagte dem Granatapfel nach, er sei dem Blut des Dionysos (Frühlings- und Fruchtbarkeitsgott) entsprungen.

Rossettis Gemälde zeigt Proserpina, einen angebissenen Granatapfel haltend. Sie kehrte jeden Frühling aus der Unterwelt zurück, um die Erde zu erneuern.

BLUMEN

Blumen stehen fast weltweit für Schönheit, Frühling, Jugend und Sanftheit – doch oft auch für Unschuld, Frieden, spirituelle Vollkommenheit, die Kürze des Lebens oder die Freuden des Paradieses. Grundsätzlich ist die Blume ein klares Symbol der Natur an ihrem Höhepunkt, das den Zyklus von Geburt, Leben, Sterben und Wiedergeburt in einer kurzen Zeitspanne zusammenfasst. Ikebana, die japanische Kunst des Blumensteckens, basiert auf dieser Symbolik. Blumen haben in vielen Religionen spirituelle Bedeutung. So werden Brahma und Buddha oft auf Blüten thronend dargestellt. Wegen ihrer taubenähnlichen Blütenform ist die AKELEI die Blume des Heiligen Geistes und die Jungfrau Maria wird mit einer LILIE oder IRIS in der Hand abgebildet. Blumen erscheinen in der Kunst ebenfalls als Attribute der Hoffnung oder der Morgendämmerung und – besonders in Stillleben – als Sinnbild der Vergänglichkeit. Die Farbe und der Duft der Blume bestimmen ihre Symbolik – so versinnbildlicht der stark duftende ROTE JASMIN sexuelle Aufforderung. Der Gebrauch von dezent duftenden Blumen bei Beerdigungen als Symbol des Fortgangs des Lebens oder der Wiedergeburt war im Nahen Osten schon im Altertum bekannt.

Eine »kaiserliche Blume« ist in China die PFINGSTROSE (PÄONIE), die wegen ihrer Pracht mit Reichtum, Ruhm und Würde assoziiert wird. In Japan war sie ein Fruchtbarkeitssymbol im Zusammenhang mit der Freude und der Ehe. Im Westen waren ihre Wurzeln, Samen und Blüten seit Alters her als Medizin bekannt, daher ihr Name, der vom griechischen Wort »paionia«, die Heilende, herrührt und von »Paeon,« der die bei Troja verwundeten Götter pflegte. Die Päonie wird zuweilen auch »Rose ohne Dornen« genannt.

In Japan ist die sechzehnblättrige CHRYSANTHEME ein kaiserliches Sonnensymbol, das für Freude und ein langes Leben steht. Sie ist ein chinesisches Symbol der taoistischen Perfektion, der Ruhe des Herbstes und der Fülle – vielleicht, weil ihre Blüte bis in den Winter andauert. Eine andere wichtige Blume in der asiatischen Symbolik ist die KAMELIE, das chinesische Sinnbild für Gesundheit und Kraft. In Japan wird sie jedoch

Die Chrysantheme wird im ganzen Orient als Symbol der Kontemplation geschätzt, wie in dieser Statue eines tibetischen Lama.

Dieses japanische Emblem kombiniert die Pfingstrose mit dem Korn, zwischen dem sie wild wächst. Sie symbolisiert Freude, glückliche Ehe und Fruchtbarkeit.

mit dem plötzlichem Tod assoziiert. Eine andere mit Tod, Trauer und der Vergänglichkeit des Lebens in Verbindung gebrachte Blume ist die ANEMONE – eine Symbolik, die von der Zerbrechlichkeit dieser Wildblume, ihrer scharlachroten Blüte und ihrem Namen (griech. *anemos* bedeutet Wind) herrührt. Anemonen werden mit den biblischen »Blumen des Feldes« identifiziert und erscheinen zuweilen in Kreuzigungsszenen. Sie werden auch mit dem griechischen Mythos des sterbenden Gottes in Verbindung gebracht, da sie angeblich dort aufblühten, wo Adonis tot zu Boden fiel.

Das STIEFMÜTTERCHEN ist ein Symbol der treuen Erinnerung, daher der englische Beiname »heartsease« (Herzenserleichterung). Eine Erklärung für den deutschen Namen Stiefmütterchen beruft sich darauf, dass die Pflanze in ihrem zarten Aussehen einem milden Mutterherz gleiche.

Zwei Blumen, deren Symbolik oft verwechselt wird, sind die RINGELBLUME und der HELIOTROP. Beide sind Sonnenembleme. Die Ringelblume steht in China mit langem Leben, in Indien mit Krishna und im Westen mit der Reinheit und Perfektion der Jungfrau Maria in Verbindung (daher der englische Name »marigold«). Der Heliotrop symbolisiert die Anbetung, da er seine Blüte stets der Sonne zuwendet. Im griechischen Mythos wurde das liebeskranke Mädchen Klytie in diese Blume verwandelt, die nun in hoffnungsloser Leidenschaft ihrem geliebten Sonnengott Helios mit den Blicken folgt. Diese Blume wurde zu einem christlichen Symbol religiöser Aufopferung.

BLUMEN DER ERINNERUNG

In der Kunst ist die MOHNBLUME gewöhnlich ein Emblem des griechischen Gottes des Schlafes (Hypnos) und der Träume (Morpheus), in der Allegorie die personifizierte Nacht – eine Symbolik, die ihren Ursprung in dem aus ihr gewonnenen Opium hat. Die Mohnblume wuchs wild in Griechenland und im östlichen Mittelmeergebiet und wurde von Alters her in Kräuteraufgüssen verwendet. Der narkotische Aspekt der Blume erklärt auch ihren Zusammenhang mit der griechischen Fruchtbarkeitsgöttin Demeter (die römische Ceres) und ihrer Tochter Persephone (Proserpina) als ein Symbol des winterlichen »Schlafes« der Vegetation. Das Christentum bediente sich dieser alten Symbolik und machte die rote Mohnblume zum Symbol der Opferung und des »Todesschlafs« Christi. Die Schlachtfelder von Flandern gaben der Opfersymbolik des roten Mohns neue Schärfe als Symbol der Kriegsgefallenen.

Die gemeine Mohnblume ist eine von mehreren roten oder rot gesprenkelten Blumen, die mit Blutopfern und dem Tod von Göttern und Menschen assoziiert werden.

LOTOS UND NARZISSE

In der Überlieferung Ägyptens, Indiens, Chinas und Japans gibt es keine Blume, deren Symbolik älter und umfassender ist als die des LOTOS. Seine außerordentliche Bedeutung beruht nicht nur auf der Schönheit seiner sternenförmig ausstrahlenden Blütenblätter, sondern auch auf der Analogie zwischen dem Blatt der Lotosblüte und der Idealform der Vulva als Sinnbild der göttlichen Lebensquelle. So verkörperte der Lotos unter anderem die Geburt und Wiedergeburt, den Ursprung des kosmischen Lebens, die Schöpfergottheiten sowie die Sonne und die Sonnengottheiten. Er symbolisiert ebenfalls das spirituelle Wachstum des Menschen aus der Knospe des Herzens und das Potenzial der Seele für göttliche Perfektion. In Ägypten war der Lotos ein Symbol der Schöpfung: das Emporwachsen der Wasserlilie aus dem Schlamm und die Entfaltung ihrer makellosen Blätter im Sonnenlicht erinnerte an das Erscheinen der Sonne in all ihrer Pracht aus dem Urschlamm.

Der Lotos ist das Hauptsymbol der Hindugöttin Shri, der Gefährtin Vishnus. Ein anderer Name für sie bedeutet »Lotos«.

Als die Wiedergeburt symbolisierende Grabdekoration erschien der Lotos im antiken Griechenland und in Rom sowie im westlichen Asien, wo der stilisierte ägyptische Lotos die Inspiration für die Form der ionischen Säule lieferte. Nach hinduistischer Überlieferung wuchs der heilige Lotos aus dem Nabel des auf den Wassern ruhenden Vishnu und brachte Brahma hervor (als Verkörperung spirituellen Wachstums). Der Lotos ist ein Symbol des Göttlichen im Menschen und damit fast ein Synonym für die Perfektion. Die indische Ikonografie ist voll von Göttern oder Bodhisattvas, die im »Lotossitz« im Zentrum einer flammengleichen Lotosblüte thronend die Erweckung des inneren Potenzials symbolisieren. Ein paralleles Konzept ist die »goldene Blüte« des chinesischen Taoismus – einer durch den Buddhismus inspirierten Tradition, in welcher der Lotos ebenfalls die spirituelle Entfaltung versinnbildlicht. In der sexuellen Metaphorik des Lotos, am deutlichsten im tantrischen Buddhismus, verbinden sich der männliche Stiel und die weibliche Blüte als Symbol der spirituellen Vereinigung und Harmonie. Dies ist das durch das Mantra *Om mani padme hum* beschworene »Kleinod im Lotos«.

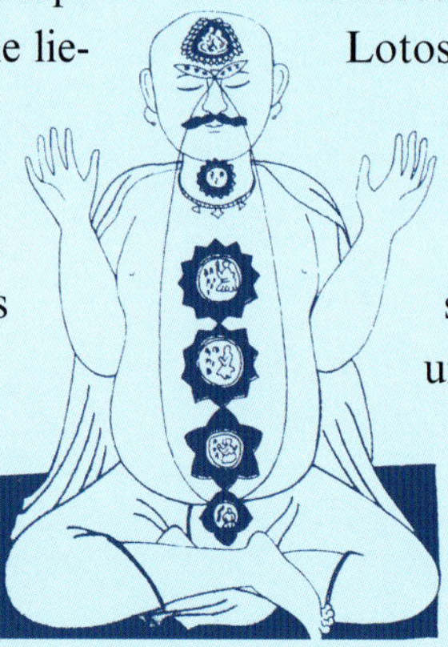

Yogische Chakren leiten in diesem indischen Diagramm die Energie durch den Körper. Sie haben die radähnliche Form einer Lotosblüte.

Im chinesischen Buddhismus ist die Lotosblüte eine der Acht Kostbarkeiten und damit ein Glück verheißendes Zeichen. Außerdem steht sie für Geradlinigkeit, Festigkeit, eheliche Harmonie und Wohlstand – und vor allem für reichen Kindersegen, der durch einen kleinen Jungen mit einer Lotosblüte in der Hand dargestellt wurde. Der Lotos repräsentiert Buddha selbst und ist ein Bild der spirituellen Blüte, die ins Nirwana führt. Sakrale und profane Symbolik mischen sich in der chinesischen Tradition – so war eine Kurtisane unter dem Namen »goldener Lotos« bekannt, obwohl der Lotos ein Sinnbild der Reinheit und Jungfräulichkeit war, daneben auch ein japanisches Symbol der Unbestechlichkeit.

DER GEIST DES SCHÖNEN TOTEN

Die NARZISSE ist eine Frühlingsblume, doch auch ein Symbol des frühen Todes, des Schlafes und der Wiedergeburt. Die große Zahl der Arten dieser Gattung (darunter auch Osterglocken und Jonquillen) mögen die Spannbreite ihrer Symbolik erklären.

Der Narziss der klassischen Mythologie war ein schöner Jüngling, der sich an einem Teich in sein eigenes Spiegelbild verliebte und sich in der Betrachtung seiner selbst verzehrte, bis er in die Blume verwandelt wurde, die seinen Namen trägt. Der römische Dichter Ovid entwickelte diese Geschichte zu einer Allegorie auf die Autoerotik oder, allgemeiner ausgedrückt, auf Eitelkeit und morbide Selbstbeobachtung. Doch basierte diese Geschichte auf der Symbolhaftigkeit der Narzisse schlechthin und auf der uralten abergläubischen Furcht vor Spiegelflächen. Die Narzisse blüht und verblüht früh. Darüber hinaus waren, wie der Anthropologe James Frazer aufzeigte, Selbstreflektionen einst als Omen des Todes sehr gefürchtet.

Persephone hatte Narzissen gepflückt, als die Kutsche des Hades aus der Erde hervorbrach und der Herr der Unterwelt sie in sein Reich entführte. Die Narzisse wurde bei den Riten für die Mutter Persephones, die Korngöttin Demeter, verwendet und auch auf Gräber gepflanzt, um zu symbolisieren, dass der Tod nur ein Schlaf sei. Der griechische Name der Blume hat dieselbe Wurzel wie »Narkose«: *narké*, Taubheit.

Der Duft der Narzisse war in Persien ein Sinnbild der Jugend. Ihr aufrechter Stängel machte sie auch zum islamischen Wahrzeichen des treuen Dieners oder des Gläubigen. Da sie zur Zeit des chinesischen Neuen Jahres blüht, ist die Narzisse in der orientalischen Tradition ein Symbol der Freude, des Glücks oder einer glücklichen Ehe.

Die Nymphe in diesem Gemälde von John William Waterhouse ist Echo, deren Liebe für Narziss diesen völlig unberührt ließ, da er von seinem eigenen Spiegelbild verzaubert war.

LILIE UND ROSE

Eine der vieldeutigsten aller Blumensymbole, die LILIE, wird heute mit christlicher Frömmigkeit, Reinheit und Unschuld identifiziert. Früher jedoch wurde sie aufgrund ihres phallischen Stempels und ihres Dufts mit Fruchtbarkeit und erotischer Liebe assoziiert. Sie symbolisierte die Fruchtbarkeit der Erdgöttin und in der Alchemie war sie die Verkörperung des weiblichen Prinzips.

Frankreichs Fleur-de-Lis-Emblem verbindet Assoziationen der Reinheit mit einer maskulinen lanzenartigen Form, die königliche Macht darstellt.

Die Lilie war eine beliebte Gartenblume des Altertums, man sagte ihr nach, dass sie aus der Milch der griechischen Göttin Hera entsprungen sei. In Griechenland, Ägypten und generell im Nahen Osten war sie ein Symbol der Fruchtbarkeit und ein beliebtes Dekorationsmotiv. Lilien verkörperten Wohlstand und Adel in Byzanz, und wahrscheinlich waren es eher diese Assoziationen als der Bezug zur Reinheit, die zur Etablierung der FLEUR-DE-LIS, einer stilisierten Lilie mit drei

DIE LILIE IN DER CHRISTLICHEN KUNST

Die weiße Lilie der christlichen Kunst wurde im 19. Jahrhundert aufgrund ihrer Assoziation mit der Jungfräulichkeit der Gottesmutter Maria »Madonnenlilie« genannt, ist jedoch auch ein Attribut ihrer Eltern und von Josef. Der Erzengel Gabriel hält in Verkündigungsszenen oft eine weiße Lilie in der Hand.

Ihre Bedeutung für christliche Heilige ist weitgehend auf die Bergpredigt zurückzuführen, in der Jesus die »Lilien auf dem Felde« als Allegorie darauf bezieht, dass Gott für diejenigen sorgen würde, die das Streben nach Reichtum aufgaben. Die weiße Lilie kann jedoch auch mit ganz gegensätzlicher Symbolik belegt sein, als ein Vorbote des Todes oder als Bestattungssymbol.

Keuschheit ist die Symbolik der weißen Lilie in Venezianos Altarbild der Verkündigung.

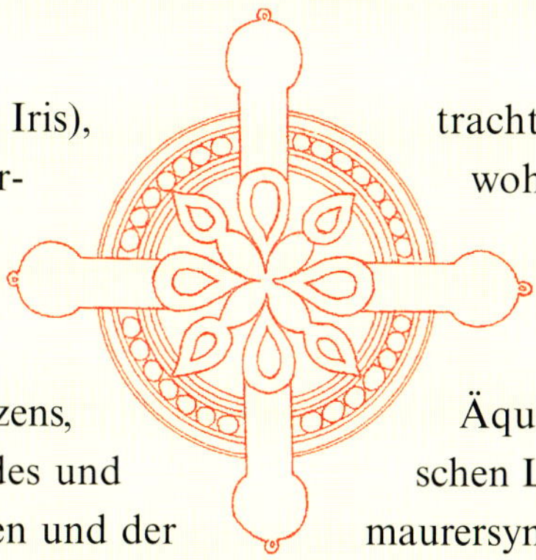

Der okkulte Rosenkreuzerorden des 17. Jahrhunderts fügte dem Emblem der Rose noch Kreuz- und Radsymbole hinzu.

Blütenblättern (ähnlich wie bei der Iris), als Wappenzeichen Frankreichs führten.

In der europäischen Tradition ist die ROSE ein Inbegriff der Blume – ein mystisches Symbol des Herzens, des Zentrums des kosmischen Rades und auch der heiligen, der romantischen und der sinnlichen Liebe. Die weiße Rose ist ein Symbol der Unschuld, daher die Bezeichnung der Jungfrau Maria als Himmelsrose. Die rote Rose steht für Leidenschaft, Begierde und sinnliche Schönheit. Beide sind Symbole der Perfektion. Aufgrund der Assoziation der Rose mit dem ewigen Leben wurden beim römischen Rosaria-Fest Rosenblätter auf Gräbern verstreut und römische Kaiser trugen Kränze aus Rosen als Kronen. Eine aufgeblühte Rose versinnbildlicht die Sterblichkeit. Die rote Rose kann vergossenes Blut, Martyrium, Tod und Wiederauferstehung bedeuten. Der römische Mythos setzte die rote Rose durch ihre Farbe mit dem Kriegsgott Mars und seiner Gefährtin Venus sowie mit ihrem erschlagenen Geliebten Adonis in Beziehung.

Die Rose war auch ein Sinnbild der Sonne und der Morgendämmerung sowie Attribut des griechischen Gottes Dionysos, der Göttin Hekate, der Grazien und der Musen.

Im Christentum verkörperte die blutrote Rose mit ihren Dornen die Liebe und das Leiden Christi. Aus diesem Grund, aber auch wegen ihrer noch älteren Konnotationen, wurde die Rose zum Zentralbild des kabbalistischen Rosenkreuzerordens, wo ihre vielschichtigen Blütenblätter die verschiedenen Einweihungsstadien in das Geheimwissen repräsentierten. Der Rosette (eine von oben betrachtete Rose) und der gotischen Rose wohnt außerdem eine Radsymbolik inne, die auf die Entfaltung der Schöpfungskraft hinweist – wodurch die Rose zum westlichen Äquivalent des emblematischen asiatischen Lotos wird. In der verwandten Freimaurersymbolik repräsentieren drei Rosen das Licht, die Liebe und das Leben. Eine wichtige Sekundärbedeutung der Rose ist die Diskretion. In einem römischen Mythos setzt Cupido den Gerüchten über die Tändeleien der Venus ein Ende, indem er den Gott des Schweigens mit einer Rose besticht. Aus diesem Grund malte oder hängte man Rosen über römische Ratstische als Zeichen, dass die Unterhaltung *sub rosa* war: vertraulich und nicht öffentlich.

In diesem Herbarium aus dem 15. Jahrhundert bietet eine Frau weiße Rosen an. Diese stehen für den Kelch des ewigen Lebens.

GEISTER DES KOSMOS

Das griechische Wort *kosmos* bezeichnet ein geordnetes Universum. Für den Menschen der Frühzeit war das Entstehen von Ordnung in dem gewaltigen urzeitlichen Chaos ohne die Existenz von Göttern oder anderen übernatürlichen Wesen unvorstellbar. Die scheinbar unberechenbaren zerstörerischen Kräfte der Natur schienen zudem auf ein ständiges Ringen hinzudeuten, bei dem nur ein Zusammenwirken von Menschen und Göttern das Überleben ermöglichte. Deshalb hat die Symbolik des Kosmos immer einen religiösen Charakter. In der Naturwissenschaft des Altertums versuchte man, symbolische Zusammenhänge zwischen den vier Grundelementen des Universums – Wasser, Luft, Feuer und Erde – herzustellen. In der griechischen Philosophie kam als fünftes Element der Äther als Quintessenz des Geistes dazu. Als Basis der kosmischen Harmonie galt ein Gleichgewicht dieser Elemente. Luft und Feuer wurde ein aktiver, männlicher Charakter zugeschrieben, Wasser und Erde galten als passiv und weiblich. Zunehmend willkürliche Bezüge zu Farben und Lebensstufen schufen ein kohärentes Symbolsystem, das erst mit dem Erscheinen der modernen Naturwissenschaft zusammenbrach.

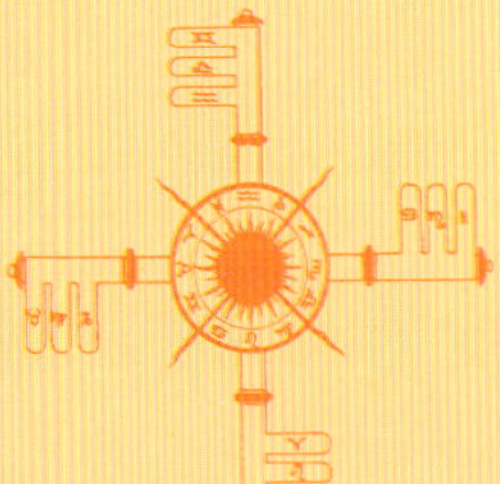

Die Symmetrie des aus der ägyptischen Astrologie stammenden Symbols oben steht in starkem Kontrast zu der bedrohlichen Atmosphäre der Maya-Malerei rechts, auf der das Sternbild Orion in Form einer Schildkröte von einem Himmelsband herabhängt.

DIE SPHÄRE DES HIMMELS

Das alte Ägypten gehört zu den wenigen Kulturen, in denen der Himmel durch eine Göttin (Hathor) personifiziert wurde. Sonst ist er eher ein Symbol des männlichen Prinzips.

Der HIMMEL wird allgemein mit übernatürlichen Kräften assoziiert; er symbolisiert Herrschaft sowie spirituelles Wachstum und Streben. Baldachine, wie sie noch heute in Asien und anderswo über hohe Persönlichkeiten gehalten werden, sind himmlische Symbole der königlichen Würde oder der Regierungsgewalt. Die fruchtbare Wirkung von Sonne und Regen, die ewige Gegenwart der Sterne, der Einfluss des Mondes auf die Gezeiten und die zerstörerische Macht der Stürme haben dazu beigetragen, dass der Himmel als Quelle der kosmischen Kraft begriffen wird.

Die STERNE waren spezielle Symbole der Führung und des Schutzes. Die uralte Vorstellung, sie hätten als Gottheiten oder als Werkzeug des Göttlichen die Kraft, das menschliche Leben zu bestimmen, liegt dem außerordentlich einflussreichen Symbolsystem der Astrologie zugrunde. In vielen Religionen bilden Sterne die Kronen großer Fruchtbarkeitsgöttinnen, zum Beispiel der babylonisch-assyrischen Ishtar und der Gottesmutter Maria. Oft symbolisieren die Sterne auch kosmische Öffnungen, durch die man in den Himmel gelangen kann. Auch die Augen von Gottheiten stellen sie manchmal dar, wie die des persischen Lichtgottes Mithras. Im Alten Testament ist der »Stern aus Jakob« ein Symbol des Messias, das im Neuen Testament mit der Bezeichnung Christi als »heller Morgenstern« aufgegriffen wird.

STERNSCHNUPPEN hielt man für Bruchstücke der regierenden Planeten, für Engel in materieller Form, die den Menschen an die Existenz eines höheren Lebens erinnern sollten. Meteoriten aus Stein oder Metall waren daher im Altertum geheiligte Objekte. Die Kaaba in Mekka, das zentrale Heiligtum des Islam, enthält einen Meteoriten, den »schwarzen Stein«. In der allgemeinen Symbolik spielen der POLARSTERN und die VENUS die größte Rolle. Als Morgenstern ist die Venus das aggressiv helle Symbol des Krieges und der Lebensenergie, als Abendstern ist sie ein Zeichen des sexuellen Genusses und der Fruchtbarkeit. Der Polarstern galt als symbolische Achse des sich drehenden Firmaments. Er war entscheidend für die Navigation und wurde in vielen Kulturen als Spitze eines metaphysischen Stabes oder Pfeilers verehrt, der die irdische mit der himmlischen Sphäre verband. Die alten Ägypter assoziierten den Polarstern mit der Seele des Pharao.

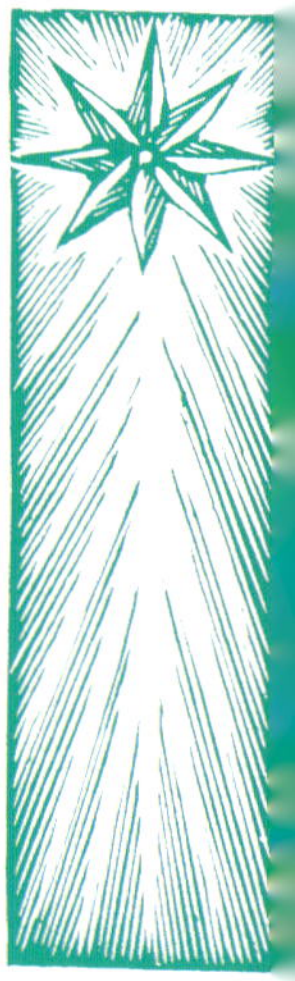

Wandernde Sterne waren im Vorderen und Mittleren Orient ein Symbol für die Geburt von Göttern. Der Stern, der die Heiligen Drei Könige zum Geburtsort Jesu führte, war vermutlich ein Komet.

DIE PLANETEN ALS LEBENDE GÖTTER

Der uralte Glaube, bei den Planeten handle es sich um Gottheiten, hatte großen Einfluss auf die Entwicklung der Symbolik. Nachdem die griechischen Dichter dieser Vorstellung Gestalt verliehen hatten, glaubten die führenden Denker auf dem Gebiet der Wissenschaft, der Philosophie und der Religion über zweitausend Jahre lang an den Einfluss der Planeten auf irdische Vorgänge, wie ihn Sonne und Mond unbestreitbar haben. Zwar gilt die Astrologie seit dem 18. Jahrhundert nicht mehr als echte Wissenschaft, doch ist die Symbolik der Planeten inzwischen ein fester Bestandteil des menschlichen Lebens. So stehen die sieben Tage der Woche in Verbindung mit sieben »Planeten«, die nach der Vorstellung der Antike vor der gewaltigen Kulisse der Sterne um die das unbewegte Zentrum bildende Erde kreisen; die Sieben wurde selbst zur magischen Zahl. Diesen Himmelskörpern – Sonne, Mond, Venus, Merkur, Mars, Jupiter und Saturn – wurden Eigenschaften zugeschrieben, die teils auf ihrer Farbe und Bewegung beruhten, teils auf einem System von Korrespondenzen mit Farben, Metallen, Körperorganen, Mineralien und Blumen. In der europäischen Kunst zeichnet sich jeder der Planeten durch spezielle Attribute aus.

Venus schützt die Liebenden. Der Planet erscheint als Abendstern mit einigen seiner Attribute, darunter den Tierkreiszeichen Waage und Stier. Illustration aus dem 15. Jahrhundert.

MERKUR erscheint meist als Jüngling mit dem Merkur- oder Heroldsstab (Caduceus), Flügelschuhen und mit Flügeln versehenem Reisehut. Ihm werden Beweglichkeit, Vermittlung, Verstand, Beredsamkeit, freier Wille, Anpassungsfähigkeit und Handel zugeordnet, ferner die Tierkreiszeichen Jungfrau und Zwillinge. Er ist der Gott des Handels. VENUS ist eine schöne Frau, die für die heilige wie die weltliche Liebe steht, für Verlangen, Sexualität, Genuss, Wiedergeburt, Phantasie, Harmonie und Glück. In Form der mesopotamischen Göttin Ishtar ist sie auch Kriegsgöttin. Ihre Tierkreiszeichen sind Waage und Stier. MARS ist mit Helm, Schild und Schwert oder Speer bewaffnet und wird manchmal von einem Wolf begleitet. Ihm werden Energie, Gewalt, Mut, Leidenschaft und Feuer zugeordnet, ferner die Tierkreiszeichen Widder und Skorpion. JUPITER ist eine stattliche, gottähnliche Gestalt, die oft einen Bart trägt. Zu seinen Attributen gehören Adler, Zepter und Blitz; zugeordnet sind ihm Macht, Gleichgewicht, Gerechtigkeit, Optimismus und die Tierkreiszeichen Schütze und Fische. SATURN trägt meist einen grauen Bart und hat eine Sense und oft einen Stelzfuß. Ursprünglich mit der Landwirtschaft assoziiert, steht er inzwischen für Pessimismus, Erstarrung, Moral, Religion, Keuschheit, Kontemplation, Trägheit, Tod und Melancholie. Seine Tierkreiszeichen sind Steinbock und Wassermann.

DIE SONNE

In den meisten Kulturen ist die Sonne das dominierende Symbol der schöpferischen Energie. Oft wird sie als höchste Gottheit oder als Manifestation von deren allwissender Kraft verehrt. Manche der frühesten Darstellungen der Sonne zeigen sie als symbolisches Zentrum oder Herz des Kosmos. Als Quelle der Wärme verkörpert sie Vitalität, Leidenschaft, Mut und eine sich ewig erneuernde Jugend; als Quelle des Lichts inmitten der Dunkelheit symbolisiert sie Wissen, Geistesschärfe und Wahrheit. Als am hellsten strahlender Himmelskörper ist sie ein Bild königlicher Würde und herrschaftlicher Pracht.

Meist repräsentiert die Sonne das männliche Prinzip; in Deutschland, Japan und vielen keltischen, afrikanischen, indianischen, polynesischen und neuseeländischen Völkern ist sie hingegen weiblich. In China galt sie als kaiserliches Yang-Symbol, nahm aber nie den höchsten Rang im chinesischen Pantheon ein. Wie mehrere andere Völker kennen die Chinesen eine Sage über die zerstörerischen Aspekte der Sonnenkraft, in der die Welt zu heiß wurde. Ursprünglich, heißt es darin, habe es zehn Sonnen gegeben, die einmal den turnusmäßigen Wechsel verweigert hätten und gemeinsam in den Himmel gestiegen seien. Der göttliche Bogenschütze Yi habe dann neun von ihnen erlegen müssen, um das kosmische Gleichgewicht wiederherzustellen. Ein für China charakteristisches Sonnensymbol ist eine rote Scheibe mit einer dreibeinigen Krähe, die für die drei Phasen der Sonne steht (Aufgang, Zenit, Untergang).

Besonders ausgeprägt war der Sonnenkult in Peru, Mexiko und Ägypten. Als Ausdruck der Vorstellung, die Inka seien »Kinder der Sonne«, wurde die peruanische Sonnengottheit als menschliche Gestalt mit rundem goldenem Gesicht dargestellt. Der Kriegs- und Sonnengott Huitzilopochtli stand im Zentrum des aztekischen Kults der Fünften Sonne, der immer neue Menschenop-

---

DIE KRAFT DER SONNENSCHEIBE

Diese auf das 9. Jahrhundert v. Chr. zurückgehende geflügelte Scheibe ist das Symbol des großen assyrischen Gottes Assur. Auch die Sonnengötter Re und Ahura Mazda wurden oft in dieser Form dargestellt.

Die SCHEIBE ist eines der ältesten Symbole der Göttlichkeit und Kraft der Sonne. Erhält die Scheibe Flügel, verbinden sich die Symbole von Sonne und Adler zu einem Bild der kosmischen Energie, das auch die Wiederauferstehung der aufgehenden Sonne umfasst. In Ägypten war die mit Hörnern oder einer Sichel versehene Scheibe ein Bild für die Einheit von Sonne und Mond. Eine Sonne mit Strahlenkranz ist die Waffe des indischen Gottes Vishnu. Die frühesten Räder bestanden aus festen Holzscheiben, weshalb die Scheibe in der indischen Ikonografie auch das sich ewig drehende Rad des Lebens darstellen kann. In Form eines Rades werden auch die Chakren, die Energiezentren im menschlichen Körper, dargestellt. In China ist eine Scheibe mit einem Loch in der Mitte das himmlische Symbol der geistigen Vollkommenheit. Sie repräsentiert den kosmischen Kreis, dessen Zentrum die unvorstellbare Essenz oder Leere bildet. Eine von Schlangen oder Drachen umschlungene Scheibe stellt die Versöhnung gegensätzlicher Kräfte dar.

fer forderte, um die Kraft der Sonne als Bewahrerin der Gegenwart zu erhalten. Meilenweit von dieser blutdürstigen Geschichte entfernt ist die nordische Sage vom Tod des schönen jungen Lichtgottes Baldr (Baldur). Sie ist nur einer von vielen Mythen und Riten, die sich um das symbolische Thema der Sonnenfinsternis, des nächtlichen Verschwindens der Sonne und ihrer jahreszeitlich wachsenden und schwindenden Kraft drehen. In der ägyptischen Mythologie reist die Sonnenbarke jede Nacht durch die Gefahren der Unterwelt, um am Morgen wieder triumphierend aus dem Maul einer Schlange zu erscheinen. Einen Anflug von Komik zeigt die japanische Sage von der Sonnengöttin Amaterasu, die sich in einer Höhle verbirgt, aus der sie mit einem Trick wieder herausgelockt werden muss. In manchen Kulturen erscheint die Sonne in mehrfacher Gestalt. So repräsentierte im alten Ägypten der käferköpfige Gott Chepre die aufgehende Sonne, Horus das Auge des Tages, Re den Zenit und Osiris die untergehende Sonne.

Der falkenköpfige Gott Re-Harachte, eine Manifestation der aufgehenden Sonne, sendet einer ihn verehrenden Frau seine segnenden Strahlen. Ägyptische Grabstele um 1000 v. Chr.

In anderen Kulturen galt die Sonne als Sohn der höchsten Gottheit oder als deren Sehkraft oder Liebe. Sie ist das Auge des griechischen Gottes Zeus, des nordischen Gottes Odin, des iranischen Gottes Ahura Mazda und des indischen Gottes Varuna, aber auch von Allah. Sie ist das Licht des Buddha, des Großen Geistes der nordamerikanischen Indianer und des christlichen Gottvaters. Im römischen Reich ersetzte Christus den Gott Mithras als Symbol der Wiederauferstehung der unbesiegten Sonne.

Den Geburtstag des persischen Sonnengottes Mithras feierten die Römer am 25. Dezember. Später übernahm das Christentum dieses Datum für seine eigene Lichtgottheit, Jesus Christus.

Ikonografisch wird die Sonne auf sehr unterschiedliche Weise dargestellt: als goldene Scheibe, als Scheibe mit Strahlen oder Flügeln (vor allem im Mittleren Osten), als halbe Scheibe mit Strahlen wie in Japan, deren Name *Nihon* »Ursprung der Sonne« bedeutet, als Kreis mit einem Punkt in der Mitte (in der Astrologie ein Symbol des bewussten Selbst), aber auch als Stern, Spirale, Ring, Rad, Swastika oder eines anderen sich drehenden Kreuzes. In der europäischen Kunst stehen auch die Farben Bronze, Gold, Gelb und Rot für die Sonne, ferner Diamant, Rubin und Topas, die geflügelte oder gefiederte Schlange, Adler, Falke, Phönix, Schwan, Löwe, Widder, Hahn und Stier.

DER MOND

Das Erscheinen und Verschwinden des Mondes und die Veränderungen seiner Gestalt waren für die frühen Kulturen ein eindrucksvolles kosmisches Bild der irdischen Zyklen von Geburt, Wachstum, Verfall, Tod und Wiedergeburt, denen Tiere wie Pflanzen unterworfen sind. Der hohe Stellenwert, den die Verehrung und die Symbolik des Mondes einnahmen, kann zudem durch die Bedeutung erklärt werden, die der Mond als Lichtquelle für die nächtliche Jagd und als erstes Maß der Zeitrechnung hatte. Seine Phasen bildeten die Grundlage des ersten bekannten Kalenders. Dass der Mond die Gezeiten beeinflusst, ist unübersehbar, man glaubte jedoch auch, er habe Einfluss auf das menschliche Schicksal, auf Regen, Schnee, Hochwasser und die Rhythmen des pflanzlichen und tierischen Lebens. Einen besonderen Zusammenhang sah man zwischen den Mondphasen und dem weiblichem Menstruationszyklus.

Die von der Mondsichel getragene Sonnenscheibe auf dem Kopf des ägyptischen Mondgottes Chons symbolisiert die göttliche Einheit von Sonne und Mond.

Zwar ist der Mond in erster Linie ein Symbol für das weibliche Prinzip, doch wurde ihm gelegentlich auch eine männliche Gottheit zugeordnet, besonders in nomadischen und von der Jagd lebenden Kulturen. Männlich ist der Mond in Japan, Ozeanien und dem germanischen Kulturkreis, aber auch bei manchen afrikanischen und indianischen Völkern. Die weiblichen Mondgottheiten haben einen unterschiedlichen Charakter, von der beschützenden Großen Mutter bis hin zu grimmigen Hüterinnen ihrer Jungfräulichkeit wie der römischen Jagdgöttin Diana. Dem Mond werden Eigenschaften wie Keuschheit, Veränderlichkeit, Unbeständigkeit und »kalte« Gleichgültigkeit zugeordnet. Durch seine dreitägige Ab-

Der sumerisch-semitische Mondgott Sin galt als Herr der Monate und des Schicksals. Auf dieser babylonischen Stele aus dem 12. Jahrhundert v. Chr. empfängt er einen König und dessen Tochter.

wesenheit wurde er zu einem Symbol für den Übergang vom Leben zum Tod wie auch vom Tod zum Leben.

In allen Kulturen hat der Mond einen vorrangig gütigen Charakter. Durch die Assoziation mit dem Tod und mit den unheilvollen Aspekten der Nacht wurde er jedoch gelegentlich auch mit dem bösen Blick und Hexerei in Verbindung gebracht.

Wie der Kreis ist der Vollmond ein Bild der Vollkommenheit. Im Buddhismus ist er ein Symbol für Schönheit und Gelassenheit, in China steht er für die vollständige Familie. Der Erntemond (der Vollmond um das Äquinoktium im September) ist ein Symbol der Fruchtbarkeit, das weithin auch mit Liebe und Heirat in Verbindung gebracht wird. Fruchtbarkeitssymbole beherrschen auch das chinesische Mondfest, das am Herbstäquinoktium mit Früchten, süßem Gebäck und Laternen gefeiert wird. Die Vorstellung, der Vollmond verursache eine Form des Wahnsinns, die wenig mit Liebe zu tun hat, ist römischen Ursprungs (daher der Begriff Darüber hinaus wird der die Träume beherrschende Mond mit Phantasie und Verwirrung assoziiert.

DIE MONDSICHEL

Als Emblem des Islam ist die Mondsichel ein Zeichen für göttliche Autorität, Wachstum, Wiedergeburt und (in Begleitung eines Sterns) für das Paradies. Das sichelförmige Ornament auf dieser Moscheelampe des 19. Jahrhunderts erinnert an ein Hörnerpaar, ebenfalls ein Symbol des Wachstums.

Als uraltes Symbol der kosmischen Kraft war die Mondsichel im Vorderen Orient ein Bild für das Boot des Mondgottes, das den unendlichen Raum durchfährt. Im Sinne des zunehmenden, aber auch des sich ständig erneuernden Mondes wurde sie zum Symbol für die islamische Expansion.

Seit der Zeit der Kreuzzüge ist die Mondsichel ein Gegensymbol des christlichen Kreuzes; noch heute ist der Rote Halbmond das islamische Äquivalent des Roten Kreuzes. Viele islamische Länder, beispielsweise die Türkei, Libyen, Tunesien und Malaysia, haben die Mondsichel im Staatswappen.

Die symbolische Verwendung der Mondsichel ist jedoch wesentlich älter als der Islam. In Byzanz wurden 341 v. Chr. Münzen mit Mondsichel und Stern geprägt, als Erinnerung an die Errettung der Stadt durch die Mondgöttin Hekate, die, wie es im Mythos heißt, plötzlich als Mondsichel erschienen sei, um den Angriff einer mazedonischen Streitkraft sichtbar zu machen. Das Bild des Halbmondes als Schale mit dem Elixier der Unsterblichkeit ist aus der hinduistischen, keltischen und islamischen Tradition bekannt. In Ägypten symbolisierten Mondsichel und Scheibe die göttliche Einheit. Die Mondsichel ist auch ein altes Symbol der Großen Mutter als Himmelskönigin; im Haar der griechischen und römischen Mondgöttin ist sie ein Zeichen für Keuschheit. In der christlichen Ikonografie steht oder thront die Gottesmutter Maria oft auf einer Mondsichel. Das geht möglicherweise auf die Offenbarung des Johannes zurück (12,1): »Eine Frau, mit der Sonne bekleidet, der Mond war zu ihren Füßen.«

ZEIT UND JAHRESZEITEN

Die Sanduhr, ein weit verbreitetes Symbol für die Zeit, mahnt in der christlichen Kunst an die Kürze des Lebens, der nur mit Tugenden wie der hier dargestellten Mäßigkeit beizukommen ist. Aus der »Allegorie der guten Herrschaft« von A. Lorenzetti (14. Jahrhundert, Siena).

Erste Messungen der ZEIT stützten sich immer auf kosmische Vorgänge: auf die Perioden zwischen dem täglichen Auf- und Untergang der Sonne, die sich monatlich erneuernden Mondphasen und die jährliche Wiederkehr der Jahreszeiten. Jedem dieser Zyklen kommt eine enorme symbolische Bedeutung zu. Die WOCHE zum Beispiel ist eine künstliche Zeiteinheit, die wahrscheinlich aus der Vierteilung des Mondzyklus und der mystischen Bedeutung der Zahl Sieben abgeleitet ist. Diese in der siebentägigen Woche der jüdisch-christlichen Tradition festgeschriebene Symbolik erwies sich schließlich als stark genug, um die achttägige Woche der römischen Kultur zu verdrängen, die sich auf das alte Intervall zwischen den Markttagen bezog. Ein weiterer Einfluss war das astrologische System der sieben »Planeten«, die den lateinischen Wochentagen ihre Namen gaben: Mond, Mars, Merkur, Jupiter, Venus, Saturn und Sonne.

Dass im japanischen Buddhismus die von Buddha Amitabha dargestellte Morgenröte die Erleuchtung symbolisiert, bezieht sich auf die besondere Klarheit des Morgenlichts und dessen Symbolik des Neuanfangs.

Der semitische Brauch, den siebten Tag der Woche Gott zu weihen, geht auf den Kult des akkadischen Mondgottes Sin zurück. An seinem Tag wurden in Babylon keine wichtigen Staatsgeschäfte ausgeführt, was auf den Glauben an einen ungünstigen »Tag außerhalb der Zeit« verweist. Im Judentum ist der SABBAT zu einem Symbol der Schöpfung Gottes und seines Bundes mit den Israeliten geworden, der mit einem festlichen Ruhetag am Samstag gefeiert wird. Das Christentum hat diese Tradition fortgeführt, allerdings mit weniger strengen Restriktionen und am Sonntag, dem Tag der Wiederauferstehung Christi. Im Islam fällt der zeremonielle Ruhetag auf den Freitag.

Jede Tageszeit hat ihre eigene Symbolik. Die MORGENDÄMMERUNG ist ein fast universelles Symbol von Hoffnung und Jugend. Eos, die griechische Göttin der Morgenröte, und ihre römische Entsprechung Aurora werden meist als geflügelte Wagenlenkerin dargestellt, die aus der Tiefe des Meeres herausfahren und das Erscheinen des Sonnengottes Helios ankündigen. Obgleich die Morgenröte ein Symbol der Freude ist, sieht man Eos auch bei der Trauer um ihren vor Troja von Achilles erschlagenen Sohn Memnon. Ihre Tränen fallen als Tau herab.

Der MITTAG gilt in der jüdischen und islamischen Tradition als Stunde der Offenbarung, allgemeiner als Moment der nackten Konfrontation. Die positive spirituelle Bedeutung des Mittags rührt von der Abwesenheit der als schädlich empfundenen Schatten her, aber auch von uralten Riten, bei denen die Sonne im Zenit verehrt wurde, wenn sie in ihrer vollen Kraft und Herrlichkeit erschien.

Die ABENDDÄMMERUNG wird oft auf das Halbdunkel des Verfalls und die schattenhafte Grenze des Todes bezogen. Die nordeuropäischen Mythen von der »Verfinsterung der Götter« (nord. Ragnarök, bei Wagner »Götterdämmerung«) sind eine Metapher für das wehmütige Schwinden der Sonnenwärme. Als kraftvolles Bild des Weltuntergangs bilden sie auch das Vorspiel für einen neuen Lebenszyklus.

DIE JAHRESZEITEN IN DER EUROPÄISCHEN SYMBOLIK

Wie die Mondphasen galten die Jahreszeiten als universelle Symbole von Geburt, Wachstum, Tod und Wiedergeburt, das heißt der geordneten Zyklen in der Natur und im menschlichen Leben. Der FRÜHLING wird oft als Kind oder junge Frau mit einem Blütenzweig dargestellt. Bezüge bestehen zur griechischen Göttin Aphrodite, der römischen Göttin Flora, zu Lamm und Zicklein und den Tierkreiszeichen Widder, Stier und Zwillinge. Der SOMMER ist mit Ähren gekrönt und trägt oft eine Sichel. Zu seinem Umfeld gehören Demeter (Ceres) und Apoll, Löwe und Drache und die Tierkreiszeichen Krebs, Löwe und Jungfrau. Zum HERBST gehören Weinblätter und Früchte, manchmal in einem Füllhorn, ferner Dionysos (Bacchus), der Hase und die Tierkreiszeichen Waage, Skorpion und Schütze. Der WINTER erscheint oft als alter Mann am Feuer oder als barhäuptige Frau in einer verschneiten Landschaft. Bezüge bestehen zu Hephaistos und Boreas, zu Salamander und Wildente und zu den Tierkreiszeichen Steinbock, Wassermann und Fische.

Die Früchte der Ernte, die auf Walter Cranes Darstellung der Jahreszeiten weitergereicht werden, sind ein klassisches Bild für die Kontinuität der Natur.

FEUER UND LUFT

Das FEUER ist ein maskulines, aktives Element, das die schöpferische wie die zerstörerische Energie symbolisiert. In einem breiteren Kontext verweist es auf Reinigung, Offenbarung, Verwandlung, Erneuerung und geistige oder sexuelle Glut. In der Alchemie galt das Feuer als vereinigendes Element, sein Zeichen war das Dreieck. Als häusliches Herdfeuer hat es einen schützenden und tröstenden Charakter, als verzehrendes Naturereignis wirkt es bedrohlich. Deshalb ist die Verehrung des Feuers immer von einer Dualität aus Lobpreis und Angst gekennzeichnet.

Im frühen und primitiven Kulturen wurde das Feuer zunächst wohl als Gottheit verehrt und erst später als Symbol der göttlichen Kraft. Als scheinbar lebendiges Element, das sich von den Dingen nährt, die man ihm zuführt, das erlischt und wieder aufflammt, wurde es manchmal als irdische Form der Sonne interpretiert, mit der es symbolisch viel gemein hat. Gelegentlich nahm der Feuerkult grausame Formen an, zum Beispiel im Fall des kanaanitischen Gottes Moloch, dem Kinder geopfert wurden. Die Vorstellung, man könne das Böse im Feuer reinigen, liegt auch den grausamsten Hinrichtungsmethoden der christlichen Kirche zugrunde. In der Tradition der nordamerikanischen Indianer ist das Lagerfeuer ein Bild von Glück und Wohlstand; die Sonne wird als Großes Feuer bezeichnet. Im Buddhismus ist die Feuersäule ein Symbol des Buddha, das erleuchtende Feuer eine Metapher für Weisheit. In der Mystik symbolisiert Feuer oft die Vereinigung mit der Gottheit, die Transzendenz der menschlichen Natur und das Ende aller Dinge. Hierher gehört auch die Vorstellung eines geistigen Feuers, das brennt, ohne den Weisen zu verzehren.

Das Feuer als Element der Wiederauferstehung wird durch den Phönix und den Salamander personifiziert. Um Erneuerung geht es auch bei den Osterriten der römisch-katholischen und der orthodoxen Kirche, bei denen Kerzen ausgelöscht und dann an einem »neuen Feuer« wieder entflammt werden. Das Neujahrsfeuer hat seinen Ursprung in bestimmten Formen des Sympathie-

In den Mythen um heldenhafte Gestalten wie Prometheus, die den Göttern das Feuer stehlen, spiegelt sich die gewaltige Bedeutung des Moments, in dem der Mensch lernte, Feuer zu machen.

Das Feuer wurde in Mittelamerika von Huehueteotl verkörpert, der hier als zahnloser Greis mit einem Räucherbecken auf dem Kopf dargestellt ist. Die Azteken verehrten ihn als den frühesten Begleiter des Menschen.

zaubers; es verbindet das Entfachen eines neuen Feuers mit der wiederkehrenden Helligkeit und Wärme der Sonne. Im japanischen Shintoismus soll das Neujahrsfeuer auch zerstörerischen Bränden im neuen Jahr entgegenwirken.

In primitiven Kulturen ist es von großer Bedeutung, das häusliche Feuer am Brennen zu halten. Darauf bezieht sich die symbolische Heiligkeit der nie erlöschenden Flamme, wie sie etwa die Vestalinnen im alten Rom unterhielten. Ein modernes Beispiel ist die Tradition des olympischen Feuers. Sie symbolisiert die Kontinuität der traditionellen sportlichen Ideale. Die reinigende Kraft des Feuers ist noch heute ein wichtiges symbolisches Element bei der Feuerbestattung.

Der RAUCH ist ein Symbol des Aufsteigens der gereinigten Seele oder von Gebeten. Bei den Indianern Nordamerikas war er ein Kommunikationsmittel auf der kosmischen wie auf der weltlichen Ebene. Weniger häufig ist Rauch ein Symbol der Verhüllung oder der Vergänglichkeit.

In den meisten Kosmogonien bildet die LUFT das Urelement. Die Anhänger des von dem griechischen Philosophen Zenon (um 300 v. Chr.) begründeten Stoizismus sahen in ihr ein Bild der Seele. Symbolisch hat die Luft viel mit dem Atem und dem Wind gemein, wobei Letzterer allerdings künstlerisch leichter darzustellen ist. Der Luft zugehörig sind Eigenschaften wie Freiheit, Reinheit und das geistige Leben.

GEISTER DES WINDES

Der Wind ist ein poetisches Bild des belebenden Geistes, dessen Wirkungen man sehen und hören kann, der selbst aber unsichtbar bleibt. Wind, Luft und Atem sind in der mystischen Symbolik eng verwandt, wobei der Wind vielfach als belebende, Ordnung schaffende und stärkende kosmische Kraft verstanden wird. In der Bibel spricht Gott zu Hiob aus einem Wirbelwind heraus; die Genesis beginnt damit, dass »Ruach« (Wind, Geist, Atem) Gottes über dem Wasser schwebt. Der indoiranische Windgott Vayu verkörpert den kosmischen Atem. Auf einer weniger erhabenen symbolischen Ebene galten einzelne Winde oft als gewalttätig und unberechenbar. Um Odysseus die Heimfahrt zu erleichtern, gibt ihm Aeolus, der Herr über alle Winde, die widrigen Winde in einem Schlauch mit, den einer seiner Gefährten fatalerweise öffnet. Weit verbreitet ist der Glaube, stürmische Winde würden von Dämonen geritten, die Unheil und Krankheit mit sich brächten. In China assoziierte man den Wind auch mit Gerüchten. Wegen seiner Bedeutung für den Pollenflug ist der Wind auch ein Sexualsymbol. Heute gilt er vor allem als ein kraftvolles Symbol der Veränderung.

In frühen Kulturen galten die Winde als Botschafter göttlicher Kräfte, die die physische Welt beherrschen. Darauf sind die pausbäckigen Köpfe zurückzuführen, die sich auf vielen alten Karten finden.

BLITZ UND DONNER

Nicht nur bei den semitischen Völkern galt der DONNER als Stimme Gottes. Im Allgemeinen ist er ein Symbol der Schöpfung wie der Zerstörung, dem eine befruchtende Kraft ebenso innewohnt wie die der Bestrafung und der Gerechtigkeit. Im Hinduismus und im Buddhismus spaltet Indra mit dem Vajra, einem »Donnerkeil« in Form eines Diamantzepters, die Wolken, die in der tantrischen Symbolik ein Sinnbild der Unwissenheit sind. Illapa, der Gewitter- und Regengott der Inka, befreit das himmlische Wasser mit seiner Donnerschleuder.

Meist werden dem Donner wegen seiner Fruchtbarkeitssymbolik männliche Gottheiten oder göttliche Schmiede zugeordnet, gelegentlich aber auch Erd- und Mondgöttinnen. In Asien, besonders in China, wird er mit dem Drachen in Verbindung gebracht. Die japanischen Donnergötter gehören zur irdischen wie zur himmlischen Sphäre, da sie aus Vulkanen und aus den Wolken sprechen.

In der nordischen Mythologie ist der Hammer Thors ein Symbol für Donner und Blitz. Ungeachtet seiner zerstörerischen Kraft findet sich der Hammer als schützendes Emblem auf Grabsteinen; bei der Hochzeit galt er als Fruchtbarkeitssymbol.

Auch der BLITZ ist ein Symbol für den göttlichen Zorn und die befruchtende Kraft. Er galt als Waffe, Arm oder Phallus des höchsten Himmelsgottes und seiner Helfer oder als das blendende Licht seines Auges. So hat der indische Gott Shiva, das Licht der Wahrheit, ein blitzendes drittes Auge.

Der Blitz ist ein seltenes Beispiel für ein Phänomen, das symbolisch mit Feuer wie mit Wasser verbunden werden kann, weil ein Gewitter meist Regen mit sich bringt. Seiner schöpferischen wie zerstörerischen Kraft wegen stand man ihm mit einer Mischung aus Furcht und Verehrung gegenüber. Orte, in die der Blitz eingeschlagen hatte, galten als heilig. Überlebte ein vom Blitzschlag getroffener Mensch, so trug er das Zeichen Gottes; starb er, so glaubte man, er gelange direkt in den Himmel. So bedient sich der aztekische Gott Tlaloc seines Blitzstabs, um Seelen in den Himmel zu befördern. Im Judentum brachte man den Blitz auch mit der Offenbarung in Verbindung. Allgemein galt er als Omen, das im antiken Rom so ernst genommen wurde, dass Volksversammlungen bis zum Ende des Tages unterbrochen wurden.

Ikonografisch wird der Blitz oft als Axt, Dreizack, Zepter, Hammer, Pfeil und als Zickzacklinie dargestellt.

Diese Holzmaske des an der Westküste Kanadas lebenden Volks der Kwakiutl stellt den mythischen, Schutz gewährenden Donnervogel dar. Der Blitz galt als Blinzeln seines Auges, der Donner als das mächtige Rauschen seiner Flügel.

Die Fruchtbarkeitssymbolik des Blitzes zeigt sich besonders deutlich bei den Aborigines, wo er einen erigierten kosmischen Penis repräsentiert. Daher das phallische Motiv auf diesem Rindengemälde, das den »Blitzmann« Wala-Undayna darstellt. In einer der Sagen, die sich um den griechischen Gott Dionysos ranken, wird seine Mutter Semele vom Blitzstrahl des Zeus geschwängert.

REGEN, WOLKEN, NEBEL UND STÜRME

Der REGEN ist seit jeher ein zentrales Symbol der Fruchtbarkeit. In frühen Agrargesellschaften, so auch in der griechischen Mythologie, sah man ihn oft als göttlichen Samen. Die alte Vorstellung, es stehe in der Macht der Götter, den Regen zurückzuhalten, ihn mit verheerender Kraft zu entfesseln oder ihn als milden Segen zu versprühen, hat sich bemerkenswert lange gehalten. Der sanfte Regen, den die Portia in Shakespeares *Kaufmann von Venedig* mit Barmherzigkeit vergleicht, galt allgemein als Zeichen der göttlichen Billigung, in China speziell als Harmonie von Yin und Yang in der himmlischen Sphäre. Tlaloc, der höchste Fruchtbarkeitsgott der Azteken (bei den Maya Chac), trägt einen Stab mit kammähnlichen Zinken, die den fallenden Regen darstellen. Das Blut und die Tränen der ihm auf Berggipfeln geopferten Kinder galten als Glück verheißende Vorzeichen des kommenden Regens.

Eine ähnliche Verbindung zwischen Blut und Regen findet sich in der iranischen Mythologie. Hier nähren Opfer den Regengott Tishtrya, der in

DIE AMBIVALENTE SYMBOLIK DES REGENBOGENS

Als himmlische Brücke zwischen der physischen und der metaphysischen Welt ist der Regenbogen meteorologisch wie symbolisch ein optimistisches Zeichen. In der Bibel zeigt er an, dass Gott sich nach der Sintflut wieder mit dem Leben auf der Erde versöhnt hat; zudem ist er ein Symbol des göttlichen Bundes mit dem jüdischen Volk. Iris, die in schillernden Tau gekleidete griechische Göttin des Regenbogens, hat die Aufgabe, die Botschaften des Götterkönigs Zeus und seiner Gemahlin Hera zur Erde zu bringen. In Indien gilt der Regenbogen als Bogen des heldenhaften Gottes Indra, für die Maori ist er das Zeichen ihres Kriegsgottes Kahukara. Als »Regenbogenkörper« bezeichnet man im tantrischen Buddhismus Tibets die vorletzte Meditationsstufe, in der die Materie sich allmählich in reines Licht verwandelt. Da sich im Regenbogen die Symbolik von Sonne und Wasser vereint, ließ die den Boden berührende Himmelserscheinung an Reichtum und Fruchtbarkeit denken, an den Schatz am Ende des Regenbogens. In manchen frühen Kulturen gab es Beziehungen zur Unterwelt. In Teilen von Afrika, Indien, Asien, Nordamerika und Australien assoziierte man den Regenbogen mit einer Schlange mit unberechenbaren Kräften. Nkongolo, der Regenbogenkönig der zentralafrikanischen Mythologie, ist ein grausamer Tyrann. In diesem Kontext steht vielleicht auch der afrikanische und asiatische Aberglaube, es sei eine Provokation der Natur, mit dem Finger auf einen Regenbogen zu zeigen. In Zentralasien waren regenbogenfarbene Bänder ein schamanisches Mittel zur Reise in den Himmel, während der Volksglaube davor warnte, auf das Ende eines Regenbogens zu treten, sonst werde man in die Luft gewirbelt.

Zwei von einem Regenbogenband umschlossene Gottheiten flankieren die heilige Maispflanze, ihre Gabe an die Menschheit. Navajo-Decke (19. Jahrhundert) nach dem Motiv einer Sandmalerei.

Danae, die Mutter des griechischen Helden Perseus, wird von Zeus in Gestalt eines Goldregens geschwängert. Ein erotisches Bild der göttlichen Fruchtbarkeitssymbolik des Regens in der Interpretation von Gustav Klimt.

Gestalt eines Schimmels gegen das schwarze Ross der Trockenheit kämpft. Der himmlische Ursprung des Regens ließ diesen auch zu einem Symbol der Reinheit werden. Oft wurden Reinigungsriten vollzogen, mit denen man Niederschläge erflehte. Beim konkreten Sympathiezauber des Regentanzes imitiert das Stampfen der Füße das Prasseln der Regentropfen. Zu den Gewittersymbolen Axt, Hammer und Donnerkeil kommt eine Vielzahl von Symbolen für den Regen: die (teils gehörnte) Schlange, der chinesische Drache, Frösche und andere Amphibien, lunare Geschöpfe wie Krebs und Spinne, den Windgöttern zugeordnete Hunde, aber auch scheinbar weniger nahe liegende Tiere wie Katze, Chamäleon, Kuh, Elefant, Papagei und Truthahn. Besonders weit verbreitet ist die volkstümliche Vorstellung, die Spinne habe etwas mit kommendem Regen (und damit auch mit Reichtum) zu tun. Zugrunde liegt vielleicht das Bild, dass die an ihrem Faden herabsteigende Spinne symbolisch himmlische Gaben mit sich bringt.

Auch WOLKEN waren zwangsläufig ein Symbol für Fruchtbarkeit. Die heute üblichen Assoziationen – eine düstere Stimmung, Dunkelheit und Trübsinn – waren früher kaum zu finden. Abgesehen von ihrer Rolle als Vorboten des Regens waren Wolken auch ein Zeichen für eine fast körperhafte Offenbarung der Gottheit. So führt Jahwe die Israeliten in Form einer Wolkensäule; im Koran spricht Allah aus einer Wolke. Vor allem rosafarbene Wolken sind in China Symbole des Glücks, aber auch des Aufstiegs in den Himmel. Ist man sehr glücklich, »schwebt man auf Wolke sieben«.

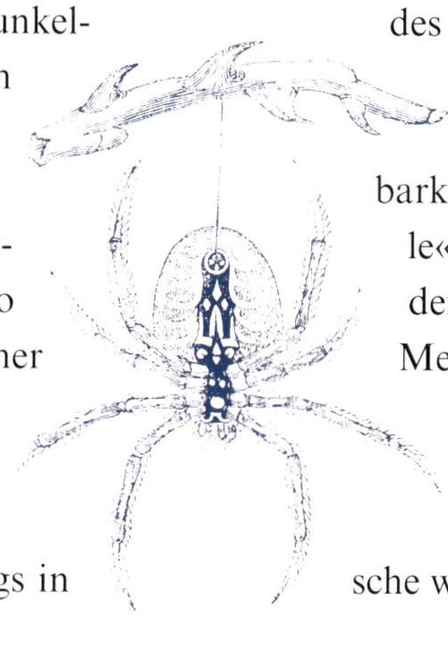

NEBEL wird oft mit einem Eingriff des Übernatürlichen assoziiert, besonders in der chinesischen Landschaftsmalerei, wo er in dieser Bedeutung in Paradiesgärten eindringt. Allgemein steht der Nebel für das Ungewisse. Er kann aber auch eine Offenbarung ankündigen oder das Entstehen neuer Formen, zum Beispiel bei Initiationsriten.

Die Zerstörung, die manche STÜRME mit sich bringen, haben sie fast überall zu einem Symbol des göttlichen Zorns und der Bestrafung werden lassen. Im Altertum assoziierte man jedoch auch Fruchtbarkeit, daher der Name »Haus der Fülle« für den Tempel von Adad (Hadad), dem Regen bringenden Sturmgott von Mesopotamien. Die meisten Sturmgötter, denen Attribute wie Axt, Hammer und Donnerkeil zugeordnet sind, symbolisieren das schöpferische wie das zerstörerische Element.

WASSER

In fast allen alten Kosmologien wird WASSER mit Reinheit, Fruchtbarkeit und der Quelle des Lebens assoziiert. Das MEER ist ein Bild des Mütterlichen, das schon vor der Entstehung der Erde existiert hat. Es ist ein Symbol der formlosen Entwicklungsmöglichkeit, von Flüssigkeit, Auflösung, Vermischung, Zusammenhang, Geburt und Regeneration. Im Rigveda wird das Wasser als Bringer aller Dinge gepriesen.

Dem Wasser in seiner reinsten Form – besonders TAU und QUELLWASSER – schrieb man übernatürliche Eigenschaften zu, als Ausdruck der göttlichen Gnade oder als Gaben der Erdmutter (Quellwasser) und der Himmelsgötter (Regen und Tau). Als reinigendes Element ist frisches Wasser besonders in den Religionen jener Länder von Bedeutung, in denen es ein kostbares Gut war. Beispiele dafür sind die Reinigungs- und Taufriten in der islamischen, jüdischen, christlichen und indischen Tradition. Auch bei den mythischen Fluten, durch die eine sündhafte Gesellschaft vernichtet wird, geht es um Reinigung und Erneuerung. In Mythologien, in denen Flüsse oder Meere die Welt der Lebenden von der der Toten trennen, steht Wasser für ein Übergangsstadium.

Viele Gottheiten sind wassergeboren oder wandeln auf Wasser. Im Aberglauben war die Reinheitssymbolik des Wassers so stark, dass man dachte, es könne das Böse abwehren. Darauf geht die Hexenprobe zurück, bei der man gefesselte Frauen in Teiche warf, um festzustellen, ob sie – als Hexen – auf der Wasseroberfläche schwammen. Auch mit der Weisheit wird das Wasser verglichen, wie in dem taoistischen Bild des Wassers, das sich seinen Weg um Hindernisse sucht und mit seiner scheinbaren Schwäche über das Starke triumphiert. In der Psychologie repräsentiert Wasser die Energie des Unbewussten und dessen geheimnisvolle Tiefen und Gefahren. Ruheloses Wasser ist ein buddhistisches Symbol des aufgewühlten Flusses der Erscheinungen. Die Transparenz des stillen Wassers hingegen symbolisiert die kontemplative Erkenntnis.

Reißende Ströme wie dieser Bergbach sind kraftvolle Natursymbole des Dahinfließens aller Dinge, des Vergehens der Zeit und der Vergänglichkeit des Lebens.

Die Taufe verbindet den reinigenden, lösenden und befruchtenden Aspekt des Wassers. Mit ihr beginnt ein neues Leben, die Sünden des alten werden abgewaschen. Französische Buchmalerei (14. Jahrhundert).

In Sagen und Märchen sind SEEN zweiseitige Spiegel zwischen der physischen und der übernatürlichen Welt. Von oben betrachten die Menschen ihre reflektierende Oberfläche, von unten Geister, die in juwelengeschmückten Palästen wohnen. Der keltische Brauch, diesen Geistern Trophäen hinabzuwerfen, erklärt die Beziehung zwischen der Herrin vom See und dem

Schwert Excalibur in der Artussage. Den mythischen See- und Quellgottheiten, denen man Jugend und prophetische oder heilende Kräfte zuschrieb, wurden oft Gaben dargebracht; daher der Brauch, eine Münze in einen Brunnen zu werfen und sich etwas zu wünschen. Dass QUELLEN in Folklore wie Religion als Orte von magischer spiritueller Bedeutung gelten, hängt teils mit der allgemeinen Symbolik des Wassers zusammen, teils damit, dass sie dessen unverschmutzten Ursprung darstellen. Die heilsamen Eigenschaften von Mineralquellen dürften zu dieser Vorstellung beigetragen haben. Eine aus dem Lebensbaum sprudelnde Quelle speist die vier Flüsse des Paradieses, ein christliches Symbol der Erlösung. In der nordischen Mythologie verpfändet der Gott Odin eines seiner Augen für einen Trunk aus der Quelle der Erkenntnis, die aus der Weltachse, dem Baum Yggdrasil, fließt.

Der römische Gott Neptun verkörpert die fruchtbare göttliche Kraft des Meeres. Die Fische oder Schimmel, die er mit seinem Dreizack antreibt, stehen für die sich brechenden Wellen.

HEILIGE FLÜSSE

In den vielen großen Kulturen, die von der Bewässerung abhängig waren, waren Flüsse wichtige Symbole der Versorgung wie auch der Reinigung. Das weit verbreitete Bild der vier Ströme des Paradieses, die vom Lebensbaum in die vier Himmelsrichtungen fließen, ist eine Metapher für die göttliche Energie und die nährende geistige Kraft, die das gesamte Universum durchströmt.

Im Hinduismus ist der von der höchsten Flussgöttin Ganga personifizierte Fluss Ganges eine symbolische Achse, die vom Himmel herabstürzt, um die Erde zu reinigen und in die Unterwelt einzudringen. Das reinigende Bad im Ganges ist ein zentrales hinduistisches Ritual. Eine derbere Metapher der Reinigung erscheint in der Sage von Herakles, der einen Fluss umleitet, um die Ställe des Augias auszumisten. Aufgrund ihrer unberechenbaren Natur wurden Flüsse mit Opfern an lokale, meist weibliche Gottheiten besänftigt. Oft stellen sie auch Grenzen dar, die die Welt der Lebenden und Toten trennen. Bei den Kelten galten Orte, an denen Ströme ineinander flossen, als besonders heilig. In China glaubte man, die Ertrunkenen streiften in den Flüssen umher, um lebende Körper zu finden, die sie bewohnen könnten.

Akbar, der bedeutendste Herrscher des Mogulreiches (1542–1605), muss sich der zentralen Rolle des Ganges im Hinduismus bewusst gewesen sein, als er sich an die Eroberung von Nordindien machte. Diese Illustration aus dem Akbarnama *(seinen Memoiren) zeigt ihn beim zeremoniellen Durchqueren des Flusses mit einer Elefantenherde.*

ERDE, HÖHLEN UND STEINE

Die ERDE ist ein Symbol von Fruchtbarkeit, Beistand und Schutz, das gewöhnlich von Muttergottheiten personifiziert wird. In vielen Schöpfungsmythen werden die ersten Menschen aus Schlamm, Lehm oder – in Polynesien – Sand geformt. Der Himmel vermählt sich mit der Erde, manchmal in einer so engen Umarmung, dass diese von einem Heldengott zerstört werden muss, damit sich das Leben entwickeln kann. So schildern es polynesische und ägyptische Mythen. Als Symbol der Fruchtbarkeit und Erneuerung spielt die Erde auch eine Rolle in Übergangsriten, bei denen die Kandidaten »beerdigt« und dann wieder ausgegraben werden. Es ist noch gar nicht so lange her, da war es bei ländlichen Frühlingsfesten noch Brauch, sich in Ackerfurchen zu paaren.

Obgleich sie mit Passivität und Dunkelheit assoziiert wird, hat die Erde meist keine symbolische Verbindung zur Unterwelt, da sie eher als Quelle des Lebens denn als Aufenthaltsort der Toten empfunden wird. Cihuacoatl, die aztekische Schutzgöttin der Erde und der Geburt, nährt sich von den Toten, um die Lebenden zu sättigen, doch gewöhnlich hat die Symbolik der Erde einen liebenswürdigen Charakter. Darauf verweist auch die früher weit verbreitete Vorstellung, zerstörerische Erdbeben würden nicht von der Erde bewirkt, sondern durch die Bewegungen von Geschöpfen, die sie auf dem Rücken tragen: einem Riesenfisch (Japan), einem auf einer Schildkröte stehenden Elefanten (Indien) oder einer Schlange (Nordamerika).

Unter allen Aspekten der Erde ist die HÖHLE das älteste Schutzsymbol. Als Abbild des Mutterschoßes erinnert sie an Geburt, Wiedergeburt, den Ursprung und die Mitte. Höhlen können aber auch dunklere Bedeutungen haben: die Unterwelt, den Eingang zur Hölle und das Unbewusste selbst. Häufiger jedoch ist die in Mythen und Initiationsriten auftauchende Vorstellung der Höhle als Ort, an dem sich die keimenden Kräfte der Erde konzentrieren, an dem Orakel sprechen, an dem die Eingeweihten zu spiritueller Erkenntnis gelangen und an dem die Seele sich ins himmlische Licht erhebt. Geheiligte Höhlen auf Hügeln und Bergen dienten als symbolische Achse zwischen Erde und Himmel und als Fokus übersinnlicher Kräfte, die oft durch einen Pfeiler oder Lingam repräsentiert wurden.

In Märchen können Höhlen auch weniger erhabene Ziele symbolisieren, wie zum Beispiel Schätze, die von Drachen oder listigen Zwergen gehütet werden. In der Mythologie der Turkvölker wird der erste Mensch in einer Höhle geboren.

Eine Berghöhle dient in Watteaus »Versuchung des heiligen Antonius« als Szenerie für den inneren Kampf des ersten christlichen Mönches um seine spirituelle Integrität.

Muttergottheiten wie die vedische Göttin Maya, hier in einer Kugel dargestellt, sind häufig eine Personifikation der Erde, die als schützender Schoß des Lebens gesehen wird.

DIE MAGISCHE KRAFT DES STEINS

Stein ist ein eindrucksvolles animistisches Symbol von Kräften, die in der unbelebten Materie existieren. In den Kulturen der Frühzeit wurden die Eigenschaften von Stein und Fels – Beständigkeit, Stärke, Unverletzbarkeit – rituell überhöht. Die sakrale Bedeutung des Steins zeigt sich an Stelen, steinernen Opferbeilen und -messern und Amuletten. Steine speichern Wärme, Kälte, Wasser und (als Edelsteine) Licht. Bei den Indianern Nordamerikas waren sie die metaphorischen Knochen der Mutter Erde, ebenso in Griechenland und in Kleinasien, wo die große Muttergöttin Kybele in Form eines Steins verehrt wurde. Als dauerhafte Symbole der Lebenskraft benutzte man Steine, um geheiligte Orte zu markieren. In Form des Altars, des Omphalos (Weltnabel) und des Lingam dienten Steine als Ort des Opfers und der Verehrung. Das menschliche Opfer wurde daran gefesselt; auf Fidschi wurde ihm darauf der Schädel eingeschlagen. Noch heute ist der Grabstein ein Symbol für das ewige Leben. Bei Krönungsritualen haben steinerne Objekte oft die Bedeutung einer von der Tradition geheiligten Autorität. Um seinen Anspruch auf Schottland zu untermauern, ließ der englische König Eduard I. (reg. 1272–1307) den Stein von Scone, auf dem man die schottischen Könige gekrönt hatte, stehlen und in der Westminster Abbey installieren. Der Brauch, einen im irischen Blarney Castle befindlichen Stein zu küssen, um ein »gutes Mundwerk« zu erlangen, verweist auf die Beziehung von Stein und Orakel.

Die Kolossalstatuen der Osterinsel sind besonders eindrucksvolle Beispiele für die vielen monumentalen Standbilder aus Stein, die ein anschauliches Symbol der Standhaftigkeit des menschlichen Geistes darstellen.

BERGE

Als Ort der Begegnung von Erde und Himmel ist der Berg ein Symbol von Transzendenz, Ewigkeit, Reinheit und spirituellem Streben. In Ländern mit Bergen, deren Gipfel in die Wolken ragen, herrschte allgemein der Glaube, dort sei der Wohnsitz oder der Erscheinungsort von Gottheiten. Oft, wie etwa in Afrika, wurden solche Berge ebenso gefürchtet wie verehrt. Man assoziierte sie mit den Unsterblichen, mit Helden, Propheten und Göttern. Auch in der Bibel ist häufig von heiligen Bergen die Rede. Den Offenbarungen, die Gott Moses und Elija auf dem Berg Sinai gewährt, entspricht im Neuen Testament die Verklärung Christi, die sich ereignet, als Jesus mit einigen seiner Jünger auf einen Berg geht, um zu beten. Auf dem Berg Karmel triumphiert Elija über die Priester des Baal; auf dem Ölberg fährt laut der Apostelgeschichte Christus in den Himmel. Der Berg Zion bei Jerusalem hatte den Rang einer Heimstätte Gottes.

Der Fudschijama (eigentlich Fuji-san) ist fast ein Symbol für Japan selbst. Noch heute ist er ein shintoistischer Wallfahrtsort. Eine Besteigung des 3776 Meter hohen Gipfels ist eine beachtliche Leistung und symbolisch die Herausforderung, die Stufen des Pfades zur Selbsterkenntnis zu erklimmen.

In der mittelalterlichen Gralssage wird das Elixier des Lebens auf dem Burgberg Montsalvatge (Mont Sauvage) verwahrt. In China galt das Weltgebirge Kun-lun als Quelle des Gelben Flusses, als Symbol von Ordnung und Harmonie und als Aufenthaltsort der Unsterblichen und des höchsten Wesens. Der Berg Tlaloc in Zentralmexiko galt als Verkörperung des gleichnamigen großen Fruchtbarkeits- und Regengottes; auf dem Olymp wohnten die streitsüchtigen Götter der griechischen Antike.

Viele heilige Berge sind rein symbolischer Natur, wie etwa der Weiße Berg der Kelten, der islamische Smaragdberg Qaf und der hinduistische Weltenberg Meru am Nordpol. In der hinduistischen Kosmogonie ist der Berg Mandara der Punkt, um den die kosmischen Wasser schäumen. Der Polarberg galt als Weltachse. Hohe Berggipfel waren Symbole für das Verlassen des irdischen Lebens. Gelegentlich ist in der Mythologie von hohlen Bergen die Rede, in denen die Unsterblichen schlafen.

Symbolische Berge stellte man sich gewöhnlich stufenförmig vor, als Zeichen für die Phasen der spirituellen Entwicklung. Dieselbe Vorstellung drücken bergförmige Tempel aus, wie etwa die mesopotamischen Zikkurats, die Tempel der Maya und die Stupas und Pagoden Asiens. Durch seine Aufrichtung ist der Berg ein maskulines Symbol – es gibt aber auch weibliche Berggottheiten wie die große Muttergöttin Kybele.

In der bildenden Kunst sind Berge mit Doppelgipfeln gelegentlich ein Symbol für duale Kräfte. Weitere häufig verwendete Bergsymbole sind Dreieck, Kreuz, Krone, Stern, Treppe und Leiter. Als allegorische Aufforderung zur Demut kann die muslimische Anekdote um den Propheten Mohammed gelten, der dem Berg Safa befahl, zu ihm zu kommen. Als nichts geschah, ging er selbst zu dem Berg, um Gott dafür zu danken.

Der Berg Sinai, auf dem Moses im Alten Testament aus der Hand Gottes die beiden Steintafeln mit den Zehn Geboten empfängt. Gemälde von Edward Lear (1812–1888).

METALLE UND EDLE STEINE

Im Altertum hielt man METALLE für eine feste Form der kosmischen Energie, was die rätselhaften Aspekte der damaligen Betrachtungsweise verständlicher werden lässt. Wie der Mensch galten Metalle als irdische Dinge mit göttlichem Potenzial. So konnte sich eine kosmische Hierarchie entwickeln, in der sie mit den sieben als Planeten bezeichneten Himmelskörpern assoziiert wurden.

GOLD ist ein Symbol der Vollkommenheit. Sein göttlicher Charakter ist auf seine universelle Assoziation mit der Sonne zurückzuführen, aber auch auf seinen Glanz, seinen Widerstand gegen Rost, seine Haltbarkeit und Formbarkeit. Die ihm zugeschriebenen symbolischen Eigenschaften umfassen Aspekte wie Reinheit, Verfeinerung, Erleuchtung, Wahrheit, Harmonie und Weisheit, ferner weltliche Dinge wie Macht und Ruhm, Erhabenheit, Adel und Reichtum. Gold war das bevorzugte Metall zur Herstellung sakraler Objekte und zum Schmuck gottgleicher Herrscher. Im Inkareich bestäubte man den Herrscher vor der Thronbesteigung mit Gold, wovon sich der Mythos von »El Dorado« (dem »Vergoldeten«) ableitet. Die Vergoldung byzantinischer und buddhistischer Bildwerke verweist ebenso auf das Göttliche wie das Blattgold in der Kunst des Mittelalters. In der aztekischen Mythologie bestehen die Exkremente des Sonnengottes Huitzilopochtli aus Gold. Anderswo, etwa im Hinduismus, hielt man Gold für eine mineralische Form des Lichts, für einen Rück-

JADE: DER MYTHISCHE STEIN CHINAS

Im alten China assoziierte man Jade mit einem ganzen Spektrum an Tugenden: mit moralischer Reinheit, Gerechtigkeit, Wahrheit, Tapferkeit, Harmonie, Loyalität und Güte. Das Jadesiegel des Kaisers war ein Symbol für dessen himmlisches Mandat. Aufgrund der vielen Farbnuancen des Steins – von Weiß über Grün, Blau und Rot bis fast Schwarz – konnten sich daraus gefertigte religiöse Gegenstände in Form und Farbe unterscheiden. Das Symbol für Erde zum Beispiel war ein bräunlicher, quaderförmiger Jadekegel (Tsung).

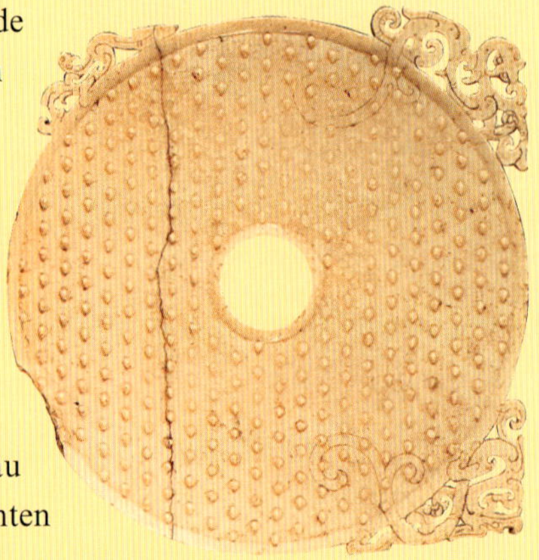

Ein berühmtes chinesisches Kultobjekt aus Jade ist die blaugrüne Scheibe mit einem Loch in der Mitte (Bi), das Symbol für das Himmelstor. Hier ein Beispiel aus dem 4. Jahrhundert v. Chr.

Zwar ist Jade ein Symbol von Yang und Sonne, doch wurde es wegen seiner glänzenden Glätte auch mit der weichen Schönheit der weiblichen Haut, mit Schleim (Jadesaft) und dem Koitus (Jadespiel) assoziiert. Die Härte und Beständigkeit des Nephrits, aus dem bis ins 18. Jahrhundert die meisten chinesischen Jadeschnitzereien gefertigt wurden, führte im Rahmen des Sympathiezaubers zu dem Glauben, mit Jadeamuletten könne der Körper auch nach dem Tod erhalten werden; daher die vielen Jadeobjekte in alten Gräbern. In der chinesischen Alchemie galt Jade als vollkommenste Form des Steins und – anstelle von Gold – als Symbol der höchsten Reinheit.

Auch im alten Mexiko wurde Jade in Form grünen Nephrits hoch geschätzt. Durch seine Assoziation mit dem befruchtenden Wasser war es dort ein Symbol für Herz und Blut. In Neuseeland verwendeten die Maori den grünen Nephrit Pounamu zur Herstellung der heiligen Keule *Mere*, eines Symbols der Autorität.

In vielen Traditionen galt Gold als konkrete Substanz der Gottheit; in Ägypten war es das Fleisch des Re. Auf diesem Grabgemälde (ca. 1400 v. Chr.) bringen nubische Tributträger Gold für den Pharao.

stand der Sonne, deren Strahlen Fäden in der Erde hinterlassen hatten. Im Buddhismus ist es ein Symbol des Erleuchtungsgeistes, im Christentum steht es für die Botschaft Christi. Durch seine Assoziation mit der Sonne wurde Gold zu einem stark maskulinen Symbol. Seine Symbolik bezieht sich darüber hinaus meist auch auf die Farbe Gold.

Auch SILBER ist ein Symbol der Reinheit, ferner der Keuschheit und der Beredsamkeit. Als lunares, weibliches und kaltes Metall ist es das Attribut von Mondgöttinnen (besonders der Diana) und Königinnen. Durch seine Beziehung zum Mond symbolisiert es auch das Licht der Hoffnung und die Weisheit. Ein »Silberstreifen am Horizont« verheißt Besserung.

Mercurius, der alchemistische Begriff für QUECKSILBER (»lebendiges, aktives Silber«), macht die Beziehung dieses flüssigen Metalls zu dem gleichnamigen Planeten und dem römischen Gott deutlich. Es ist ein Symbol für Veränderlichkeit, Verbindung, Verwandlung und den Intellekt. Der die Sonne mit hohem Tempo umkreisende Planet Merkur ist schwer zu beobachten, daher seine Beziehung zu dem geflügelten Götterboten Hermes oder Merkur.

Besonders die Azteken schätzen meteorisches EISEN als himmlisches Metall; aus Erz geschmolzenes Eisen hingegen galt als Instrument des Bösen. Diese Symbolik verweist auf die niedere Stellung des Eisens im Vergleich zu KUPFER und BRONZE oder gar Gold, alles Metalle, die zur Herstellung von Kultgegenständen bevorzugt wurden.

Steine mit religiöser und ritueller Symbolik sind der blaue, mit dem Himmel assoziierte LAPISLAZULI, der TÜRKIS, ein altmexikanisches Symbol für Sonne und Feuer, und der mit spiritueller Vollkommenheit gleichgesetzte KRISTALL. Letzterer verkörpert auch einen Blick hinter die materielle Welt und war ein Zeichen schamanischer Kräfte; daher das Motiv der (gläsernen) Schuhe.

Uralte Schmelztechniken und das Bemühen, niedere Metalle zu veredeln, ließen die Metallurgie zu einer Allegorie der geistigen Reinigung werden. Gold wurde zum Symbol für das Ziel des Verwandlungsprozesses.

Dass Mineralien von strahlendem Glanz in der Erde eingebettet waren, war für die Menschen der Frühzeit ein Wunder und ein Beweis dafür, dass die göttliche Energie auch in der Erde wirkte, wo sie vollkommene Steine aus Licht hervorbrachte. Folglich wurden EDELSTEINE zu einem Symbol von Erleuchtung, Reinheit, Verfeinerung, Erhabenheit und Haltbarkeit. Man schrieb ihnen magische Heilungs- und Schutzkräfte zu. In den Religionen des Ostens verkörpern sie die Schätze des spirituellen Wissens und der Vereinigung mit dem Göttlichen (das Juwel im Lotos). Mit jedem Edelstein verbinden sich bestimmte Assoziationen. Allgemein dachte man bei reflektierenden und transparenten Steinen an die weissagende Magie (das Hellsehen), bei roten an Leidenschaft und Vitalität.

Die Fruchtbarkeitssymbolik des SMARAGDS ist wahrscheinlich von seiner grünen Farbe abgeleitet. Er spielte eine große Rolle in der Mythologie der Azteken, die ihn mit dem grün gefiederten Quetzal, dem Vorboten des Frühlings, und daher auch mit dem Heldengott Quetzalcoatl assoziierten. Hier und anderswo hatte er Bezüge zu Mond, Regen, Wasser und dem Osten. Im Christentum ist er ein Symbol von Unsterblichkeit, Glaube und Hoffnung, ferner der Stein des Papstes. Im Volksglauben dient er als heilendes Amulett; hier vermischt sich seine Fruchtbarkeitssymbolik mit okkulten Kräften, die guten und bösen Zwecken dienen können. Sie beziehen sich auf die Legende, er sei ein aus der Krone Luzifers gefallener Stein der Unterwelt.

Der DIAMANT symbolisiert strahlenden Glanz, Beständigkeit und Aufrichtigkeit. Als ebenso strahlender wie harter Stein hat er oft eine spirituelle Dimension, besonders in Indien und Tibet, wo der Diamantthron des Buddha ein Bild der Erleuchtung und der unveränderlichen Mitte, das Diamantzepter (Vajra) ein tantrisches Symbol der göttlichen Macht ist. In Europa steht der Diamant für Unbestechlichkeit und damit für Tugenden wie Aufrichtigkeit und Beständigkeit, daher rührt seine häufige Verwendung auf Verlobungsringen.

Der RUBIN steht für Liebe, Lebenskraft, Tapferkeit und königliche Würde. In Indien, Burma, China und Japan ist er der Stein des Glücks und des langen Lebens. Seine Farbe, die von Rosarot bis zu dem tiefen Purpurrot (»Taubenblutrot«) der

Die zwölf Edelsteine auf dem Brustschild des jüdischen Hohenpriesters waren ein Symbol für Wahrheit. Der Schmuck, den Salome hier bei ihrem Tanz vor Herodes trägt, dient allerdings eher der Verführung.

DIE HIMMLISCHE PERLE

Die Perle ist das Symbol von Licht und Weiblichkeit. Ihr zarter Glanz wird mit dem leuchtenden Mond assoziiert, ihre Herkunft aus dem Wasser mit der Fruchtbarkeit, ihr geheimes Leben in der Muschel mit einer wundersamen Geburt oder Wiedergeburt.

Aufgrund ihres verborgenen Lichts wurde die Perle auch zu einem Symbol der spirituellen Weisheit und des esoterischen Wissens. Als Form des himmlischen Lichts ist sie das dritte Auge von Shiva und des Buddha. Der asiatische Brauch, dem Verstorbenen bei der Bestattung eine Perle in den Mund zu legen, verweist auf die symbolische Kraft der Verwandlung. Im Islam sind die Seligen im Jenseits von Perlen umschlossen; in der Johannes-Apokalypse bilden Perlen die Tore des »himmlischen Jerusalem«.

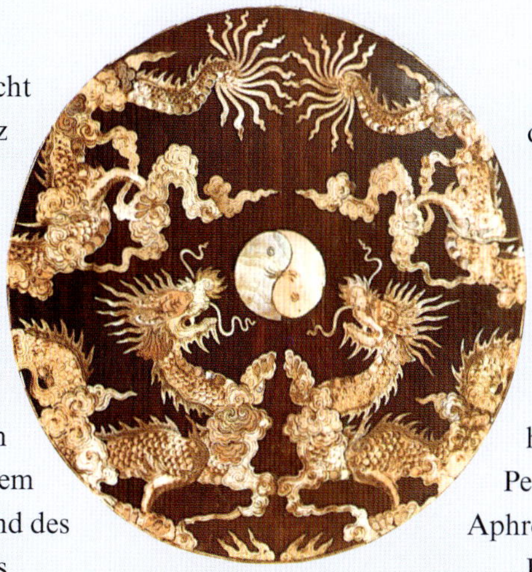

Als symbolische Vereinigung von Feuer und Wasser ist die Perle ein fernöstliches Emblem für Yin und Yang. Auf dieser Einlegearbeit aus Perlmutt ist sie zudem ein Symbol für den Blitz, die beiden Drachen sind der Donner.

Auch ein medizinischer Wert wird der Perle zugeschrieben. Die Römer, die sie mit der Göttin Isis assoziierten, benutzten sie als Talismane gegen so unterschiedliche Gefahren wie Haie und den Wahnsinn. Noch heute gelten pulverisierte Perlen in Indien als Allheilmittel. In der Antike waren Perlen das Zeichen der Liebesgöttin Aphrodite (Venus), sie können aber auch Reinheit und Unschuld symbolisieren. Als Sinnbild von Tränen waren sie ein problematischer Brautschmuck; besonders eine zerrissene Perlenkette galt als schlechtes Omen. Nicht nur in der Antike galten sie auch als Zeichen des Wohlstands. Es heißt, Kleopatra habe einen Perlenohrring in ihren Weinkelch fallen lassen und dann geschluckt, um Antonius ihren Reichtum zu demonstrieren.

---

wertvollsten Rubine variiert, bezog man in der Antike auf den grimmigen Kriegsgott Ares (Mars), aber auch auf Kronos (Saturn), dem Begründer des Goldenen Zeitalters, der die Leidenschaft dämpft. Man glaubte, der Rubin entflamme die Liebenden und leuchte im Dunkeln. In der Homöopathie galt der Rubin als Mittel gegen Blutverlust und Melancholie. Erscheint er in Märchen und Sagen auf der Stirn eines Drachen, ist er ein Symbol für Feuer.

Der AMETHYST symbolisiert Mäßigkeit, Seelenfrieden, Demut und Frömmigkeit, wodurch er gut zum Zeitalter des Wassermanns passt. Bischöfe trugen ihn wegen seiner bescheidenen violetten Farbe; die Griechen glaubten, er fördere die Nüchternheit – *amethystos* bedeutet »nicht trunken«. Als Talisman soll er für angenehme Träume sorgen.

Der SAPHIR ist ein Symbol von himmlischer Harmonie, Frieden, Wahrheit und Heiterkeit. Als Juwel des Himmels ist er im Hinduismus dem Planeten Saturn geweiht und daher auch ein Symbol für Selbstbeherrschung.

Die Herzform dieser Brosche verweist auf die symbolische Bedeutung des Rubins als Stein der Liebenden. Der Rubin der Katharina von Aragon, heißt es, sei verblasst, als sie bei Heinrich VIII. in Ungnade fiel.

DIE WELT DER GEGENSTÄNDE

Künstler und Handwerker schaffen nicht nur konkrete Bilder von aus der Welt der Natur stammenden Symbolen, sie geben vielen Gebrauchsgegenständen auch eine symbolische Form. Das Spektrum der Ausdrucksformen reicht von der Architektur großer Tempel und öffentlicher Gebäude bis zu ganz einfachen Sachen wie Waffen, Kleidern oder alltäglichen Gebrauchsgegenständen. Viele von Menschenhand geschaffene Dinge sind sehr empfänglich für symbolische Zwecke. Ein Beispiel ist die Fahne, die ursprünglich der Identifikation diente, aber bald zu einem geweihten Symbol der Souveränität wurde. Weniger offensichtlich ist die Verwandlung der Tabakspfeife in das Kalumet, die zeremonielle Pfeife der nordamerikanischen Indianer. Es symbolisiert die Einheit von Natur und Geist, von Mensch und Gottheit. War sein Stiel mit weißen Federn geschmückt, war es ein Zeichen für Frieden, rote Federn standen für Krieg. Allgemein war es ein Zeichen der Gastfreundschaft. Sein den Lebenshauch symbolisierender Rauch wurde rituell gegen den Himmel, die Erde und in die vier Himmelsrichtungen geblasen.

Wie das Kalumet weniger eine Pfeife als ein rituelles Instrument war, so war der unten abgebildete Jaguarthron weniger ein Sitz als ein Symbol der Macht eines Maya-Häuptlings.

Gebetsfahnen säumen den Weg zu einem Kloster in der ladakhischen Hauptstadt Leh. Die unsichtbare Luftströmung, die sie bewegt, symbolisiert eine Welt jenseits des Sichtbaren. In der Frühzeit dienten Fahnen zur Kommunikation mit den Göttern oder den Geistern der Elemente.

MONUMENTE UND GEBÄUDE

Seit jeher wird die funktionale Form von Sakralbauten entscheidend von deren symbolischem Zweck als Repräsentation der göttlichen Macht und Ordnung beeinflusst. Das gilt für einfache Tempel ebenso wie für die stufenförmigen Zikkurats, Stupas und Pagoden Asiens oder die prächtigen europäischen Kirchen aus der Zeit von Romanik, Gotik, Renaissance und Barock.

In Ägypten war die PYRAMIDE als »Hügel aus Licht« ein Symbol der schöpferischen Kraft der Sonne und der Unsterblichkeit von deren irdischem Vertreter, des in ihr bestatteten Pharaos. Es war der als Hohepriester des Sonnengottes Re fungierende Architekt Imhotep, der sie aus der konventionellen, mit einem Flachdach versehenen Grabform entwickelte. Imhoteps Grabmal für den Pharao Djoser war noch stufenförmig, spätere Architekten vervollkommneten die heute bekannte Form der Pyramide, deren das Licht reflektierende Kalksteinverkleidung ihre Symbolik noch verstärkte. Sie erinnerte an den Urhügel der ägyptischen Kosmogonie, auf den als Erstes das Licht

STUPAS UND PAGODEN

Der ursprünglich kuppelförmige STUPA ist ein Symbol für die Stufen der spirituellen Entwicklung nach der Lehre des Buddha. Seine vom einfachen Hügelgrab abgeleitete Grundform besteht aus einer runden oder quadratischen, die Erdfläche symbolisierenden Basis. Darüber erhebt sich eine Kuppel (das kosmische Ei), gekrönt von einem Balkon, der die 33 von Shiva regierten Himmel darstellt. Überragt wird das Ganze von einem axialen Pfosten mit Ringen oder Schirmen, die den Aufstieg und die Befreiung des Buddha aus dem Kreislauf des Lebens symbolisieren.

Ein verwandter buddhistischer Sakralbau ist die PAGODE, ein vertikaleres Symbol des Buddha und der stufenweise fortschreitenden Erleuchtung. Die in Südostasien, China und Japan verbreitete Stockwerkpagode ist von einem Tempel in der Nähe des indischen Peschawar abgeleitet. Dieser war der Prototyp für den konischen Stupa, der ein architektonisches Diagramm des Kosmos darstellt. Die sich nach oben verjüngenden Etagen repräsentieren die Stufen des Weltenbergs oder die Erde und Himmel verbindende Achse. Das Wort *pagoda* ist wahrscheinlich eine portugiesische Verballhornung des Sanskrit-Wortes *bhaggarat* (»heilig«). Die älteste erhaltene Pagode stammt aus dem 6. Jahrhundert.

Die Thieu-Mu-Pagode in Vietnam stellt die einfachste Form des Tempelbergs dar. Sich verjüngende Stockwerke symbolisieren die spirituelle Entwicklung.

In der hebräischen Überlieferung ist die größte Zikkurat Babylons, der »Turm von Babel«, ein Symbol menschlicher Hybris und Torheit, weil er die symbolische Achse zwischen Erde und Himmel ins Maßlose übertreibt.

der Schöpfersonne fällt. Mit ihrer massigen Wucht war die Pyramide ein für die Ewigkeit geschaffenes Bauwerk, dessen Beständigkeit den Tod negierte.

Die ZIKKURAT, ein massiver mesopotamischer Stufentempel aus Ziegeln, symbolisierte einen heiligen Berg. In spiritueller Hinsicht waren die zwischen 2200 und 500 v. Chr. entstandenen Bauten ein Symbol des menschlichen Aufstiegs (konkret waren die Geschosse durch Treppen verbunden) und der Hoffnung, dass die Gottheit, der der jeweilige Tempel geweiht war, zu dessen Spitze herabstieg. Die bekannteste Zikkurat ist der Babylonische Turm, der Turm zu Babel. Die sieben Ebenen der Zikkurat stellten die sieben Himmel und Ebenen der Existenz dar. Die architektonisch verwandten Stufentempel in Mittelamerika hatten auch eine planetare Symbolik.

Die STIFTSHÜTTE der Juden galt als irdischer Thron oder Aufenthaltsort Gottes. Nach der Bibel war es Moses, der das Zeltheiligtum Israels während der Wüstenwanderung nach präzisen geometrischen Regeln in der Wildnis errichten ließ. Als Symbol des Kosmos barg es das Allerheiligste mit der Bundeslade, der man sich durch eine Reihe mit Vorhängen verkleideter, zunehmend heiliger Räume näherte.

Der PFEILER symbolisiert Stabilität, also die Vorstellung, auch angesichts von Not und Veränderungen standzuhalten. Im Altertum repräsentierte er oft auch die göttliche Kraft und Autorität oder die Lebensenergie. Der ägyptische Djed-Pfeiler, der später mit vier Kapitellen geschmückt war, galt als Wirbelsäule des Gottes Osiris, die den Energiestrom zwischen Himmel und Erde kanalisierte. Auch mesopotamische und phönizische Gottheiten wurden oft durch Pfeiler repräsentiert, die manchmal mit ihren Symbolen wie dem gehörnten Kopf des großen akkadischen Gottes Ea geschmückt waren. In Karthago symbolisierten drei Pfeiler den Mond und dessen Phasen. Auch in den präkolumbischen Kulturen Amerikas war der Pfeiler ein Symbol der Kommunikation mit übernatürlichen Kräften. So gab es im peruanischen Machu Picchu ein Ritual, bei dem die Inkapriester ihren Sonnengott an einen Pfeiler »fesselten«.

Der OBELISK (griech. Spitzsäule) war ein Symbol des ägyptischen Sonnengottes Re. Die pyramidenförmige Spitze des rechteckigen, sich verjüngenden Monuments war dazu gedacht, das Licht aufzufangen und zu spiegeln.

Ein zerbrochener Pfeiler oder Stab war nicht nur in der europäischen Kunst, sondern auch bei den Aborigines ein Symbol von Tod und Chaos.

In Sagen symbolisiert die Burg das Ziel der spirituellen Suche, in der Kunst auch die standhaft verteidigte Keuschheit.

LAMPEN UND GEBRAUCHSGEGENSTÄNDE

Die positive kosmische Symbolik des Lichts verbindet sich mit vielen Gebrauchsgegenständen. Als Bild des geistigen Lichts im Dunkel der Unwissenheit ist die KERZE ein wichtiges christliches Ritualobjekt. Sie steht für Christus, seine Kirche, für Freude, Glaube und das öffentliche Zeugnis. Auf einer menschlicheren Ebene wurde die kurzlebige Kerze und ihre leicht verlöschende Flamme zu einer Metapher für die einsame, hinaufstrebende menschliche Seele. Die LAMPE oder LATERNE symbolisiert Geist, Wahrheit und Leben. Das arabische Märchen von Aladin, der seine Wunderlampe verrosten lässt, nachdem sie ihm Reichtum gebracht hat, ist eine Allegorie der Vernachlässigung der spirituellen Seite des Lebens.

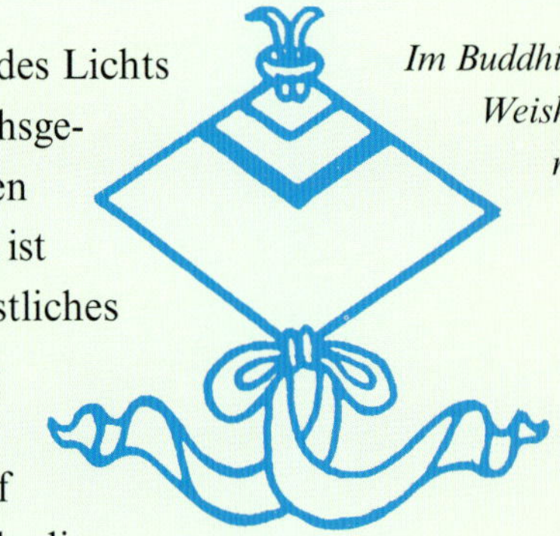

Im Buddhismus ist der Spiegel ein Symbol für Weisheit, allgemein auch ein Bild der Aufrichtigkeit und der ehelichen Harmonie und ein Talisman gegen das Böse.

In Schreinen und auf Altären sind Lampen ein Symbol für die Andacht wie auch für die Gegenwart der Gottheit. In der Kunst verweisen sie auf die Wachsamkeit.

Der SPIEGEL ist ein Haushaltsgegenstand mit einer breit gefächerten Symbolik. Er repräsentiert Wahrhaftigkeit, Selbsterkenntnis, Reinheit, Erleuchtung und Weissagung. Seine positive Bedeutung leitet sich von seiner uralten Assoziation mit dem Licht ab, besonders mit dem der spiegelgleichen Scheiben von Sonne und Mond, die, wie man glaubte, das Göttliche zur Erde reflektierten. Damit verbunden ist der Glaube, böse Geister scheuten sich vor Spiegeln und hätten als Wesen der Finsternis kein Spiegelbild. In der europäischen Kunst erscheint der Spiegel zwar auch als negatives Symbol von Stolz, Eitelkeit und Wollust, öfter jedoch symbolisiert er die Wahrheit; daher der alte Spruch: »Ein Spiegel lüge nicht.« Die philosophische Bedeutung des Spiegels als Symbol der kritischen Betrachtung des eigenen Lebens findet sich in vielen asiatischen Traditionen, besonders in der japanischen Mythologie und Religion.

Fast überall hat der Spiegel auch eine Verbindung zur Magie. Bei der Weissagung hat er die Funktion, vergangene, zukünftige und gegenwärtige Ereignisse zu reflektieren. Der weit verbreitete Aberglaube, ein zerbrochener Spiegel bringe sieben Jahre Unglück, ist mit der uralten Vorstellung

Ein wichtiger Kultgegenstand der jüdischen Religion ist der siebenarmige Leuchter Menora. Die Zahl Sieben symbolisiert hier die Planeten, die Wochentage und die sieben Ebenen des Himmels.

verbunden, das Spiegelbild eines Menschen enthalte Teile von dessen Lebenskraft oder eine »Zwillingsseele«.

Behälter mit weiblicher Symbolik wie SCHALEN, URNEN und VASEN sind in der Kunst und bei Bestattungsriten oft ein Sinnbild des ewigen Lebens. Ein Becher mit einer speziellen Symbolik ist der KELCH, der in der Gralssage eine zentrale Rolle spielt. Er symbolisiert das Trinken von Erleuchtung und Wissen, von Erlösung und damit Unsterblichkeit. In der Kunst ist er ein Symbol des Glaubens und das Attribut mehrerer Heiliger.

Der PFLUG ist im Alten Testament ein Friedenssymbol. Als phallisches Gerät, das in die weibliche Erde eindringt, steht er allgemein auch für die männliche Fruchtbarkeit. Das rituelle Pflügen durch den neuen chinesischen Kaiser symbolisierte dessen Verantwortung für die Fruchtbarkeit des Landes. Bei den nomadischen Völkern galt das Pflügen als eine Verletzung der Unversehrtheit der Mutter Erde. Das JOCH wurde zu einem Symbol der Unterdrückung, weil etwa die Römer Kriegsgefangene erniedrigten, indem sie sie unter einem jochförmigen Aufbau hindurchmarschieren ließen.

DER MAGISCHE KESSEL

Die alten Bezüge des Kessels zur Magie sind wahrscheinlich auf seine Fähigkeit zurückzuführen, erstaunliche Mengen an Speisen hervorzubringen und alltägliche Nahrungsmittel in gastronomische Köstlichkeiten zu verwandeln. Von dieser Vorstellung ist es nur ein kleiner Schritt bis zu dem Glauben, im Kessel könne man Zaubertränke oder Hexensuppen brauen. Zum breiten Spektrum seiner symbolischen Bedeutungen gehören Begriffe wie Verwandlung, Keimen, Fülle und die Möglichkeit der Wiedergeburt und der Verjüngung. In der griechischen Mythologie verspricht die rachsüchtige Zauberin Medea den Töchtern des thessalischen Königs Pelias, ihren Vater zu verjüngen, worauf ihn diese in Stücke schneiden und in einen Kessel werfen. Thetis, die Mutter des Achilles, verliert mehrere ihrer Kinder, als sie sie in einen Kessel steckt, um festzustellen, ob sie ihre eigene Unsterblichkeit geerbt haben oder sterblich sind wie ihr Vater. In einem kirgisischen Epos erscheint ein blutrünstiger Kessel, den der Held vom Grund des Ozeans bergen muss. Auch in keltischen Mythen spielen versunkene Kessel eine Rolle. Der wertvollste Besitz des irischen Vatergottes Dagda ist der Leben spendende Kessel Undry, der nie leer wird. Die Hexen

Eine Reihe christlicher Heiliger hat nach der Legende in Kesseln den Märtyrertod gefunden. Der Evangelist Johannes soll diese Prüfung überlebt haben.

in Shakespeares *Macbeth* werfen Molchaugen und Froschbeine in ihren Kessel, um ihr magisches Gebräu herzustellen. Der Gebrauch des Kessels als Folterinstrument machte ihn auch zu einem Symbol von Initiation, Prüfung und Bestrafung.

WAFFEN

Früher, als das Leben noch recht unsicher war, waren WAFFEN ein notwendiges Verteidigungswerkzeug. Manche, wie Hammer und Axt, hatten neben ihrem zerstörerischen auch einen schöpferischen Charakter. Die Symbolik von Waffen ist daher nur selten rein aggressiv. Oft assoziiert man sie mit Wahrheit, geistigem Streben und anderen Tugenden. In Sagen und Märchen werden Helden magische Waffen verliehen. Nicht selten wurden Waffen, wie der Amtsstab Mace im britischen Unterhaus, zu einem zeremoniellen Symbol von Autorität oder Gerechtigkeit. Auf Allegorien des Friedens erscheinen zerbrochene oder brennende Waffen.

Der HAMMER ist ein Symbol der männlichen Stärke. Verbindungen bestehen zur Kraft der Sonne und zu Kriegsgöttern, aber auch zu Göttern des Handwerks, die ihn eher als Werkzeug denn als Waffe benutzen. Selbst der wuchtige Steinhammer des nordischen Gottes Thor erscheint als schützendes Emblem auf Grabsteinen und als Autoritätssymbol auf Eheverträgen. In den Händen des griechischen Gottes Hephaistos (Vulkan) ist der Hammer ein Symbol der göttlichen Kunstfertigkeit und der schöpferischen Kraft, die den Meißel treibt und Metalle formt. Dieselbe Bedeutung hat er bei den Freimaurern, wo er als Attribut des Logenmeisters ein Symbol für schöpferische Intelligenz ist. In China galt der Hammer als Sinnbild der Kraft des Herrschers, die Gesellschaft zu formen. Sein zerstörerisches Potenzial verband sich in China wie in Indien mit der Bezwingung des Bösen. Eine ähnliche Doppelfunktion hat die KEULE, die in der Kunst auf Brutalität oder auf Heldentum verweisen kann.

Als geräuschvolles Werkzeug war der Hammer bei den Kelten ein Symbol des Donners, der Fruchtbarkeit, des Regens und des brechenden Eises im Frühling.

Mit der Lanze, hier von einem italienischen Fürsten des 15. Jahrhunderts getragen, verbindet sich die Symbolik des Ritters, der als Meister der Reitkunst und der Waffen auch ein Ehrenmann ist.

Die AXT ist ein nahezu universelles Symbol der maßgebenden Macht, das mit den alten Sonnen- und Sturmgöttern und mit der Autorität des Herrschers assoziiert wurde. Die Funken, die sie bei ihrem donnernden Herabfallen schlägt, verweisen auf ihren symbolischen Bezug zum Feuer und zu der schöpferischen, fruchtbaren Gewalt des Donnerkeils. In Westafrika diente die Axt konkret zur Beschwörung von Donner und Regen. Im Mittleren Orient verwendete man Äxte, um Opferrindern den Schädel zu spalten. Die Axt ist das Attribut mehrerer christlicher Märtyrer, zum Beispiel des heiligen Matthias, der enthauptet wurde. Im Buddhismus repräsentiert sie die gewaltsame Lösung eines Problems, indem sie den Kreislauf des Lebens durchtrennt, in China ist sie ein Symbol für die Einheit der Familie. In der griechischen Mythologie heilt sie den Kopfschmerz des Zeus, aus dessen gespaltenem Kopf Athene geboren wird. Die Doppelaxt, die sich auf manchen minoischen Bausteinen findet, sollte möglicherweise den Schutz des Zeus beschwören. Ihre doppelte, halbmondförmige Rundung kann aber auch für die Versöhnung der Gegensätze stehen.

Bis ins 20. Jahrhundert war die LANZE eine typische Waffe der Kavallerie. Sie ist ein Symbol für Tapferkeit und für das Leiden des Gekreuzigten, dem ein römischer Soldat mit der Lanze in die Seite sticht. Wie der SPEER steht sie zudem allgemein für die männliche, phallische und irdische Kraft. Der zerbrochene Speer ist ein Attribut des heiligen Georg und ein Symbol des erfahrenen Soldaten.

Subramanja, der vedische Siegesgott, ist einer von mehreren Kriegsgöttern, die in der indischen Ikonografie auf einem Pfau reiten. Die Vielzahl seiner Arme und Waffen symbolisiert seine unbesiegbare Kraft.

Der DREIZACK, der schon auf Bildern der minoischen Kultur zu finden ist, symbolisiert die Kraft der Meeres. Er ist das Attribut von Poseidon (Neptun) und, in neuerer Zeit, der Britannia als Beherrscherin der Wellen.

PFEIL UND BOGEN

Der BOGEN symbolisiert gespeicherte Energie, Willenskraft, Ehrgeiz, göttliche oder weltliche Macht und dynamische, vor allem sexuelle Spannung. – Jahrtausendelang die wirkungsvollste Fernwaffe der Menschheit, ist der Bogen ein Symbol für Krieg und Jagd. Die zu seiner Beherrschung notwendigen Fähigkeiten haben ihm seine tiefere Bedeutung verliehen. Vor allem im Orient repräsentiert er geistige Disziplin und jene Kombination aus Kraft und Gelassenheit, die als eine der Samurai-Tugenden galt. Bei Homer dient er als Test für die Fähigkeit zu herrschen: nur Odysseus kann auf Ithaka den Bogen spannen. Als Symbol der befruchtenden Sonnenkraft ist er zudem ein Attribut des griechischen Lichtgottes Apoll. In der Kunst symbolisieren Liebesgötter mit Bogen die erotische Spannung.

Der Triumph der Liebe über den Krieg war ein Lieblingsmotiv der Renaissance. Auf diesem Gemälde von Gherardo wird die Liebe allerdings von der Keuschheit besiegt, an deren Schild der Pfeil Cupidos zerbricht.

Das Licht, der Tod, die menschliche oder göttliche Liebe, die Erkenntnis – all dies kann in der symbolischen Form des PFEILS in uns eindringen. Pfeile sind ein Bild für die Sonnenstrahlen und für den süßen Liebesschmerz. Im Hinduismus steht ihr phallischer Charakter im Vordergrund, im Islam stehen sie für den Zorn Allahs, im Christentum für Märtyrertum und Tod, vor allem, wenn dieser durch Blitzschlag oder rasch zupackende Krankheiten wie die Pest verursacht wird. Gebündelte oder (wie bei den nordamerikanischen Indianern) zerbrochene Pfeile repräsentieren den Frieden. Im Schamanismus sind gefiederte Pfeile ein Symbol des Aufstiegs.

Jenseits seiner offenkundig aggressiv-beschützenden Funktion ist das SCHWERT ein wichtiges Symbol für Autorität, Gerechtigkeit, Verstand und Licht. Eine Erklärung für seine ungewöhnlich reiche Symbolik liegt in der geheimnisvollen Kunst des Schwertschmiedens. Bemerkenswert starken, scharfen und gut in der Hand liegenden Schwertern schrieb man übernatürliche Kräfte zu, weshalb sie häufig auch als magisches Emblem erscheinen. Das Zauberschwert Excalibur der Artussage ist nur ein Beispiel für die vielen Legenden, in denen eine solche Waffe nur von einem Mann von besonderer Tugend und geistiger wie physischer Kraft geführt werden kann.

Ein Ritter der Tafelrunde bringt der Herrin vom See das Schwert Excalibur zurück, das Artus von ihr als Zeichen seiner Eignung als Herrscher erhalten hat. Französische Illumination aus dem 14. Jahrhundert.

Besonders in Japan und bei den religiösen Ritualen der Kreuzzüge hatte das Schwert nicht nur eine militärische, sondern auch eine kultische Funktion, zum Beispiel beim Ritterschlag. Ein Schwert, das der Sage nach aus dem Schwanz einer achtköpfigen Schlange gezogen wurde, gehört zu den drei Insignien des japanischen Reichsschatzes. In der Kunst ist das Schwert ein Attribut der Allegorien von Gerechtigkeit, Beständigkeit, Tapferkeit und Zorn, aber auch des heiligen Paulus, der das Wort Gottes als Schwert des Geistes bezeichnet hat. Das zweischneidige Schwert ist ein spezifisches Symbol der göttlichen Weisheit und Wahrheit, zum Beispiel in der Johannes-Apokalypse, wo es aus dem Mund Christi hervorkommt (1,16). Aufgrund der ähnlichen Form ergibt sich hier eine Verbindung zu der herausgestreckten Zunge, die ebenfalls als Weisheitssymbol verwendet wurde. Im Buddhismus ist das Schwert ein Bild der Weisheit, die die Unwissenheit durchschneidet. Der hinduistische Gott Vishnu erscheint mit dem Flammenschwert des Wissens.

Die flammengleiche Form des zweischneidigen Schwertes wird außerdem mit dem Vorgang der Reinigung assoziiert, zum Beispiel in der Alchemie, wo das Schwert ein Symbol des Feuers ist. Um Reinheit geht es auch bei den Cherubim, die mit ihrem Flammenschwert den Eingang des Gartens Eden bewachen (Genesis 3, 24).

Liegt zwischen Mann und Frau im Bett ein Schwert wie in der Sage von Tristan und Isolde, so ist es ein Symbol der Selbstdisziplin und der Trennung. Der Tyrann Dionysios I. von Syrakus soll seinen Günstling Damokles an die Unsicherheit seiner Position erinnert haben, indem er über seinem Kopf ein Schwert aufhängen ließ, das nur von einem Pferdehaar gehalten wurde.

Als Symbol der Gerechtigkeit wird das Schwert oft mit der Waage kombiniert. Es ist ein Attribut des Erzengels Michael und erscheint auf Darstellungen des Jüngsten Gerichts als Symbol der Vergeltung im Kontrast zur Lilie. In der chinesischen Traumdeutung heißt es, wenn eine Frau ein Schwert aus dem Wasser ziehe, so werde sie einen Sohn gebären; falle das Schwert hingegen ins Wasser, so kündige sich ihr Tod an.

Der orientalische Krummsäbel, den dieser Mogulfürst des 15. Jahrhunderts hält, symbolisiert seine führende Rolle als Krieger des einzigen wahren Gottes des Islam.

ARCHE, RAD UND WAGEN

Für Errettung und Erneuerung steht die ARCHE, ein Boot, das angesichts einer Sintflut den Fortbestand des Lebens sichert. Dieses Bild findet sich bei vielen Völkern der Welt, zum Beispiel im mesopotamischen Gilgamesch-Epos. In der christlichen Tradition steht die Arche für die Kirche, in der Heilige und Sünder ihren Platz finden, für die ihren Sohn tragende Maria und für Christus als Erlöser. Die Bundeslade der Israeliten, ein Kasten aus vergoldetem Akazienholz und ein Symbol des göttlichen Schutzes, wird auch als »Arche des Heils« bezeichnet. Ein profaneres Bild ist das der Arche als der im All treibenden Erde.

Wie die Arche dient das RAD dem Transport, doch ist seine Symbolik wesentlich umfassender. Allgemein ist es ein solares Bild des kosmischen Schwungs, der unaufhörlichen Veränderung und der zyklischen Wiederholung. Die alten Ägypter verbanden die rotierende Töpferscheibe, von der das Wagenrad wahrscheinlich abstammt, mit der Entwicklung der Menschheit. Als das Rad um 2000 v. Chr. seine strahlenförmigen Speichen erhielt, wurde es zu einem noch überzeugenderen Bild der Sonne und der raschen Kreisbewegung. Mit der Einführung des Streitwagens, der eine enorme militärische Wirkung hatte, wurde das Rad zudem ein Symbol für Macht und Herrschaft, vor allem im Nahen Osten, in Indien und Asien.

Das Radkreuz, ein Kreuz innerhalb eines Kreises, ist älter als die Erfindung des Rades und auch im vorkolumbischen Amerika zu finden, wo das Rad unbekannt war. Es ist ein Symbol der Totalität (als Kreis) und der Aufteilung des Raums. Rad- und Raumsymbole sind manchmal schwer auseinander zu halten.

Die Arche Noah, hier in einer türkischen Handschrift des 16. Jahrhunderts, ist ein Beispiel für die mütterliche Symbolik des Bootes als Schutz des Lebens.

Die in der buddhistischen wie der hinduistischen Symbolik wurzelnde Gebetsmühle Tibets verbindet das Drehen des Rades mit dem Zyklus von Geburt, Tod und Wiedergeburt.

Mit dem Rad assoziierte Götter haben meist einen solaren oder allmächtigen Charakter. Im Vorderen Orient sind dies Assur, Shamash und Baal, in Griechenland Zeus, Apoll und Dionysos, in Indien Vishnu und Surya. In der Nacht der Sommersonnenwende ließ man früher brennende Räder von Anhöhen rollen, um den Sonnenwagen dazu zu bringen, über den Horizont zu rollen und am nächsten Morgen wieder zu erscheinen. In den phantastischen Visionen des biblischen Propheten Ezechiel tauchen immer wieder Räder auf, und zwar als Symbole der göttlichen Allmacht Jahwes, der Unerbittlichkeit seiner moralischen Gebote und des Pfades, dem seine Engel unbeirrbar folgen.

In der buddhistischen Ikonografie nimmt das sich drehende Rad als Symbol des unerbittlichen Lebensgesetzes eine zentrale Position ein. Solange der Mensch seinen Illusionen verhaftet bleibt, trägt ihn das Rad des Lebens in einem ewigen Zyklus von einer Inkarnation zur anderen. Nur das Rad der Lehre, dessen unbewegliches Zentrum der Buddha darstellt, kann ihn von seiner Selbsttäuschung befreien. Auch im Taoismus ist die Achse des Rades ein Symbol des Weisen, der das ruhige Herz der sich drehenden Welt erreicht hat. Mit der Symbolik des Rades sind schließlich auch die wichtigsten symbolischen Blumen des Ostens und Westens verbunden. Die rotierenden Chakren, die den Fluss der spirituellen Energie kontrollieren, werden im tantrischen Buddhismus oft als Lotosräder dargestellt; die Fensterrosen der Kathedralen sind radförmige Symbole der spirituellen Entwicklung.

DER FEURIGE WAGEN

In der frühen Ikonografie ist der Wagen ein dynamisches Herrschaftssymbol. Weithin veranschaulicht er die Überlegenheit und Beweglichkeit von Göttern und Helden oder die geistige Autorität religiöser und allegorischer Gestalten. Dass er ein Symbol des Triumphs ist, liegt wohl nicht zuletzt an der enormen Schlagkraft der zentralasiatischen Kriegervölker, die ab 2000 v. Chr. mit ihren Streitwagen in fremde Kulturen einfielen. In einem von Carl Gustav Jung aufgegriffenen Bild aus der hinduistischen Mystik sind Wagen und Lenker ein Symbol des Selbst: der Wagenlenker (das Denken) benutzt die Zügel (Willenskraft und Intelligenz), um die Rösser (die Lebenskraft) zu zähmen, die den Wagen (den Körper) ziehen. Auch in moralischen Allegorien wird der Wagen zu einem Bild der triumphalen Reise des Geistes, eine Symbolik, die der Film *Chariots of Fire* (dt. *Die Stunde des Siegers*) wieder aufgegriffen hat. Ein »feuriger Wagen« trägt den Propheten Elija gen Himmel (2. Könige 2,11). Mit der Symbolik des Rades verbunden sind die Wagen von Sonnengöttern wie Helios und Mondgöttinnen wie Diana; das Grollen des Donners ließ an die Räder der Wagen von Gewittergöttern wie Thor denken. Allegorische Gestalten sind oft an der Symbolik der Tiere erkennbar, die ihren Wagen ziehen. So wird die Keuschheit von Einhörnern gezogen, die Ewigkeit von Engeln, der Tod von schwarzen Ochsen und der Ruhm von Elefanten.

Als Symbol der Macht der Venus dient auf dieser Illumination aus dem Rosenroman (14. Jahrhundert) ein Wagen, gezogen von weißen Tauben, den traditionellen Attributen vieler Liebesgöttinnen.

KLEIDER UND ACCESSOIRES

Dieser reich verzierte japanische Helm ist ein Symbol für die unsichtbare Kraft des Denkens, die er zugleich beschützt.

Dass KLEIDER den Menschen verwandeln können, das hat ihnen schon immer eine symbolische Bedeutung verliehen. Der MANTEL zum Beispiel ist ein Symbol der Metamorphose und der Verhüllung, weil man sich mit seiner Hilfe rasch umkleiden oder seine Gestalt verbergen kann. In germanischen und keltischen Sagen, besonders in denen Irlands, tauchen oft Zaubermäntel auf, die besondere Kräfte haben, darunter die der Unsichtbarkeit und des Vergessens. Eine andere Bedeutung ist die der Intrige, wie etwa in den sprichwörtlichen Mantel-und-Degen-Filmen.

Auch der HELM kann unsichtbar machen. Helden wissen die Kraft von Zauberhelmen zu schätzen, wie etwa Perseus, der darin die Medusa erschlägt. Symbolisch verweist diese Funktion auf den Verstand. Auch HÜTE und MÜTZEN sind ein fester Be-

GÜRTEL DER EHRE UND DER VERFÜHRUNG

In der älteren Bedeutung von Gurt und Schärpe hat der Gürtel eine vielfältige Symbolik erworben, weil er nicht nur dazu diente, die Kleidung zusammenzuhalten (daher ist er ein Zeichen der weiblichen Keuschheit), sondern auch zum Tragen von Waffen, Vorräten, Geld und Werkzeugen. Quittierte ein römischer Soldat den Dienst, so legte er seinen Gürtel beiseite, wogegen sich der Krieger »die Lenden gürtet«. Im erotischen Bereich ist er ein Zeichen der ehelichen Treue (in Rom überreichte der Bräutigam der Braut einen Wollgürtel), aber auch der Verführung: der Zaubergürtel der Aphrodite, hieß es, mache seine Trägerin unwiderstehlich. In der Mythologie sind Zaubergürtel ein Symbol der Stärke; der Gürtel Thors verdoppelt die Muskelkraft des Gottes. In Anlehnung an die reich geschmückten Gürtel der Ritterzeit wurden in England zeremonielle Gürtel als Zeichen der Ehre verliehen. Der Strickgürtel von Mönchen verweist auf den gefesselten und gegeißelten Christus; im Hinduismus ist der Gürtel aufgrund seiner Kreisform ein Symbol für die Zyklen der Zeit.

Die drei Knoten am Gürtel der Franziskaner sind ein Zeichen für den Gehorsam gegenüber Christus und dem Gelübde der Armut und Keuschheit. Porträt des Franz von Assisi aus dem 13. Jahrhundert.

Die phrygische Mütze, zur Römerzeit von befreiten Sklaven getragen, wurde zu einem französischen Symbol der Freiheit, deren Allegorie sie auf diesem Gemälde von Delacroix trägt.

standteil der Ikonografie. Oft werden sie mit Weisheit und hohem Rang assoziiert, besonders wenn sie hoch und konisch sind. Der spitze Hut des Zauberers symbolisiert dessen übernatürliche Kraft; die Narrenkappe mit ihren herab baumelnden Glocken ist sein spöttisches Gegenbild. Der TURBAN ist im Islam ein traditionelles Symbol des Gläubigen, bei den Sikhs ein Zeichen der persönlichen Ehre.

Der HANDSCHUH steht oft für die ausführende Hand selbst. In Zeiten, in denen die gehobenen Stände meist Handschuhe trugen, war er ein Zeichen des Versprechens. Das Ablegen des rechten Handschuhs symbolisierte Unterwerfung und demonstrierte, dass man für den Höhergestellten keine Bedrohung darstellte. Im Mittelalter war der Fehdehandschuh eine Aufforderung zum Kampf, in neuerer Zeit schlug man dem Kontrahenten mit dem Handschuh ins Gesicht, um ihn zum Duell herauszufordern. Wer einen Prozess verlor, hinterließ einen gefalteten Handschuh als Pfand dafür, dass er den Richtspruch befolgte. Beim Turnier war der Handschuh auch ein ritterliches Zeichen der Verehrung gegenüber einer Dame.

Eine reiche Symbolik hat auch der RING. Aufgrund seiner Kreisform ist er ein Zeichen von Vollendung, Stärke, Schutz und Beständigkeit, worauf auch die Verwendung als Verlobungs- und Ehering verweist. Die ältesten bekannten Ringe stammen aus Ägypten, wo sie persönliche Siegel oder Amulette trugen, Letztere meist in Form des Skarabäus, der das ewige Leben symbolisiert. Seit frühester Zeit ist der Ring auch ein Symbol der Autorität, des okkulten Schutzes und des persönlichen Versprechens. Der »Fischerring« des Papstes mit dem Bild des Apostel Petrus als Netzfischer, der beim Tod des Kirchenfürsten zerbrochen wird, ist das höchste Siegel der katholischen Kirche. Nonnen tragen einen einfachen Goldring als bindendes Symbol ihrer »Ehe« mit Christus.

In vielen Märchen und Sagen werden Ringe mit magischen Kräften und verborgenen Schätzen assoziiert, ein Motiv, das auf den Ring Salomos zurückgeht, der als Quell der übernatürlichen Kraft und Weisheit des Königs galt.

Der Skarabäus, hier auf einem königlichen Armreif, war im alten Ägypten ein solares Symbol, das auf Grabbeigaben als Zeichen der Kontinuität diente.

MASKEN

Nicht nur im Theater, auch im religiösen und rituellen Bereich sind Masken ein dramatisches Mittel zum Ausdruck symbolischer Inhalte. In frühen Kulturen dienten sie vorrangig dem Zweck, übernatürliche Kräfte zu repräsentieren oder den Schamanen, der sie trug, in den dargestellten Geist zu verwandeln. Die ältesten Tiermasken hatten offenbar die Funktion, den Geist des gejagten Tieres einzufangen, damit er dem Träger der Maske keinen Schaden zufügen konnte. Später dienten Masken als Totems. Sie verbanden den Stamm mit dem Geist eines Ahnen, der den Stamm schützen, dessen Feinde abschrecken, Dämonen und Krankheiten abwehren und die zaudernden Geister von Toten vertreiben sollte oder einfach als Objekt der Verehrung diente. Um die Krankheitsdämonen auszutreiben, trugen die Mitglieder des Falschgesichterbundes der Irokesen Masken, die den bösartigen Zwillingsbruder des Schöpfergottes darstellen sollten.

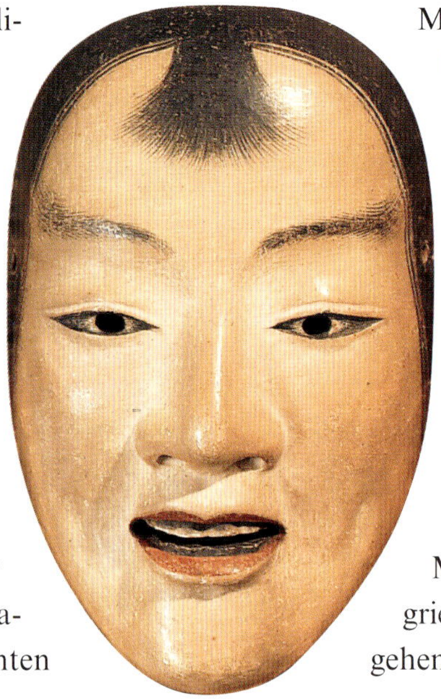

Im streng formalen No-Theater Japans haben die Masken eine stilisierte Farbsymbolik. Die Farben – Rot für Tugend, Weiß für das Laster, Schwarz für Schurkerei – sind Ausdruck der unveränderlichen Kräfte, die auf der transzendenten Ebene ebenso wirken wie im menschlichen Geist und Herzen.

In Ozeanien, Afrika und Amerika waren Masken auch ein Bestandteil der Initiationsriten, die den Übergang von der Kindheit zur Erwachsenenwelt markierten. Von den Alëuten ist ein Ritual bekannt, bei dem eine Todesmaske dazu diente, die Urangst vor dem Tod zu überwinden. Hochrangigen Toten wurden in der Antike Masken angelegt, um das Verfallen der Gesichtszüge zu verbergen, aber auch, wie im Falle der mykenischen Goldmasken, um dafür zu sorgen, dass die beim Tod befreite Seele später den Weg zurück zum Körper fand. Besonders im alten Ägypten war dies ein außerordentlich wichtiger Aspekt der Religion.

Die tragischen und komischen Masken, die beim Schauspiel der griechischen Antike getragen wurden, gehen auf Masken zurück, die zur Darstellung von Mythen dienten oder für die symbolische Gegenwart von Gottheiten standen, vor allem beim Fruchtbarkeitskult des Dionysos. Auch die Masken des japanischen No-Theaters (Sing- und Tanzspiel mit Orchesterbegleitung) könnten von Vorläufern abstammen, mit denen die Dämonen abgeschreckt werden sollten. Diese Funktion ist noch heute im chinesischen Drachen- und Löwentanz erhalten.

Allgemein symbolisieren Masken auch Verhüllung oder Illusion.

In Indien ist die Maske ein Symbol des »Schleiers der Maya«, der die Realität der Welt vor dem verbirgt, der die Maske Gottes nicht begriffen hat. In der europäischen Kunst ist die Maske den Allegorien der Falschheit, des Lasters und der Nacht zugeordnet.

Die prachtvollen chinesischen Prozessionsmasken sind aus frühen Masken hervorgegangen, die dämonische Geister abschrecken sollten, indem sie ihnen ein Spiegelbild ihrer eigenen Wildheit vorhielten.

EMBLEME DER MACHT

Das wichtigste und bekannteste Symbol der religiösen oder weltlichen Autorität ist die KRONE – ein Kopfschmuck, der den Träger ausweist, verherrlicht oder auch weiht. Sie stammt von der einfachen Form des KRANZES ab, der seine Symbolik von der Form des Kreises (Vollkommenheit) und des Rings (Kontinuität) bezieht. Herrscher schmückten sich mit Kränzen aus Gold oder Rosen, Stoffdiademen mit Juwelen oder prachtvollen Helmen mit Hörnern, Edelsteinen oder Federn. Die verschiedenartigsten Formen verschmolzen allmählich zu der mit Juwelen besetzten Metallkrone, die eine immer komplexere Bedeutung erhielt.

Museumsmodell eines Schamanen von der Nordwestküste Amerikas mit Stab und Krone aus Bärenklauen. Die beiden Machtsymbole, oft Ausdruck einer eher spirituellen denn weltlichen Autorität, waren in vielen Kulturen ein Zeichen des Schutzes, je nach der Art der integrierten Tier- und Menschenfiguren.

Die Dornenkrone Christi, später ein Attribut von Märtyrern, verweist auf den weitaus älteren Brauch, menschliche Opfer als Zeichen der Weihe zu krönen.

Ein weiteres traditionelles Autoritätssymbol ist der THRON, auf dem sich der Herrscher niederlässt. Ein Diamantthron ist im Buddhismus ein Sinnbild des Zentrums. Verstärkt wird die Symbolik des Throns durch zu ihm führende Stufen oder ein Podest (Erhöhung) und den Baldachin (himmlischer Schutz). Juwelen, Edelmetalle und Bilder solarer Geschöpfe wie Löwe oder Pfau sind dekorative Aspekte, die ihren eigenen Symbolgehalt zur Wirkung des Throns beitragen. Zu den bedrohlicheren Symbolen der Amtsgewalt gehören die römischen FASCES, ein Rutenbündel, in dessen Mitte ein Richtbeil steckt. Mussolini verwendete sie als zwingendes Symbol wie auch zur Benennung seiner politischen Ideologie, des Faschismus.

Auch der DRESCHFLEGEL war im alten Ägypten ein Symbol von Herrschaft und Rechtsprechung, darüber hinaus aber auch der Fruchtbarkeit. Dasselbe gilt für die PEITSCHE. Beim römischen Fest *lupercalia* rannten junge Priester umher und schlugen mit Riemen aus Ziegenhaut auf die Frauen ein, um deren eventuelle Unfruchtbarkeit auszutreiben. Jesus machte seine spirituelle Autorität geltend, indem er die Händler mit einer Peitsche aus dem Tempel vertrieb. Im Islam wird die Peitsche noch heute benutzt, allerdings oft eher symbolisch als zur körperlichen Bestrafung. Ein verwandtes Autoritätssymbol ist der in Afrika, China und Indien gebräuchliche FLIEGENWEDEL.

Der STAB ist ein altes Emblem übernatürlicher Kräfte, das mit der Stärke von Baum und Ast, dem Phallus, der Hand oder dem deutenden Finger assoziiert wird.

Die Kränze, die den Siegern der Olympischen Spiele der Antike verliehen wurden, waren bestimmten Göttern geweiht: der Olivenkranz dem Zeus, der Pinienkranz dem Poseidon und der hier dargestellte pythische Lorbeerkranz Apoll.

Aus einer deutschen alchemistischen Schrift des 17. Jahrhunderts stammt dieses Bild eines Adepten mit dem Doppelzepter des Geheimen Feuers.

Konkreter ist die Symbolik des CADUCEUS, eines von zwei Schlangen umwundenen Stabes. Als Heroldsstab des Merkur (Hermes) wurde er zum schützenden Attribut von Boten mit politischer oder kaufmännischer Mission. Mit der phallischen Symbolik des Stabes verbindet sich hier die von den beiden Schlangen gebildete Doppelspirale, so dass ein Bild der kosmischen Energie, der Dualität und der Vereinigung von Gegensätzen entsteht. In der Medizin taucht der Caduceus auf, weil die Schlange auch ein Symbol der Verjüngung ist.

Wie der AMTS- und BISCHOFSSTAB ist auch das königliche ZEPTER (nach dem lat. *sceptrum*, griech. *skeptron:* Stab, Stütze) aus einem Symbol der männlichen Fruchtbarkeit hervorgegangen. Es verweist auf die Macht des Herrschers, Recht zu sprechen und Strafen zu verhängen. Das Zepter des Pharao war daher mit dem Kopf des Kraft- und Kampfgottes Seth geschmückt. Auch andere Zepter beziehen sich auf die ebenso schöpferische wie zerstörerische Kraft des Donnerkeils, zum Beispiel das Diamantzepter der hinduistischen und buddhistischen Tradition (*vajra*, tibetisch *do-rje*). Es ist ein Symbol für die spirituelle Herrschaft, aber auch für die Weisheit des Mitgefühls.

Als Zeichen der umfassenden Macht ist das Zepter britischer Monarchen mit Kugel und Kreuz geschmückt. Schon in römischer Zeit symbolisierte die KUGEL, die dann im Mittelalter die Form des REICHSAPFELS annahm, die göttliche und kaiserliche Macht. Als Symbol der Totalität ist sie das Attribut allegorischer Gestalten mit universellem Charakter: Wahrheit, Ruhm, Glück, Gerechtigkeit, Philosophie und Künste.

Der russische Zar Alexej Michajlowitsch (1629–1676) mit seinen Insignien: der von einem Kreuz gekrönte Reichsapfel symbolisiert die Herrschaft Christi, das Zepter die weltliche Autorität des Herrschers.

MUSIKINSTRUMENTE

Die MUSIK wird in manchen Traditionen mit dem Ursprung des Lebens assoziiert, zum Beispiel im hinduistischen Indien, wo der Klang als urtümliche Vibration der göttlichen Energie gilt. Daraus ist die Sage von Krishna entstanden, der mit seiner FLÖTE die Welt erschuf.

Die ersten Formen der Musik, bestehend aus Rhythmen und der Imitation tierischer Laute und anderer natürlicher Geräusche, stellten im Grunde den Versuch dar, mit der Welt der Geister zu kommunizieren. Als sich komplexere Instrumente und Harmonien entwickelten, wurde die Musik zu einem Symbol der kosmischen Ordnung. In China und Griechenland ergaben sich Assoziationen zur Zahlensymbolik und – im Sinne einer »Harmonie der Sphären« – zu den Planeten. In der Lehre Platons entspricht der Kosmos einer Tonleiter; wie der Klang verschieden langer Saiten lässt die unterschiedliche Geschwindigkeit der Planeten eine göttliche Harmonie entstehen. Den Halbtönen der frühesten chinesischen Tonleiter wies man eine Yin- oder Yang-Eigenschaft zu, wodurch die Musik zu einem Symbol der Dualität wurde, die alle ursprünglich unvereinbaren Dinge zusammenhält. In der Kunst sind Musikanten und Musikinstrumente oft ein Sinnbild für Frieden oder Liebe.

Die Glocken, die diese tibetische Gottheit und ihre Gefährtin läuten, symbolisieren die Aufforderung, den Lehren des Buddha zu lauschen und zu folgen. Bronzeskulptur aus dem 17. Jahrhundert.

In vielen Religionen ist die GLOCKE die Stimme des Göttlichen, die die Wahrheit verkündet, vor allem in der buddhistischen, hinduistischen, islamischen und christlichen Tradition. In Islam und Hinduismus gilt ihr Klang als Widerhall der göttlichen Macht; in China ist die Glocke ein Symbol der kosmischen Harmonie, aber auch des Gehorsams. Klingende Glöckchen waren ein Zeichen von Glück und sexuellem Genuss, zum Beispiel bei den Riten des griechischen Gottes der Zeugungskraft und Fruchtbarkeit Priapos. Auf jüdischen Gewändern sind sie hingegen ein Zeichen der Jungfräulichkeit. Die Glocke repräsentiert ein passives, weibliches Prinzip. Ihre Form symbolisiert das Himmelsgewölbe, ihr Klöppel die Zunge des Predigers. Als Instrument des Schutzes wurde sie zur Abwehr oder Austreibung des Bösen verwendet. Allgemein steht sie für das Vergehen der Zeit, verkündet gute Neuigkeiten wie Heiraten oder Siege und warnt vor Gefahren. Weil sie den Tod einläutet, ist sie auch ein Symbol der menschlichen Sterblichkeit.

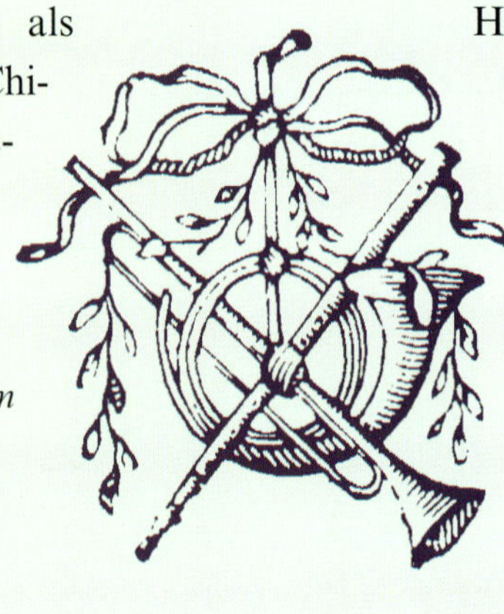

In der Kunst symbolisiert die Trompete den Ruhm. Sie wird von den sieben Engeln des Jüngsten Gerichts geblasen. Im Mittelalter kündigte sie die Nachricht des Herolds und das Auftreten der Ritter beim Turnier an.

Die TROMMEL ist nicht nur ein Musikinstrument, sondern auch ein altes Kommunikationsmittel. Ihr durchdringender Klang berührt das menschliche Herz und verweist daher auch auf die Fähigkeit, mit übernatürlichen Kräften zu kommunizieren. Sie symbolisiert die schöpferische wie zerstörerische Kraft von Shiva, Kali und Indra, die buddhistische Lehre, die Stimme des Himmels (in China) und der kosmischen Energie. Dass sie früher im Krieg zur Anfeuerung der Soldaten verwendet wurde, verweist auf ihre Assoziation mit dem Donner als Symbol einer zerstörerischen Kraft. Seit jeher werden Trommeln dazu verwendet, einen ekstatischen Zustand hervorzurufen, in dem der Schamane Geister beschwören oder die materielle Ebene transzendieren kann.

Symbolisch ist die TROMPETE das bedrohlichste Musikinstrument. Ihr Gebrauch markiert bedeutsame Ereignisse, wichtige Nachrichten und gewaltsame Handlungen (daher der prahlerische Ausdruck, jemandem »den Marsch zu blasen«). In der christlichen Ikonografie verkünden Trompeten das Jüngste Gericht. Die Römer nutzten die Wirkung der Trompete im Krieg bei Kavallerieattacken, aber auch in religiösen und politischen Zeremonien.

Die LYRA (Leier) hingegen symbolisiert die göttliche Harmonie, die Vibration des Kosmos, die musikalische Inspiration und die Weissagung. Als typisches Instrument der klassischen Mythologie wird sie heute vor allem mit Orpheus assoziiert, der mit seiner Musik die wilden Tiere bezauberte und selbst zur Personifikation der Macht der Musik wurde. Die siebensaitige Lyra stand für die sieben »Planeten«, die zwölfsaitige Ausführung für die Tierkreiszeichen. In der Sage heißt es, Hermes habe die Lyra erfunden und sie Apoll geschenkt, dessen Attribut sie wurde.

Auch die LAUTE hat viele symbolische Bedeutungen. In China war sie ein gängiges Attribut der Gelehrten und stand für die Harmonie in der Ehe wie in der Politik. In der Kunst der Renaissance symbolisiert sie die Liebe, die Musik und das Hören. Auf Stillleben sind Lauten oder Mandolinen mit zersprungenen Saiten ein Symbol der Zwietracht.

Die Lyra, ein Symbol der Dichtkunst, ist das Instrument von Terpsichore, der Muse von Tanz und Gesang. In diesem von Fra Angelico illustrierten Psalter aus dem 15. Jahrhundert wird sie von König David gespielt.

GRAFIK UND GEOMETRIE

Zwar sind die meisten Symbole Abbilder von Dingen des sichtbaren Universums, doch sind es oft Muster, Farben, Linien und geometrische Formen, die eine besonders starke Wirkung hervorrufen. Gerade bedeutsame Konzepte werden häufig von sehr einfachen grafischen Zeichen repräsentiert. So werden das Zentrum und der Ursprung des Lebens – und damit die Vorstellung eines reinen Seins – weithin als Punkt dargestellt, wie etwa im Fall des Tao, das »nichts ist als Unendlichkeit … weder dies noch jenes«. Dieses uralte Konzept einer unendlich komprimierten Energie, das sich in vielen mystischen Schriften findet, erinnert an manche Theorien der modernen Physik. Ein anderes Beispiel ist die Ewigkeit, die in China in nichtmaterieller Form als Loch symbolisiert wurde.

Viele Formen und Linien sind allerdings nicht so abstrakt, wie sie aussehen. Unser Unterbewusstsein reagiert auf sie, weil sie sich auf uralte menschliche Reaktionen auf die Welt der Natur beziehen. Die symbolische Kraft von Kreis, Stern, Kreuz, Spirale und Swastika basiert auf einer kosmischen Dynamik, auf Richtungen im Raum oder auf natürlichen Formen und Rhythmen. Auch die Symbolik von Farben (das »lebhafte« Rot, das »reine« Weiß) ist ebenso tief in die menschliche Psyche eingebettet wie das stabile Gefühl, das uns rechteckige und kubische Form vermitteln, und die beruhigende Wirkung bestimmter anderer Muster.

Die Muster auf der sumerischen Schrifttafel oben haben eine konkrete, die Muster des antiken Kaschmirteppichs rechts eine symbolische Bedeutung. Ursprünglich waren die islamischen Arabesken ein Symbol für die verwinkelte Reise zur höchsten Klarheit und eine Art kontemplativer visueller Beschwörung.

KRAFTLINIEN

Eine wuchtige, rechtsgedrehte Swastika war – oft in dynamisch geneigter Form – das Symbol des »Dritten Reiches«, wodurch das uralte positive Sinnbild der kosmischen Erneuerung zu einem politischen Symbol der brutalen Gewalt wurde.

Die SWASTIKA (Hakenkreuz), ein Ideogramm für die kosmische Dynamik und die schöpferische Energie, ist eines der ältesten und am weitesten verbreiteten grafischen Symbole. Der Herkunft ihres Namens entsprechend (aus Sanskrit *su* »gut« und *asti* »seiend«), hatte sie traditionell eine positive Bedeutung. Die rechtwinklig umgebrochenen Enden der Kreuzarme deuten eine drehende Bewegung an.

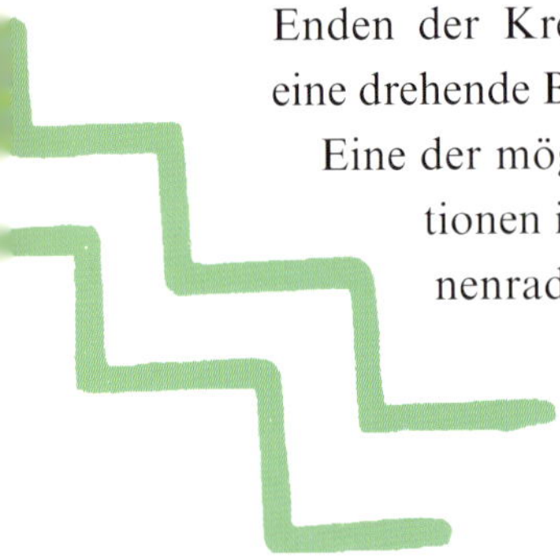

Eine der möglichen Assoziationen ist die eines Sonnenrades, dessen rotierende Speichen Licht aussenden. In vielen frühen Religionen, besonders im indoiranischen Kulturkreis, bezieht sich die Swastika daher auf Sonnen- und Himmelsgottheiten. Sie kann in links- und rechtsgedrehter Form auftreten. Mit linksgedrehten Speichen ist sie im Buddhismus ein Symbol des zyklischen Lebenskreislaufs; sie wurde manchmal, wenn auch nicht immer, mit dem Prinzip der männlichen Energie identifiziert und war ein Emblem Karls des Großen. In ihrer rechtsgedrehten Form war sie in Mesopotamien ein Zeichen der weiblichen Zeugungskraft; sie erscheint auf der Scham der akkadischen Göttin Ishtar.

Weiter gefasst bezieht sich die grundlegende Bedeutung der Swastika als Symbol der Lebenskraft, der Sonne und der zyklischen Erneuerung oft auch auf das höchste Wesen, zum Beispiel im Dschainismus. Die Swastika erscheint auf dem Fußabdruck oder auf der Brust des Buddha, der die unbewegte Mitte des Rades von Werden und Vergehen darstellt. Außerdem ist sie ein Zeichen vedischer, hinduistischer und griechischer Götter, wie auch – auf Katakombeninschriften – von Christus.

Besonders in Ägypten und Babylonien wurde die Swastika auf einer geflügelten Scheibe weithin als Symbol der solaren Energie verwendet. Grafisch zeichnet die Swastika sich auch dadurch aus, dass ihre Arme den Raum vierteilen. Sie wird mit den vier Windgöttern, den vier Jahreszeiten und den vier Himmelsrichtungen assoziiert.

Gegen Ende des 19. Jahrhunderts begannen völkische Gruppierungen in Deutschland und Österreich, die Swastika als Symbol eines antisemitischen »Germanentums« zu verwenden. Als Meister der Massenpsychologie erkannte Adolf Hitler ihre dynamische Wirkung und machte sie im August 1920 zum Emblem der nationalsozialistischen Parteifahne. Durch diesen Missbrauch wurde die Swastika zu einem der bekanntesten und verhasstesten Embleme des 20. Jahrhunderts.

Ein weiteres lineares Kraftsymbol, dessen man sich im »Dritten Reich« bediente, war die vom Blitzstrahl abgeleitete ZICKZACKLINIE. In doppelter Form wurde sie zu den »Runen« der SS.

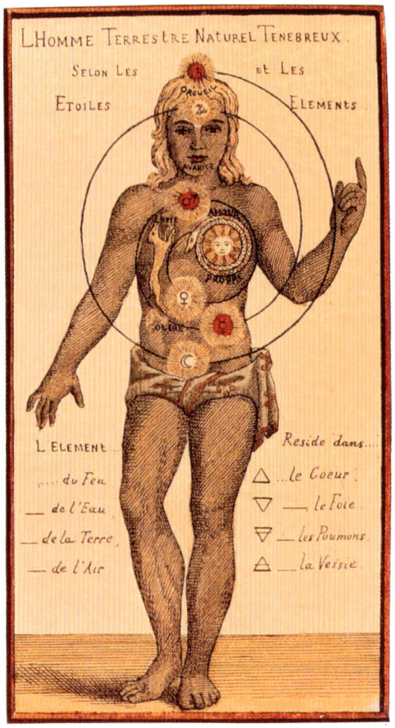

Die Symbolik der Spirale dient hier dazu, die Zentren der psychischen Energie entlang eines Kraftpfades aus elementaren und astrologischen Einflüssen darzustellen.

DIE KRAFT DER SPIRALE

Die spiralförmige Tätowierung auf dem Gesicht des im 19. Jahrhundert lebenden Maori-Häuptlings Tamati Waka Nene symbolisiert die Lebenskraft, die auch den Farnwedel zur Entfaltung bringt.

Seit frühester Zeit ist die Spirale ein dynamisches Symbol der Lebenskraft von Kosmos und Mikrokosmos. In der Natur treten Spiralen in vielfältiger Form auf: als Galaxien, Wirbelwinde und Wasserstrudel, als zusammengerollte Schlange, als Schneckenhaus und auf unseren Fingerspitzen und schließlich in jeder Zelle als Doppelhelix der DNA.

In der Kunst zählt die Spirale zu den gebräuchlichsten dekorativen Motiven. Davon zeugen etwa die keltische Doppelspirale, der Schmuck romanischer Kapitelle und die Wirbel der Schnitzereien und Tätowierungen der Maori. Bei den Maori hat die Spirale eine sexuelle Symbolik; ihr Bezug zum Farnwedel demonstriert den engen Zusammenhang des Spiralmotivs mit Naturphänomenen.

Als Ritzbild auf den riesigen Steinblöcken prähistorischer Gräber lässt die Spirale an die labyrinthische Reise ins Jenseits und eine eventuelle Rückkehr denken. Doppelspiralen wie die zwei den Caduceus umwindenden Schlangen verweisen auf ein Gleichgewicht gegensätzlicher Prinzipien.

Wirbel im Wind, im Wasser und im Feuer werden mit dem Auf- und Absteigen und der kreisenden Energie assoziiert, die das Universum antreibt. Da sie der Kreisform Schwung verleiht, ist die Spirale auch ein Symbol für die Zeit, für den Rhythmus der Jahreszeiten und den Zyklus von Geburt und Tod, für den zu- und abnehmenden Mond und für die Sonne. Wie die yogische »Schlange« an der Wurzel des Rückgrats verweist die an eine zusammengerollte Sprungfeder erinnernde Spirale auf latente Kraft. In ihrer sich entrollenden Form ist sie phallisch und männlich, eingerollt weiblich. Die Doppelspirale wird dadurch auch zu einem Fruchtbarkeitssymbol.

Als offene, fließende Linie ist die Spirale ein Sinnbild von Ausdehnung, Entwicklung und Kontinuität. Sie verweist auf die ununterbrochene konzentrische und zentripetale Bewegung und damit auf den Rhythmus des Atems und des Lebens selbst.

DAS KREUZ

Das Malteserkreuz, das Emblem des Johanniterordens, ist von alten assyrischen Symbolen abgeleitet. Seine pfeilähnlichen Spitzen weisen in acht Richtungen.

In der Religion wie in der Kunst ist das Kreuz das reichste und dauerhafteste geometrische Symbol überhaupt. Im Lauf der Zeit hat es viele Formen und Bedeutungen angenommen. Es ist nicht nur Emblem des christlichen Glaubens, sondern auch ein älteres, universelles Symbol des auf seine einfachste Form gebrachten Kosmos: zwei sich kreuzende Linien, die vier Richtungen andeuten. Sie standen für die vier Himmelsrichtungen und die vier Regen bringenden Winde (vor allem im präkolumbischen Amerika, wo das Kreuz oft ein Fruchtbarkeitssymbol des Lebens und der Energie der Elemente war), die vier Mondphasen (in Babylonien) und die vier großen Götter der Elemente (in Syrien).

Das Kreuz tritt allerdings nicht nur mit vier, sondern auch mit sechs (wie in Chaldäa und Israel) und acht Armen auf. In China war ein von einem Quadrat umschlossenes Kreuz ein Symbol der Erde und der Stabilität. In Indien steht das Kreuz für die Stöcke des hinduistischen Feuergottes Agni. Ist es von einem Kreis umschlossen, repräsentiert es das buddhistische Rad des Lebens; ragen die Arme über den Kreis hinaus, symbolisiert es die göttliche Energie. Auch die Swastika, ein uraltes Symbol der kosmischen Energie, ist ein Kreuz, dem die umgebrochenen Arme Schwung verleihen.

Darüber hinaus war das Kreuz ein Sinnbild für den Lebensbaum. Im Mittelalter assoziierte man das Kreuz, an dem Christus starb, mit dem »Baum der Erkenntnis«, also der Ursache des Sündenfalls. Das trug zur symbolischen Bedeutung des Kreuzes als Instrument der Erlösung bei. Allgemein steht die vertikale Achse des Kreuzes für den Aufstieg, die horizontale Achse für das irdische Leben. Im Hinduismus und Buddhismus wird es dadurch ein Sinnbild für höhere und niederere Bewusstseinszustände. Ein Bild der Totalität und des Menschen als Mikrokosmos ist das Kreuz, das von einer stehenden Gestalt mit ausgebreiteten Armen gebildet wird. Generell wird das Kreuz mit Dualität und Vereinigung, bei Carl Gustav Jung mit der entzündenden Energie assoziiert.

Das x-förmige Andreaskreuz ist nach dem heiligen Andreas benannt, der es laut der Legende für sein Martyrium wählte, weil er sich des Todes auf dem vertikalen Kreuz Christi nicht würdig fühlte.

Das Anch (Henkelkreuz), hier auf einem Grabrelief aus Edfu, war im alten Ägypten ein Symbol für das ewige Leben. Im 1. Jahrhundert n. Chr. wurde es von der koptischen Kirche übernommen.

Vor allem in Nord- und Mittelamerika stellten die ersten christlichen Missionare oft verblüfft fest, dass das Kreuz von Völkern verehrt wurde, die nichts vom Christentum wussten. In Mexiko war es ein Attribut der Wettergötter Quetzalcoatl und Tlaloc. Aus Darstellungen ist zu schließen, dass die Azteken die Kreuzigung als Opferritual kannten. In Afrika war das Kreuzzeichen ein Symbol des Schutzes, der kosmischen Einheit, des Schicksals und (in einem Kreis) der Hoheitsgewalt. Die Runenkreuze, die sich in Skandinavien auf alten Grenzsteinen und wichtigen Gräbern finden, könnten ein Zeichen für die befruchtende Kraft von Thors Hammer gewesen sein.
Die Form des keltischen Kreuzes, dessen Schnittpunkt von einem Kreis umrahmt wird, verweist auf eine Synthese von christlicher und heidnischer Symbolik.

In der römischen, persischen und jüdischen Welt war die Kreuzigung eine erniedrigende Hinrichtungsmethode für Nicht-Bürger wie Sklaven, Piraten, fremde politische Agitatoren und Kriminelle. Nach dem Tod Jesu konnten seine Anhänger also kaum erwarten, mit dem Kreuzsymbol Anerkennung zu ernten. Aus berechtigter Furcht vor Spott und Verfolgung benutzten die frühen Christen daher die verschiedenen Formen der *crux dissimulata* (Anker, Axt, Swastika und Dreizack) als geheimes Kreuzemblem.

Selbst nach dem Übertritt des römischen Kaisers Konstantin war es lange Zeit nicht das Kreuz, das als wichtigstes Glaubenssymbol fungierte, sondern das Chrismon (siehe Seite 150). Mit der weiteren Ausbreitung des Christentums setzte es sich durch, weil es sich auf ältere Kreuzsymbole beziehen und ihnen eine grundlegend neue Bedeutung verleihen konnte: die der Erlösung durch das Opfer Christi.

In der Kunst wurde der gekreuzigte Christus anfänglich mit unbewegter Miene dargestellt; erst später entstanden die eindrucksvollen Leidensbilder, deren Höhepunkt Matthias Grünewalds Isenheimer Altar (1512–1515) darstellt. Das schlichte Kreuz hingegen wurde zu einem tröstlichen Emblem der Überwindung des menschlichen Leidens. Das bekannteste Kreuzigungssymbol ist das lateinische Kreuz *crux immissa*, dessen Querbalken sich knapp unterhalb der Spitze des Längsbalkens befindet. Bei der Kreuzigung Jesu wurde jedoch vermutlich eher das Tau-Kreuz *crux commissa* verwendet.

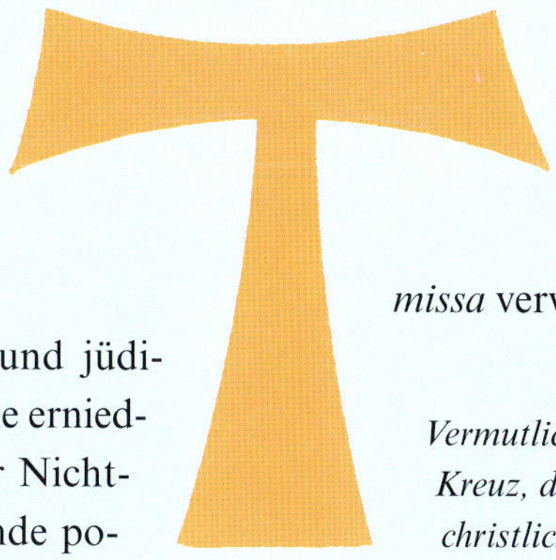

Vermutlich starb Jesus auf dem T-förmigen Tau-Kreuz, das man auf manchen Gräbern der frühchristlichen Zeit gefunden hat.

DER KREIS

Der Uroboros, die ihren Schwanz verschlingende Schlange, symbolisiert die zyklische Zeit, die Ewigkeit und den unvergänglichen, sich selbst erhaltenden Charakter der Natur.

Der Kreis ist die einzige geometrische Form, die keinerlei Unterteilungen aufweist und an allen Punkten identisch ist. Vielleicht kommt daher der symbolische Zusammenhang mit Begriffen wie Vollkommenheit, Vollständigkeit und Einheit. Als Form ohne Anfang und Ende ist der Kreis das wichtigste und universellste geometrische Symbol im mystischen Denken. Seine allgemeine Bedeutung erhält er durch die Verwandtschaft mit anderen wichtigen Symbolen wie Rad, Scheibe, Ring, Uhr, Sonne, Mond, Uroboros und Tierkreis. Für die Menschen des Altertums hatte der Kosmos unweigerlich einen kreisförmigen Charakter: die Erde galt als Scheibe, ebenso die Planeten, die zudem einer zyklischen Bewegung folgten wie die Jahreszeiten. Vor allem bei den Kelten hatte der Kreis nicht nur eine kosmische, sondern auch eine schützende Bedeutung. Beides klingt heute in der Begeisterung für magische Kreise und fliegende Untertassen nach. Auf eine harmonische Atmosphäre verweisen die Tafelrunde der Artussage und die heute gebräuchlichen Idiome »Runder Tisch« und »vertraute Runde«. Ein weiteres Symbol der Vereinigung sind ineinander greifende Kreise wie die fünf Ringe des modernen olympischen Emblems.

Dynamik erhält der Kreis auf den vielen Bildern von Scheiben mit Strahlen, Flügeln und Flammen, die wir vor allem aus der religiösen Ikonografie der Sumerer, Ägypter und Maya kennen. Sie repräsentieren die Energie der Sonne oder die schöpferischen und befruchtenden kosmischen Kräfte. Konzentrische Kreise symbolisieren die himmlische Hierarchie (wie die Engelschöre in der christlichen Kunst), verschiedene Ebenen des Jenseits und – im Zen-Buddhismus – die Stufen der spirituellen Entwicklung. Drei Kreise stehen für die christliche Dreifaltigkeit, können aber auch eine Gliederung der Zeit, der Elemente, der Jahreszeiten oder die Bewegungen der Sonne und die Mondphasen darstellen. Der Kreis kann männlich sein, wie es die Sonne in vielen Kulturen ist, aber auch weiblich als Bild des Mutterschoßes. Ein (weiblicher) Kreis über einem (männlichen) Kreuz war in Ägypten ein Symbol der Vereinigung, das auch in Nordeuropa, dem Mittleren Orient und China bekannt war. Das chinesische Yin-Yang-Zeichen, ein Symbol der wechselseitigen Abhängigkeit von männlichem und weiblichem Prinzip,

Weltweit ist die frühe Architektur von dem Glauben an himmlische Kräfte geprägt. Stonehenge bestand ursprünglich aus 30 aufrechten Steinen, die einen Kreis von 30 Metern Durchmesser bildeten.

besteht aus einem S-förmig halbierten Kreis mit zwei verschiedenfarbigen Flächen, die jeweils wieder einen kleinen Kreis in der anderen Farbe enthalten. Bei Carl Gustav Jung ist die Kombination von Kreis und Quadrat ein archetypisches Symbol der Beziehung zwischen der Psyche bzw. dem Selbst (Kreis) und dem Körper bzw. der materiellen Realität (Quadrat). Dem entspricht die Symbolik buddhistischer Mandalas, bei denen Quadrate in Kreisen auf den Übergang von der materiellen zur spirituellen Ebene verweisen. Der ein Quadrat umschließende Kreis steht zudem für den die Erde umschließenden Himmel. Die kreisförmigen Kuppeln und Gewölbe von Kirchen und Tempeln integrieren diese Symbolik auch in eine auf dem Quadrat, dem Kreuz oder dem Rechteck basierende Architektur. Die »Quadratur des Kreises«, das heißt die unlösbare Aufgabe, mit Lineal und Zirkel ein Quadrat zu bilden, das denselben Flächeninhalt hat wie ein vorgegebener Kreis, war eine Allegorie für das Dilemma, mit irdischen Materialien göttliche Vollkommenheit herstellen zu wollen.

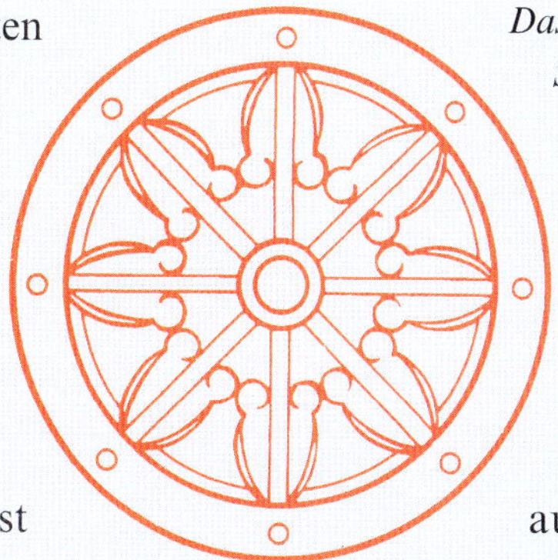

Das buddhistische Rad der Lehre ist ein Sinnbild des Pfades, der den Menschen aus dem sich ewig drehenden Rad des Lebens befreien soll.

MYSTISCHE RITEN DER UMKREISUNG

Überall auf der Welt existiert der rituelle Brauch, ein sakrales Objekt – oft ein Altar, ein Pfeiler, ein Stein oder ein anderes axiales Symbol – zu umwandeln. Bei diesem Rundgang, der den umschriebenen Raum definiert und weiht, imitiert der Gläubige die Zyklen der Himmelskörper und huldigt den himmlischen Kräften. Wie beim rituellen Kreistanz wird hier die uralte symbolische Bedeutung des Kreises als schützende sowie als kosmische Kraft sichtbar.

In Mekka, der heiligen Stadt des Islam, umkreisen die Pilger sieben Mal die würfelförmige Kaaba, das »Haus Gottes«, und küssen den »schwarzen Stein« (Hadjar al-Aswad) an seiner südöstlichen Ecke. Die Kaaba enthält einen Meteoriten, den Abraham vom Erzengel Gabriel als göttliches Zeichen seiner spirituellen Autorität empfangen haben soll. Im Buddhismus umschreitet man Tempel, um sich auf die kosmischen Rhythmen einzustimmen; hier ist der Vorgang zudem ein Symbol für den Pfad zu Selbsterkenntnis und Erleuchtung.

Im Buddhismus und Hinduismus gehen die Gläubigen im Uhrzeigersinn, wodurch sie dem scheinbaren Weg der Sonne um die nördliche Hemisphäre folgen. In Mekka erfolgt die Prozession in der Gegenrichtung, was der polaren Kreisbewegung der Sterne entspricht.

Die Kaaba, ein würfelförmiger Steinbau im Zentrum von Mekka, ist der spirituelle Mittelpunkt der islamischen Welt. Er steht für den Ursprung von Kultur, Stabilität, Ganzheit und Vollkommenheit.

FORMEN UND ZEICHEN

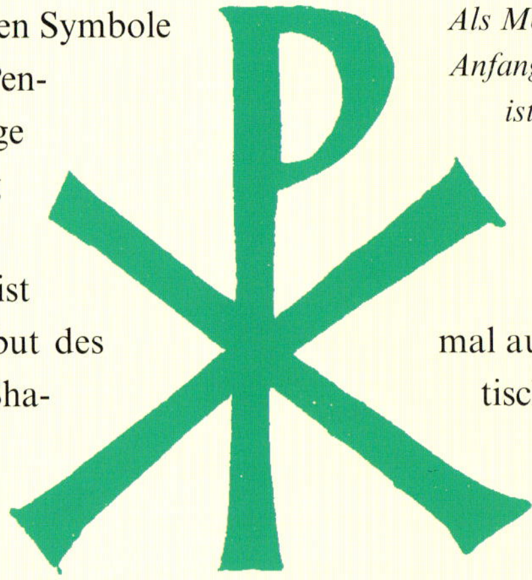

Als Monogramm aus den griechischen Anfangsbuchstaben des Namens Christos ist das Chi-Rho (Chrismon) ein Zeichen für den Schutz Christi.

Eines der bedeutendsten grafischen Symbole ist der STERN. Das fünfzackige Pentagramm und das sechszackige Hexagramm, das in einem Zug durchgezeichnet wird, haben mystische Konnotationen. Als Sonne ist der vierzackige Stern das Attribut des mesopotamischen Sonnengottes Shamash; bei den Sumerern war der fünfzackige Stern das Emblem der Ishtar in deren kriegerischem Aspekt als Morgenstern. Als Symbol des Aufstiegs ist er auch das Zeichen, das die islamische Mondsichel begleitet. Fünf Zacken haben außerdem die meisten Sterne, die heute als Militär- und Polizeiinsignien verwendet werden, und gewöhnlich auch der Stern von Bethlehem. Bei den Freimaurern symbolisiert der fünfzackige »Flammende Stern« das mystische Zentrum und die Erneuerung. Sechs Zacken haben der Davidstern, der Polarstern und manchmal auch der Geburtsstern. In der gnostischen Mystik besitzt der Stern sieben Zacken. Der mit Schöpfung, Fruchtbarkeit und Sexualität assoziierte achtstrahlige Stern war das Emblem der Ishtar als Abendstern, später auch der Venus. Auch er kann als Stern von Bethlehem erscheinen.

Mehrere Jahrhunderte lang war das CHRISMON (das Monogramm aus den Anfangsbuchstaben von Christus, Chi und Rho) ein dominantes christliches Symbol, nachdem es Konstantin dem Großen 312 n. Chr. vor der entscheidenden Schlacht gegen seinen Rivalen Maxentius im Traum erschienen war. Konstantin machte das Christentum zur offiziellen Religion des Römischen Reiches und ließ das Chrismon anstelle des Adlers auf den Feldzeichen seines Heeres anbringen. Laut seinem Biographen Eusebius hatte er das Zeichen auf der Sonnenscheibe gesehen, was darauf hinweist, dass er Christus als Inkarnation des Sonnengottes ansah. Das Chrismon war kein neues Zeichen, da auch das griechische Wort für »Gnade verheißend«, *chrestos*, mit den Buchstaben Chi und Rho beginnt. Ein ähnliches radförmiges Emblem im Kreis war bei den Chaldäern ein Sonnensymbol. Sowohl Chi-Rho (Christus) und IC (Iesus Christus) erscheinen als christliche Grabmonogramme.

Auf diesem vergoldeten dänischen Relief aus dem 12. Jahrhundert ist Christus von der Mandorla umschlossen, einem Nimbus, der auch die Reinheit der Jungfrau Maria und anderer christlicher Heiliger symbolisieren kann.

NIMBUS UND AUREOLE

In der christlichen Kunst dient der NIMBUS oder Heiligenschein schon seit dem 2. Jahrhundert als Symbol der Göttlichkeit oder Heiligkeit. Im Mittelalter wurde er von Spezialisten sorgfältig aus hauchdünnem Blattgold auf die Bilder aufgetragen. Abgeleitet ist er von der Aura, die die Sonnenscheibe umgibt und daher solare Gottheiten oder gottgleiche Herrscher schmückt, vor allem den Lichtgott Mithras, dessen Kult im Römischen Reich erst nach langem Ringen vom Christentum verdrängt wurde. In der byzantinischen Kunst wird Christus oft mit einem Kreuznimbus dargestellt, bei welchem der Kreis durch die Kreuzbalken geteilt wird. Der schwebende Ring, der heute oft auf populären Darstellungen erscheint, ist eine spätere Form.

Auch bei buddhistischen Statuen ist der Nimbus ein Symbol für spirituelle Autorität. Auf Gemälden wie diesem chinesischen Bild des Bodhisattva Avalokiteshvara hat er oft einen schemenhaften Charakter.

Als Symbol des Göttlichen kann der Nimbus gelegentlich auch die spirituelle Kraft und Energie repräsentieren. Neben dem Kreis wurden auch andere Formen verwendet: das Dreieck für Gott oder die Dreifaltigkeit, das Kreuz für Christus, das Quadrat für lebende Personen und das Achteck für allegorische Gestalten. Auf Gemälden ist der Nimbus meist golden, in der christlichen Kunst manchmal auch weiß und in der hinduistischen und buddhistischen Ikonografie gewöhnlich rot.

Etymologisch ist der Begriff AUREOLE vom lateinischen *corona aureola* (goldene Krone) abgeleitet. Entsprechend wird er vor allem für einen Heiligenschein verwendet, der als Strahlenkranz die ganze Gestalt umgibt.

Eine der bekanntesten symbolischen Formen der christlichen Kunst ist die MANDORLA, ein aus zwei unvollständigen Halbkreisen zusammengesetzter, mandelförmiger Nimbus, der vor allem im Mittelalter die Gestalt von Christus oder Maria einrahmt, um deren göttlichen Status und Aufstieg zu symbolisieren.

In älterer Zeit wurde die Mandel (italienisch: mandorla) aufgrund ihrer ovalen, vulva-ähnlichen Form und ihrem weißen Saft mit der Selbstbestäubung und der Jungfrauengeburt assoziiert. Sie ist auch ein Symbol des Verschließens wertvollen Inhalts in einer sehr harten Schale. Grafisch erinnert die Mandorla auch an eine Flamme, ein Symbol der Spiritualität. Die beiden sich kreuzenden Bögen ihrer Form können aber auch die Dualität von Himmel und Erde darstellen. Das erklärt, weshalb die Mandorla meist aufsteigende Gestalten einschließt: sie fungiert nicht nur als Symbol der Heiligkeit, sondern auch der Verklärung.

Der Bogen symbolisiert das Himmelsgewölbe. Wird bei der Initiation ein Bogen durchschritten, verlässt man symbolisch das bisherige Leben und wird neu geboren.

LABYRINTHMUSTER

Die vielfältige und oft ambivalente Symbolik des LABYRINTHS geht wahrscheinlich auf die Geheimnisse und Schrecken der gleichzeitig Schutz bietenden Höhlensysteme zurück, in denen der Mensch der Urzeit lebte. In Ägypten und Etrurien (der heutigen Toskana) entstanden die ersten künstlichen Labyrinthe, die die Gräber von Königen schützen sollten.

In griechischen Häusern verwendete man diese schützende Symbolik für Labyrinthmotive, die die bösen Geister verwirren sollten. Das bemerkenswerte Leitungssystem, das man im minoischen Palast von Knossos entdeckt hat, könnte der reale Ursprung des legendären kretischen Labyrinths sein, in dem Theseus den Minotaurus besiegt. Interpretiert wird diese einflussreiche Sage meist so, dass Theseus, der den Typus des rettenden Helden verkörpert, die tierischen Aspekte seines eigenen Charakters, aber auch die Macht des Königs Minos überwindet. Das passt zur dominanten religiösen und psychologischen Bedeutung der Vorstellung, durch ein Labyrinth zu gehen: es stellt eine Initiation dar, eine symbolische Rückkehr in den Mutterschoß, einen zur Wiedergeburt führenden »Tod«, die Entdeckung eines geistigen Zentrums und den mühsamen und oft verwirrenden Prozess der Selbsterkenntnis. Viele Labyrinthe haben keine »Sackgassen«, sondern führen einen einzigen, wenn auch gewundenen Pfad entlang. Sie dienten in Tempeln oft als Initiationswege oder – noch häufiger – für Kulttänze, die den scheinbar unregelmäßigen Weg der Sonne und der Planeten imitierten. Als Fußbodenmosaik mittelalterlicher Kirchen symbolisieren sie als »Weg nach Jerusalem« die Pilgerfahrt ins Heilige Land. In der Kathedrale von Chartres rutschten die Büßenden auf den Knien die 200 Meter lange Strecke eines kreisförmigen Labyrinths entlang, das nur 12 Meter Durchmesser hatte.

Die ambivalente Symbolik des Labyrinths gilt teilweise auch für den KNOTEN. Als dekoratives Motiv können lose, verschlungene Knotenmuster auf die Unendlichkeit oder die Langlebigkeit verweisen. Enge Knoten sind oft ein Symbol für die Vereinigung. So band man im viktorianischen England einen Hochzeitsknoten; in der Kunst bindet Cupido auf Darstellungen von Venus und Mars den Liebesknoten. Auf eine Vereinigung verweist auch der geknotete Strick der Brahmanen, der sie mit Brahma verbindet. Auf ähnliche Weise binden die drei Knoten am Gürtel des Franziskanermönchs diesen an die Gelübde der Armut, der Keuschheit und des Gehorsams.

Enge Knoten können jedoch auch eine Art Blockade darstellen. Sie dienten oft als Schutzsymbole, da man glaubte, sie könnten böse Geister abwehren. Unter den nordeuropäischen und schottischen Fischern herrschte der Brauch, Knoten in Taschentücher oder Stricke zu binden, um auf magische Weise das Wetter zu beeinflussen.

Ein steinerner Knoten, wahrscheinlich ein Schutzsymbol, schmückt diese Mauer eines frühen islamischen Palastes. Früher trugen Muslime oft einen Knoten im Bart, um Dämonen abzuschrecken. An heiligen Stätten wie der Moschee von Mekka waren Knoten hingegen erboten.

Labyrinthmuster, hier auf einer prachtvollen Decke im Palazzo Ducale von Mantua, sind ein grafisches Bild der Wahlmöglichkeiten im Leben. Diese Bedeutung hatte das Labyrinth auch im Wappen des mantovanischen Fürstenhauses Gonzaga, begleitet von dem an der Decke sichtbaren Motto »Forse che si, forse che no« (»Vielleicht ja, vielleicht nein«). Bei dem aus Gartenhecken gebildeten Labyrinth verwandelt sich das Dilemma in ein Spiel.

GEOMETRISCHE FORMEN UND MUSTER

Das PENTAGRAMM, ein fünfzackiger Stern, der in einem Zug durchgezeichnet werden kann, ist ein uraltes geometrisches Symbol der Harmonie, der Gesundheit und der mystischen Kräfte. Wurde es bei magischen Ritualen verwendet, nannte man es meist Pentakel. Entstanden ist es wahrscheinlich vor 4000 Jahren in Mesopotamien, wo es als astronomisches Diagramm für die Bewegungen der Venus diente. Es gilt als Siegel Salomos und war von ca. 300 bis 150 v. Chr. das offizielle Siegel von Jerusalem. In Griechenland verwendeten die Pythagoreer es als Symbol der Gesundheit und der mystischen Harmonie, danach nahm es eine zunehmend okkulte Bedeutung an. In der mittelalterlichen Magie wurde es mit Salomos Kräften über die Natur und die Welt der Geister assoziiert.

Bei ihren Ritualen trugen Magier gelegentlich Pentagramm-Hüte aus feinem Leinen, um die Hilfe übernatürlicher Kräfte zu beschwören. Zeigte eine Spitze nach oben und zwei nach unten, war das Pentagramm als Drudenfuß das Zeichen der weißen Magie. Zeigte eine Spitze nach unten und zwei nach oben, repräsentierte es das Bocksbein und die Hörner des Teufels – eine typische symbolische Umkehrung. Bei den Freimaurern war das Pentagramm ein Symbol des Strebens.

Das Achteck (Oktagon), hier in Form des Taufbeckens im Battisterio Neoniano (5. Jahrhundert) von Ravenna, ist in der sakralen Architektur ein Symbol für die Wiedergeburt zum ewigen Leben.

Das HEXAGRAMM, heute meist als Davidstern bezeichnet, wurde teilweise auch mit Salomo identifiziert. Es besteht aus zwei ineinander geschobenen Dreiecken, von denen eines nach unten zeigt, und ist ein Symbol der harmonischen Dualität. Auf indischen Mandalas dienen Hexagramme als Meditationsobjekt, auf mittelamerikanischen Felsbildern haben sie eine magische Bedeutung. In der Alchemie symbolisierte das Hexagramm die männlich-weibliche Dualität von Feuer und Wasser, später die Vereinigung der vier Elemente oder das fünfte Element, die Quintessenz. In der Magie wurde es beim Exorzismus verwendet.

Wie die Zahl acht ist das OKTAGON ein Symbol der Erneuerung. Achtseitigen Formen kam die Bedeutung zu, eine Verbindung zwischen dem Quadrat als Symbol der irdischen Existenz und dem Kreis als Zeichen des Himmels und der Ewigkeit herzustellen.

Das Hexagramm ist heute vor allem als Davidstern bekannt. Das nach dem König, der Juda und Israel vereinigte, benannte Zeichen ist das Emblem des modernen Staates Israel.

Ein Dreieck symbolisiert die Hindu-Trinität (Trimurti) der Götter Brahma, Vishnu und Shiva, die den Zyklus aus Schöpfung, Erhaltung und Zerstörung repräsentieren.

Das DREIECK ist eines der bedeutendsten und vielseitigsten geometrischen Symbole. Das auf seiner Basis stehende gleichseitige Dreieck ist ein männliches, solares Zeichen, das für Göttlichkeit, Feuer, Leben, das Herz, Aufstieg, Wohlstand, Harmonie und Königtum steht. Das mit der Spitze nach unten weisende Dreieck wird mit dem »Schamdreieck« assoziiert; es ist weiblich und lunar und repräsentiert die Urmutter, Wasser, Fruchtbarkeit, Regen und göttliche Gnade. Berühren sich ein männliches und ein weibliches Dreieck, symbolisieren sie die geschlechtliche Vereinigung. In mehreren großen Religionen ist das Dreieck ein Symbol für Gott.

Als uraltes Emblem der Erde spielt das QUADRAT vor allem in den Symbolsystemen Indiens und Chinas eine große Rolle. Als Ausdruck der durch die vier Himmelsrichtungen gegebenen Ordnung symbolisiert es Beständigkeit, Sicherheit, Gleichgewicht und die rationale Ordnung des Raums, ferner Ehrlichkeit, Integrität und Moral.

DAS MYSTISCHE MANDALA

Die Form des Mandala symbolisiert die spirituelle, kosmische und seelische Ordnung. Heute vor allem als buddhistische Meditationshilfe (Yantra) bekannt, hatte das Mandala im Hinduismus und Buddhismus früher auch eine initiatorische Funktion, indem es die Gläubigen auf geheiligte Orte verwies. Mandalas haben das Ziel, ein Bild der höchsten Realität darzustellen, eine spirituelle Ganzheit, die die Welt der Erscheinungen transzendiert. Sie symbolisieren den Pfad zu einem spirituellen Zentrum, der sich auch physisch im mandalaförmigen Bauplan vieler Tempel und Stupas ausdrückt. Das herausragende Merkmal aller Mandala-Muster ist das sorgfältige Gleichgewicht der visuellen Elemente, die eine göttliche Harmonie jenseits der Verwirrung und Unordnung der materiellen Welt ausdrücken.

Für Carl Gustav Jung waren sie archetypische Symbole des menschlichen Strebens nach geistiger Integration. Andere Interpreten sehen das Mandala als Bild einer spirituellen Reise außerhalb des Selbst. Mandalas haben unterschiedliche Bedeutungen. Ihre figurativen Elemente dienen zur Kontemplation, zum Beispiel über die von einem bestimmten Bodhisattva verkörperten Tugenden. Dieser wird oft in einem Lotos sitzend dargestellt.

Auf diesem Mandala (Sanskrit für »Kreis«) umschließt ein mystischer Kreis vier Tore und acht Schlangengottheiten. Selbst Mandalas mit rechteckigen Formen haben eine konzentrische Struktur.

FARBEN

Ganz allgemein sind Farben Symbole für Lebenskraft und Licht. WEISS, die paradigmatische Farbe des Lichts, wurde zu einem Sinnbild von Reinheit, Wahrheit, Unschuld und von allem Heiligen und Göttlichen. In den Symbolsystemen repräsentiert es die positive Seite der Antithese von Schwarz und Weiß, hat allerdings auch negative Konnotationen, zum Beispiel Angst, Feigheit, Kapitulation, Kälte, Leere und Todesblässe. Weiß ist die Farbe der Initiation, des Novizen, Konvertiten und Kandidaten (das lateinische Wort *candidatus* bedeutet »weiß gekleidet«) und vieler Übergangsriten, darunter Taufe, Kommunion und Hochzeit. Hier spielt auch die Beziehung von Licht und Freude eine Rolle. Als Farbe der Spiritualität und der Heiligkeit, der Wahrheit und der Offenbarung ist es die Farbe des Priesterstandes, zum Beispiel bei den Druiden und im Christentum. Eine ähnliche sakrale Bedeutung hatte das weiße Gewand von zum Opfer bestimmten Men-

DIE ENERGIE DER FARBE ROT

In manchen frühen Kulturen wurde die Farbe Rot so stark mit dem Leben assoziiert, dass die Körper der Toten mit rötlichem Ocker bemalt wurden, womit man ein Weiterleben nach dem Tod beschwören wollte. Rot ist die aktive, männliche Farbe von Feuer, Krieg, Energie, Aggression, Gefahr, politischer Revolution, Triebkraft, Emotion, Leidenschaft, Liebe, Freude, Festlichkeit, Vitalität, Gesundheit, Kraft und Jugend.

Aufgrund seiner erregenden Wirkung hat Rot auch Beziehungen zur Sexualität, wie etwa zu dem griechischen Fruchtbarkeitsgott Priapos. Rote Laternen verweisen auf Bordelle. In China war Rot die emblematische Farbe der Zhou-Dynastie und des Südens, zudem die wichtigste Glücksfarbe. Rot auf Weiß kann Blutverlust und die Blässe des Todes symbolisieren; der aus Asien bekannte rote Schönheitsfleck hat jedoch eine schützende Funktion. Im chinesischen Theater ist ein rot geschminktes Gesicht ein Zeichen für Heiligkeit.

Rot ist die Farbe der Macht und daher auch vieler Kriegsgötter. Hier abgebildet ist Mars, neben ihm Juno.

Bilder der Schwarzen Jungfrau erinnern an die positive vorchristliche Symbolik von Schwarz als Farbe der mütterlichen Erde.

schen. Die weiße Taube ist ein Symbol für Frieden, die weiße Lilie steht für Keuschheit.

SCHWARZ ist fast durchweg die Farbe negativer Kräfte und ungünstiger Ereignisse. Es steht für die Dunkelheit des Todes, für Unwissenheit, Verzweiflung, Kummer und das Böse (Satan ist der Fürst der Finsternis), für niedere Ebenen oder Sphären (die Unterwelt und die erste Auflösung in der Alchemie) und für unheilvolle Vorzeichen. Im Aberglauben und im volkstümlichen Sprachgebrauch ist Schwarz ein Synonym für Unglück: man spricht von schwarzen Tagen, schwarzen Gedanken und Schwarzseherei. Als Farbe der Trauer ist Schwarz ein dramatischer Ausdruck von Verlust und Abwesenheit. Die schwarzen Gewänder christlicher und islamischer Kleriker symbolisieren den Verzicht auf die Eitelkeiten des Lebens. Im Islam ist Schwarz auch die Farbe der Rache. Im Anklang an diese Tradition nannte sich die Terrorgruppe, die 1972 bei den Olympischen Spielen in München elf israelische Sportler als Geiseln nahm, Schwarzer September. Im alten Ägypten und anderen Kulturen war Schwarz ein Symbol für die Erde und das Mütterliche. Die schwarze Farbe der hinduistischen Göttinnen Kali und Durga verweist auf die Dualität von Licht und Dunkel, die für die Fortdauer des Lebens unumgänglich ist. Eine ähnliche Symbolik hat das schwarz-weiße Yin-Yang-Zeichen.

BLAU ist ein Symbol für Unendlichkeit, für Ewigkeit, Wahrheit, Hingabe, Glaube, Reinheit, Keuschheit, Frieden und von spirituellem wie intellektuellem Leben. Diese Assoziationen, die vielen alten Kulturen gemein sind, entsprechen dem allgemeinen Gefühl, dass Blau, die Farbe des Himmels, die kühlste, gelösteste und am wenigsten »materielle« Farbe ist. Die Gottesmutter Maria und Christus werden oft mit blauen Gewändern dargestellt. Blau ist ein Attribut der Himmelsgottheiten und steht in der jüdischen Tradition für Gnade, im Buddhismus für Weisheit. In Europa gilt es als Farbe der Treue, in Teilen Chinas repräsentiert es Gelehrsamkeit und eine glückliche Ehe. Neueren Ursprungs ist der idiomatische Bezug zur Melancholie, der möglicherweise mit dem Blues, der aus der Zeit der Sklaverei stammenden Musik der Afroamerikaner, zu tun hat.

Krishna, die blauhäutige Inkarnation des Hindu-Gottes Vishnu, ist in der indischen Kunst leicht an seiner »himmlische« Farbe zu erkennen.

Ein grüner Löwe repräsentiert in der Alchemie die Urmaterie, die in Gold – hier die vom Löwen gefressene Sonne – verwandelt werden kann.

Die Farbe mit der einheitlichsten Symbolik ist GOLD. Sein Bezug zur Sonne und die Wertschätzung des wertvollen Edelmetalls machen es zu einem Symbol von Ruhm, Göttlichkeit, Königtum, Licht und Wahrheit. Auch GRÜN hat im Allgemeinen eine positive Bedeutung, wovon heute nicht zuletzt die Redensart »grünes Licht geben« zeugt. Allgemein wird Grün mit dem pflanzlichen Leben und daher auch mit der Erneuerung des Frühlings, mit Jugend, Frische, Fruchtbarkeit und Hoffnung assoziiert. Als modernes Symbol der Ökologie hat es erneut eine wichtige Bedeutung gewonnen.

Spirituell spielt Grün vor allem im Islam eine große Rolle. Hier ist es die heilige Farbe des Propheten und der göttlichen Vorsehung. In China war es die emblematische Farbe der Ming-Dynastie; grüne Jade galt als Symbol von Vollkommenheit, Unsterblichkeit oder von langem Leben, von Stärke und magischen Kräften. Grün ist die symbolische Farbe von Irland, der »grünen Insel«. Im Christentum ist Smaragdgrün ein Symbol des Glaubens, weshalb der Gral in christlichen Bearbeitungen des keltischen Sagenkreises diese Farbe hat. Gelegentlich erscheint Grün auch als Farbe der Dreifaltigkeit, der Offenbarung und – in der frühchristlichen Kunst – des Kreuzes.

Im nichtchristlichen Bereich bezieht Grün sich oft auf Wasser, Regen und Fruchtbarkeit, auf Wassergötter und -geister und auf weibliche Gottheiten wie etwa die römische Göttin Venus. In Mali und China gilt Grün als weibliche Farbe. In der chinesischen Alchemie repräsentiert der Grüne Drache das Yin-Prinzip, Quecksilber und Wasser.

Ein zweiter symbolischer Kontext ist von ambivalenterem Charakter. In vielen Traditionen wird zwischen Dunkelgrün (im Buddhismus eine Lebensfarbe) und dem blassen Grün des Todes unterschieden. So symbolisiert das Grün des ägyptischen Gottes Osiris dessen Rolle als Gott der Toten wie auch des neuen Lebens. Im volkstümlichen Sprachgebrauch steht Grün für Unreife (ein »grüner Junge«), bei manchen europäischen Völkern, z. B. den Engländern, aber auch für Neid und Eifersucht (»grün vor Neid«). Psychologisch belegt Grün eine küh-

Violett ist die Farbe der Demut. Dies ist auch die Bedeutung der Veilchen auf dem Rahmen dieser Anbetungsszene aus einem flämischen Stundenbuch.

GELB: HEILIGKEIT UND VERRAT

Gelb ist die ambivalenteste aller Grundfarben; seine Symbolik kann – je nach Kontext und Farbton – einen positiven oder negativen Charakter annehmen. Das warme Gelb hatte dieselbe solare Bedeutung wie Gold. In China ist es ein Symbol für Königtum, Verdienst und die Mitte. Als Hochzeitsfarbe stand es für Jugend, Jungfräulichkeit, Glück und Fruchtbarkeit. Im chinesischen Theater hingegen signalisiert gelbe Schminke den Verräter. Auch sonst ist der symbolische Zusammenhang der Farbe mit Untreue und Verrat weit verbreitet. So mussten die Juden im Mittelalter gelbe Kleidung tragen, weil man sie für den »Verrat« an Jesus verantwortlich machte. Ein moderner Nachklang ist der gelbe Stern, mit dem man im Nationalsozialismus die Juden diskriminierte. Die Verbindung zwischen gelblicher Haut und Angst oder Krankheit erklärt die Bedeutung der Farbe als Symbol der Feigheit und Quarantäne. Auf Häuser, in denen die Pest wütete, malte man ein gelbes Kreuz. Gelb wird auch mit dem Tod und dem Jenseits assoziiert, möglicherweise, weil es die Farbe verwelkender Blätter ist. Den höchsten symbolischen Wert hat Gelb in den Ländern des südlichen Buddhismus, da die Mönche dort safrangelbe Roben tragen. Diese Farbe, ursprünglich das Kennzeichen von Verbrechern, wählte der Buddha als Symbol der Entsagung.

Das safrangelbe bis orangefarbene Gewand der buddhistischen Mönche ist ein Symbol für Demut und die Abwendung vom Materialismus der Gesellschaft.

le, neutrale Position im Spektrum und wird oft als beruhigende, »therapeutische« Farbe angesehen; daher der Gebrauch in der Pharmazie.

Allerdings kann es sich auch auf übernatürliche Dinge beziehen, wovon die traditionell grüne Farbe der Elfen und Marsmenschen zeugt. Selbst Satan wird gelegentlich grün dargestellt. Vielleicht hat das damit zu tun, dass eine grünliche Haut beim Menschen nicht gerade ein Zeichen für Gesundheit ist.

PURPUR war in der Antike ein Ausdruck von Königtum, hohem Rang und Würde. Ihre symbolische Bedeutung bezieht die Farbe von dem hohen Wert des mit dem Saft der Purpurschnecke gefärbten Tuches. In Rom trugen hohe Priester, Beamte und Offiziere Purpur; vor allem aber war es die Farbe des Kaisers. Die Kinder der byzantinischen Kaiser wurden in einem Zimmer mit purpurnen Vorhängen geboren. »Nach dem Purpur«, das heißt der Kardinalswürde, strebt so mancher Bischof, obwohl das Gewand der Kardinäle eigentlich rot ist.

VIOLETT steht für Mäßigung, Spiritualität und Buße oder für den Übergang vom Aktiven zum Passiven, vom Männlichen zum Weiblichen, vom Leben zum Tod. Diese Symbolik basiert auf der Vermischung von Rot (Leidenschaft, Feuer und Erde) mit Blau (Verstand, Wasser und Himmel). Auf manchen Passionsbildern tragen Jesus und Maria violette Gewänder. Die Veilchen auf Darstellungen der Anbetung verweisen auf die Keuschheit und die verborgene Tugend Marias wie auch auf die Sanftmut des Jesusknaben. Im alten Rom schmückte man die Gräber mit Veilchen als Zeichen des Gedenkens; weil man der Blume zudem eine kühlende Wirkung zusprach, wurden bei Gastmählern oft Veilchenkränze getragen.

SYMBOLSYSTEME

Schon immer hat der Mensch versucht, die Vorgänge in der Natur zu erklären und den scheinbar chaotischen Lauf des Lebens vorherzusagen. Dabei sind spirituelle und naturwissenschaftliche Erkenntnisse zu komplexen Systemen verschmolzen, die häufig einen stark symbolischen Charakter haben. Manche dieser Systeme dienen eher der Vorhersage wie die Astrologie, das I-Ching und das Tarot, andere haben einen pragmatischeren Charakter wie die Zahlenlehre und die Alchemie.

ASTROLOGIE

Ursprünge und Entwicklung

In der Astrologie geht es um Vorhersagen auf der Basis der Planetenkonstellationen. Ihre Ursprünge liegen in der Kultur des alten Babylon. Aus dem 7. Jahrhundert v. Chr. stammende Tontafeln dokumentieren die Vorstellung, vier Himmelsgottheiten hätten Einfluss auf das menschliche Schicksal: Shamash (die Sonne), Sin (der Mond), Ishtar (die Venus) und Adad (der Wettergott). Im Lauf der Jahrhunderte verbreitete sich das System im Nahen und Mittleren Orient, in Indien und China, wo es sich unabhängig weiterentwickelte. In Europa wurden erst zur Zeit des Hellenismus einschneidende Fortschritte gemacht. Im 2. Jahrhundert n. Chr. stellte Ptolemäus die heute gebräuchlichen Namen der Sternbilder zusammen. Zu seiner Zeit hatten die griechischen Astronomen ihre Beobachtungsmethoden so weit verfeinert, dass sie die Planetenbewegungen in Bezug auf feste Koordinaten am Himmelsgewölbe bestimmen konnten. Die Sternbilder dienten als Hintergrund, vor dem die Sonne, der Mond und die fünf damals bekannten Planeten ihre vermeintlichen Bahnen zogen. In Bezug zu den Sternen schienen die sich Sonne und die Planeten innerhalb eines engen Bandes am Himmel zu bewegen. Dieser Gürtel – der Tierkreis – wurde in zwölf Abschnitte von je 30° eingeteilt, denen jeweils eines der Tierkreiszeichen zugeteilt wurde. Die Zeichen wurden nach den auffälligsten Sternbildern benannt, die damals in dem entsprechenden Bereich zu sehen waren.

Bei der weiteren Entwicklung der Astrologie ging es darum, Entsprechungen zwischen den Bewegungen der Himmelskörper und irdischen Zyklen zu finden. Der Tierkreis wurde zu einem Symbolsystem, das die aktuellen Bedingungen auf der Erde mit dem Teil des Himmels in Verbindung brachte, in dem die Sonne erschien. Das mit dem Hochsommer zusammenfallende Zeichen Löwe wurde daher auf die Hitze der Sonne bezogen; ihm folgt das Zeichen Jungfrau, ein Symbol für die Ernte des Saatguts für das folgende Jahr. Die Waage steht für das Gleichgewicht zwischen Sommer und Winter, konkret für das Herbstäquinoktium, die Zeit der Tagundnachtgleiche.

Schon zur Zeit von Ptolemäus fiel den Griechen auf, dass es offenbar Zusammenhänge zwischen dem Naturell eines Menschen und der Jahreszeit seiner Geburt gibt. Im Lauf der Zeit kristallisierten sich zwölf Persönlichkeitstypen heraus, die grob mit den Tierkreiszeichen korrespondieren. Sie bilden die Basis des individuellen Horoskops, bei dem die Geburtszeit und verschiedene weitere Faktoren eine Rolle spielen.

Die Tierkreiszeichen

Die zwölf Zeichen des Tierkreises werden in vier Gruppen unterteilt, die jeweils mit einem Element (Feuer, Wasser, Luft und Erde), bestimmten Eigenschaften und dem männlichen oder weiblichen Prinzip assoziiert werden. Den Feuerzeichen Widder, Löwe und

Auf dem prachtvollen Deckenfresko des Palazzo Farnese in Caprarola hat Taddeo Zuccari die Konstellationen des Nachthimmels dargestellt.

Schütze werden Ehrgeiz und Energie zugeschrieben, den Wasserzeichen Fische, Krebs und Skorpion emotionale und intuitive Fähigkeiten, den Luftzeichen Wassermann, Zwillinge und Waage Logik und Intellekt und den Erdzeichen Steinbock, Stier und Jungfrau Sachlichkeit und Zuverlässigkeit. Menschen mit einem Feuer- oder Luftzeichen gelten zudem als extrovertiert, Menschen mit einem Wasser- oder Erdzeichen als introvertiert.

Die so genannten Qualitäten der einzelnen Zeichen fallen in drei Rubriken, die die drei Grundeigenschaften des Lebens reflektieren: kardinal (Schöpfung), fix (Erhaltung) und veränderlich (Zerstörung). Kardinalzeichen sind aktiv und leiten Ereignisse ein, Fixzeichen sind passiv und halten die Dinge im Lot, veränderliche Zeichen schaffen Raum für den Wandel. Zudem wird den zwölf Tierkreiszeichen abwechselnd ein männlicher und ein weiblicher Charakter zugeordnet; schließlich ergeben sich sechs Paare oder Polaritäten, die sich jeweils im Gleichgewicht befinden.

Horoskope

Nach Auffassung der Astrologie hängen die irdischen Einflüsse der Himmelskörper mit der Position der Planeten im Tierkreis zusammen. Aufgrund der vermuteten Wirkung der Planeten auf Menschen und Ereignisse stellte man enge Bezüge zu den Göttern her. Jeder der insgesamt zehn »Planeten«, zu denen auch Sonne und Mond gerechnet werden, hat sein eigenes Symbol und »regiert« ein oder mehrere Zeichen. Der Zusammenhang zwischen der Position der Planeten aus irdischer Perspektive bestimmt die Interaktion der Kräfte, die die Planeten repräsentieren. Diese Kräfte wirken zusammen, wenn die Planeten sich annähernd am selben Ort im Himmel befinden (Konjunktion); sie stehen im Widerstreit, wenn sich zwischen zwei Planeten ein Winkel von 90° (eine Opposition) ergibt.

Um ein Horoskop zu erstellen, kommen auch die zwölf Häuser zum Tragen, zwölf Abschnitte, in die die scheinbare Bahn der Sonne um die Erde im Lauf eines Tages unterteilt ist. Diese Häuser, die Nummern statt Namen haben, lassen Rückschlüsse auf bestimmte Aspekte im Leben des Individuums zu, zum Beispiel auf Beziehungen, Gesundheit, berufliche Orientierung und Kreativität.

Als bestimmend gilt hier, welche Zeichen und Planeten sich in den einzelnen Häusern befinden.

Aus den Grundeigenschaften der Zeichen, dem Einfluss der Planeten und den Häusern ergibt sich ein komplexes System von Wechselbeziehungen. Die Wissenschaft bestreitet diese Zusammenhänge und beruft sich beispielsweise auf das Argument, die im Altertum identifizierten Sternbilder bestünden aus weit voneinander entfernten Himmelskörpern, die sich zudem in gewaltiger Distanz von der Erde befänden, so dass ein Einfluss auf unser Leben auszuschließen sei. Vielfach wird die Astrologie deshalb als Pseudowissenschaft bezeichnet, die bestenfalls als primitive Vorläuferin der modernen Astronomie gelten könne. An der Faszination, die sie bis zum heutigen Tag ausübt, ändert das allerdings nichts.

I-CHING

Das I-Ching (ältere Schreibweise I-Ging), das »Buch der Wandlungen«, ist eine der ältesten Methoden der Zukunftsdeutung. In China zwischen 1122 und 770 v. Chr. entstanden, hat es sich seit seiner ersten Fassung stark verändert. Zu den Gelehrten, die es überarbeiteten, gehört wohl auch Konfuzius. Das I-Ching basiert auf einer Philosophie der gegenseitigen Abhängigkeit; sein Ziel ist nicht so sehr, die Zukunft zu erkennen, als dem Fragenden seine Möglichkeiten bewusst zu machen.

Die Methoden des I-Ching

Wer das I-Ching konsultieren will, formuliert eine Frage und wirft dann eine Reihe Münzen (früher Schafgarbenstängel). Dadurch entsteht ein System von Linien, die entweder unterbrochen oder ganz sind. Gebrochene Linien repräsentieren ein »Nein« oder Yin, ganze ein »Ja« oder Yang. Je drei solcher Linien übereinander bilden ein Trigramm, je zwei Trigramme ein Hexagramm; die Bedeutung der entstehenden Kombinationen wird im Buch erklärt.

Das I-Ching bezieht sich auf die Existenz von Gegensätzen: Tag und Nacht, Gut und Böse, Glück und Unglück usw. Es wird zwar davon ausgegangen, dass unsere Wahrnehmung der Realität auf solchen Gegensätzen basiert, dass diese aber veränderlich sind – nichts ist von Dauer. Bei den Trigrammen nehmen die beiden gegensätzlichen Kombinationen dreier ganzer (Ch'ien) und dreier gebrochener (K'un) Linien wechselseitig so viele opponierende Aspekte an, dass der Unterschied schließlich verschwindet.

Ursprünglich wurde das Orakel mit acht Trigrammen durchgeführt. Später entstanden die heute bekannten 64 Hexagramm-Kombinationen, in denen sich alle grundlegenden Situationen des menschlichen Lebens spiegeln sollen.

TAROT

Das Tarot ist ein Orakel, das auf der Interpretation der 78 Karten des Tarockspiels basiert. Die mit komplexen symbolischen Bildern versehenen Karten bestehen aus zwei Sätzen: der »Großen Arcana«, gebildet aus den 22 individuellen Trumpfkarten, und der »Kleinen Arcana«, die sich von modernen Kartensätzen nur darin unterscheidet, dass jeder Satz vier statt drei Bildkarten enthält (König, Königin, Reiter und Bube). Die vier Farben der »Kleinen Arcana« heißen Schwerter, Stäbe, Kelche und Münzen.

Ursprünge des Blattes

Die Ursprünge des Tarot liegen immer noch im Dunkeln. Man hat versucht, Verbindungen zu den alten Kulturen Ägyptens, Indiens und Chinas herzustellen; nach Europa ist das Tarot angeblich entweder durch die Araber oder die Zigeuner gelangt. Nach einer anderen Theorie basierten die »Kleinen Arcana« zumindest teilweise auf heute verlorenen Kartensätzen, die venezianische Händler vor dem 15. Jahrhundert im Orient erworben hatten. Diese Blätter sollen sich auf den Hindu-Gott Vishnu bezogen haben, der traditionell mit vier Händen dargestellt wird, in denen er seine Attribute hält: Rad, Lotos, Keule und Muschel. Symbolisch stehen diese vier Symbole für die göttliche Kraft der Erhaltung (Karma-Yoga), der Liebe (Bhakti-Yoga), der Weisheit (Jnana-Yoga) und der inneren Erkenntnis (Raja-Yoga). Sie könnten den Ursprung der vier Farben der »Kleinen Arcana« darstellen.

Ist das der Fall, wären die Karten der »Kleinen Arcana« ursprünglich keine Spielkarten gewesen, sondern Allegorien für die vier parallelen Pfade, auf denen die Seele bei ihrer Reise zur Erleuchtung wandeln kann. Der Verlauf dieser Reise entspräche dem aufsteigenden Blatt bis zur obersten Stufe des Königs. Die »Großen Arcana«, die wahrscheinlich ebenfalls aus dem Orient nach Venedig gelangt sind, wären dann entstanden, um einen stärker esoterisch geprägten spirituellen Pfad aufzuzeigen, der die vier Pfade der »Kleinen Arcana« integrierte.

Esoterische Bezüge

Wann die beiden Blätter kombiniert wurden, ist unklar. Der erste bekannte Kartensatz, der der heute im Tarot gebräuchlichen Form entspricht, wurde 1415 für den Herzog von Mailand hergestellt. In dieser Zeit war das kombinierte Blatt in Italien und Frankreich in Gebrauch und verbreitete sich anschließend in ganz Europa.

Im Lauf der Zeit wurde seine ursprüngliche Bedeutung von der Verwendung beim Kartenspiel überlagert. Weil die »Großen Arcana« sich für diesen Zweck als zu komplex erwiesen, sind sie allerdings aus dem heutigen Standard-Spielkartensatz verschwunden.

Nach einer alten Tradition gehen die Ursprünge des Tarot auf das esoterische Wissen zurück, das der legendäre ägyptische Gott Thot seinen Jüngern hinterlassen haben soll. Fasziniert von dieser Theorie, entwarf ein Pariser Perückenmacher, der sich nach seinem rückwärts buchstabierten Namen Etteila nannte, sein eigenes Tarot-Blatt zum Zweck des Hellsehens. Mitte des 19. Jahrhunderts erweiterte Alphonse Louis Constant, bekannt unter seinem okkulten Pseudonym Eliphas Lévi, Etteilas Konzept zu einem vollständigen System, das Bezüge zur altägyptischen Bilderwelt und der Kabbala aufweist.

Zwar stützt sich die Interpretation Lévis auf fragwürdige Prämissen, doch sind bestimmte Parallelen zwischen Kabbala und Tarot kaum zu leugnen. Zum Beispiel korrespondieren die 22 Buchstaben des hebräischen Alphabets mit den 22 Trumpfkarten der »Großen Arcana«, und die vier Farben der »Kleinen Arcana« könnten den vier Welten der Kabbala entsprechen, das heißt den vier Schritten, in denen Gott den Kosmos erschuf.

ZAHLEN

Für die Menschen des Altertums waren Zahlen ein Symbol für die göttliche Ordnung und ein geheimer Schlüssel zur kosmischen Harmonie. Die in Babylonien, Griechenland und später auch in Indien wirkenden mathematischen Philosophen glaubten, durch das Studium der Zahlen Erkenntnisse über die Prinzipien der Schöpfung und die Gesetze von Zeit und Raum gewinnen zu können. Im Wechselspiel der geraden und ungeraden Zahlen sah der griechische Philosoph Pythagoras (um 570 bis ca. 500 v. Chr.) den Ausdruck eines dualistischen Universums der Gegensätze, das sich auch durch Paare wie begrenzt und unbegrenzt, krumm und gerade, quadratisch und rechteckig ausdrückte. »Alles ist Zahl«, war sein Leitsatz. Im Hinduismus bilden Zahlen die Basis des materiellen Universums. Die Azteken assoziierten jede Grundzahl mit einem bestimmten Gott, einer Eigenschaft, einer Richtung und einer Farbe. Weil man glaubte, die Götter benützten Zahlen, um die Welt zu lenken, hatte jede Zahl eine individuelle Bedeutung. Auch in der Musik, der Dichtung, der Architektur und der bildenden Kunst haben Zahlen immer eine wichtige Rolle gespielt. Im 3. Jahrhundert n. Chr. wiesen die kabbalistischen Mystiker den Buchstaben des hebräischen Alphabets Zahlen zu und benutzten dieses System zu einer Neuinterpretation des Alten Testaments. Aus dieser Methode hat sich später die so genannte Zahlenmystik entwickelt, eine Pseudowissenschaft, die sich dem okkulten Einfluss von Zahlen auf das menschliche Schicksal widmet. Auch der Aberglaube bezieht sich oft auf die Symbolik der Zahlen, wie etwa auf die mystische Sieben und die Unglückszahl 13.

Die Sequenz eins – zwei – drei ist fast durchweg ein Sinnbild von Einheit, Dualität und Synthese. Bei den Pythagoreern symbolisierte die Folge eins – zwei – drei, vier die Bewegung von Punkt zu Linie zu Oberfläche zu Körper. In Griechenland standen ungerade Zahlen für das männliche und aktive, gerade Zahlen für das weibliche und passive Prinzip. In China repräsentierten ungerade Zahlen Yang, den Himmel, das Unveränderliche und Glück Verheißende, gerade Zahlen Yin, das Irdische, Veränderliche und – manchmal – das weniger Glück Verheißende. Die Zahlen von eins bis zehn – in Duodezimalsystemen von eins bis zwölf – hatten eine archetypische Bedeutung. Höhere Zahlen, bei denen wichtige Archetypen zum Tragen kommen, sind etwa die 17 (im Islam) und die 40 (bei den semitischen Völkern).

In Mittelamerika galt die 20 als heilige, mit dem Sonnengott assoziierte Zahl; die 21 steht in der hebräischen Tradition für Weisheit. Die Juden feierten das 50. Jahr, weil es auf sieben mal sieben Jahre folgte. Es war das Jahr, um Schulden zu erlassen, Sklaven zu befreien und Besitz abzugeben. Auch das jüdische Schawuot-Fest (im Christentum Pfingsten) hat mit der Sieben (hebräisch *schewa*) zu tun, weil es auf das Ende der siebten Woche nach dem Passahfest (50 Tage nach Ostern) fällt. Die 60 bildet die Grundlage des chinesischen Kalenders; die 70 – auch als biblisches Alter – war ein Symbol für Totalität und Universalität. Die 10 000 ist häufig ein Symbol für die unendliche Menge oder die unendliche Zeit; die 10 000 Soldaten der persischen Elitetruppe wurden von den Griechen als »die Unsterblichen« bezeichnet. Den nachfolgend aufgeführten Zahlen kommt eine größere symbolische Bedeutung zu.

Null

Mit der erst relativ spät in die Arithmetik aufgenommenen Null verband sich bald eine reiche Symbolik. Die Null steht für Leere und Geheimnis, das Nichts und den

Tod, aber auch für Ewigkeit, das Absolute oder die Essenz der Realität, für Totalität, das kosmische Ei oder den kosmischen Mutterschoß, für die Potenzialität und das Fortpflanzungsintervall. Pythagoras meinte, das aus Babylonien bekannte, mathematisch aber vor allem in Arabien und Indien entwickelte Zeichen enthalte alle Dinge. Die Null steht auch für das Tao, den Erzeuger des Einen. Bei den Maya wurde sie durch die kosmische Spirale dargestellt. In ihrer Funktion als dezimaler Multiplikator wurde sie später auch mit der Macht assoziiert.

Eins

Im Islam und anderen monotheistischen Religionen ist die Eins ein Symbol Gottes und ein Emblem der ursprünglichen Einheit. Sie kann aber auch für Sonne, Licht und den Ursprung des Lebens stehen. In der europäischen Tradition hat die arabische Ziffer »1« eine phallische, aggressive und aktive Bedeutung. Bei den Pythagoreern stellte die Eins den Punkt dar, die Basis jeder Berechnung. Im Konfuzianismus repräsentiert sie das vollkommene Dasein, das Unteilbare und das mystische Zentrum, von dem alles Andere ausstrahlt. Weniger kryptisch ist ihre Funktion als Symbol des Anfangs, des Selbst und der Einsamkeit.

Zwei

Symbolisch ist die Zwei die ambivalenteste aller Zahlen, da sie das binäre Prinzip repräsentiert. Daher kann sie für Synthese stehen, aber auch für Trennung, für Anziehung und Abstoßung, für Gleichgewicht und Konflikt. Schützende Tierfiguren wurden im Altertum oft paarweise aufgestellt, um Stärke auszudrücken. In der chinesischen Symbolik ist die Zwei hingegen eine ungünstige, schwache Yin-Zahl, da ihr ein Zentrum fehlt. Doppelte Gottheiten stehen oft für gegensätzliche Prinzipien oder konträre Aspekte einer einzigen Gottheit. Ebenso können Zwillinge ein Symbol für die verdoppelte Kraft sein, aber auch für die im Widerstreit liegenden Geister des Guten und Bösen. Aufgrund ihrer Assoziation mit der Spaltung einer ursprünglichen Einheit steht die Zwei einerseits für das weibliche Prinzip, für Vereinigung, Liebe, Fruchtbarkeit und Wachstum, andererseits für die Dynamik von Schöpfung und Zerstörung.

Drei

Die Drei ist die positivste aller Zahlen, im religiösen Denken ebenso wie in der Mythologie, im Märchen und im Volksglauben. Davon zeugt etwa die uralte Redensart »Aller guten Dinge sind drei«. Die christliche Lehre der Trinität (Dreifaltigkeit), durch die ein monotheistischer Gott auch in Form des Heiligen Geistes und der Person Christi verehrt werden kann, ist ein Beispiel dafür, wie die Drei die Eins als Symbol einer vielseitigeren und kraftvolleren Einheit ersetzen kann. Dreiköpfige oder dreigestaltige Gottheiten wie die griechische Göttin Hekate oder die keltische Muttergöttin Brigit haben mehrere Funktionen oder beherrschen mehrere Sphären. In vielen Religionen sind Götter-Triaden zu finden. Im Hinduismus ist dies die Trimurti (Dreigestalt) aus Brahma, Vishnu und Shiva, die für Schöpfung, Erhaltung und Zerstörung steht. In der griechischen und römischen Antike beherrschen die drei Brüder Zeus (Jupiter), Poseidon (Neptun) und Hades (Pluto) die Welt mit Hilfe ihrer dreigestaltigen Attribute: dem dreifach gespaltenen Blitzstrahl, dem Dreizack und dem dreiköpfigen Hund Zerberus. Bei den Inka dominierten die drei mit Sonne, Mond und Sturm assoziierten Gottheiten; in China waren es drei Brüder, die den Himmel beherrschten. Auch andere mythologische und allegorische Gestalten tauchen häufig in dreifacher Zahl auf, zum Beispiel die Parzen, die Furien, die Grazien, die Harpyien, die Gorgonen und die christlichen Tugenden Glaube, Hoffnung und Barmherzigkeit. Auch im Neuen Testament erscheint immer wieder die Drei: in Form der drei Weisen aus dem Morgenland, der dreimaligen Verleugnung Jesu durch Petrus, der drei Kreuze von Golgatha und der Wiederauferstehung am dritten Tag.

Bei Pythagoras steht die Drei für die Harmonie, bei Aristoteles für die Vollkommenheit, weil sie ein Ende, einen Anfang und eine Mitte hat. Auch im Taoismus ist die Drei ein Symbol für Stärke, weil sie ein zentrales Element besitzt. Allgemein gilt sie in China als Glückszahl, die Heiligkeit, Loyalität, Respekt und Verfeinerung symbolisiert. Drei geheiligte Objekte – Spiegel, Schwert und Perlen – bilden den japanischen Reichsschatz. Der buddhistische Kanon, das Tripitaka, besteht aus drei Teilen. Die mystische Silbe OM (AUM) wird durch drei Kurven dargestellt, die den Rhythmus des ganzen Kosmos und des Göttlichen repräsentieren.

Bezeichnenderweise steht die Drei für die familiäre Einheit Vater-Mutter-Kind, den kleinsten »Stamm«. In Afrika ist sie die Zahl der Männlichkeit (Penis und Hoden); in der Liebe ist sie – als Dreiecksbeziehung – ein Symbol des Konflikts. Ansonsten ist die Drei normalerweise eine Glückszahl, möglicherweise, weil sie die Lösung eines Konflikts symbolisiert, eine entschlossene Handlung, die zum Erfolg oder in die Katastrophe führen kann. Im Märchen werden gewöhnlich drei Wünsche erfüllt; Held oder Heldin haben drei Wahlmöglichkeiten, müssen drei Prüfungen über sich ergehen lassen oder haben drei Chancen, eine Aufgabe zu lösen. Rituelle Handlungen, wie etwa Weissagung oder die täglichen Waschungen im Islam, werden oft dreimal durchgeführt. Grafisch wird die Drei meist als Dreieck dargestellt. Weitere dreiförmige Symbole sind das Triskelis, eine Art dreiarmige Swastika, das Kleeblatt, das chinesische Trigramm, der Dreizack, das Fleur-de-Lis-Motiv, drei Fische mit einem Kopf (die christliche Trinität) und dreibeinige lunare Wesen (die Mondphasen).

Vier

Die Symbolik der Vier ist primär aus dem Quadrat und dem vierarmigen Kreuz abgeleitet. Die Vier steht für Festigkeit, Ganzheit, Allgegenwart, Organisation, Kraft, Verstand, Gerechtigkeit und Allmacht. In Indien wie China ist das Quadrat das Emblem der Erde. Das vierarmige Kreuz ist das gebräuchlichste Symbol der Totalität und der vier Richtungen im Raum. Dass die Zahl Vier in der Religion des präkolumbischen Amerika eine dominante Rolle spielte, liegt an der Bedeutung der vier Himmelsrichtungen, die von mächtigen Wind- und Wettergöttern beherrscht wurden. Sowohl die vier Himmelsgötter der Maya wie auch die vier Schöpfergottheiten der Azteken und die vier Welten der in Arizona beheimateten Hopi verweisen auf dieses Grundmotiv. Anderswo war die Vier ein kaum weniger wichtiges Symbol der Universalität. Die Vorstellung von vier Flüssen, die im Paradies aus dem Lebensbaum entspringen und spirituelle Nahrung wie auch Unsterblichkeit zu den Menschen bringen, findet sich in der babylonischen, iranischen, hinduistischen, christlichen, germanischen, nordischen und buddhistischen Tradition. Götter mit vier Gesichtern wie Amun-Re (in Ägypten) und Brahma (in Indien) symbolisieren die Herrschaft über alle Elemente.

Als Emblem der irdischen Ordnung und Universalität ist die Vier auch die Zahl der Kasten in der hinduistischen Gesellschaft. Mit den vier Buchstaben JHWH wurde der Name des jüdischen Gottes, der nicht ausgesprochen werden durfte, umschrieben. Die zwölf Stämme Israels waren unter die vier Symbole Mensch, Löwe, Stier und Adler gruppiert, die später den vier Evangelisten Matthäus, Markus, Lukas und Johannes zugeordnet wurden. Auch sonst erscheint die Vier in der Bibel häufig als Zeichen der Universalität, zum Beispiel in Form der vier apokalyptischen Reiter.

Für die Pythagoreer war die Vier die erste Zahl, aus der ein Körper entstehen konnte, das Tetraeder mit einer Grundfläche und drei Seiten. Überall auf der Welt ist das Quadrat als Symbol der stabilisierenden Kraft der Religion ein grundlegender Bestandteil der sakralen Architektur.

Als Stützen von Welt oder Himmel dienten im Glauben des alten Ägypten vier Pfeiler, in Mittelamerika vier Riesen. Die bei der Mumifizierung entfernten Eingeweide des Toten wurden in vier Kanopen beigesetzt. Noch heute umstehen bei der feierlichen Aufbahrung vier Wachen den Toten. Als mathematisch rationale Zahl symbolisiert die Vier auch den Verstand. In der europäischen Tradition gibt es vier Elemente (Erde, Wasser, Feuer und Luft) und vier Temperamente.

Fünf

Als Symbol für das Menschliche wird die Fünf oft in Form einer männlichen Gestalt dargestellt, deren Kopf und ausgebreitete Glieder einen fünfzackigen Stern bilden, aber auch durch das Pentagramm, das in einem Zug durchgezeichnet werden kann. Abgesehen von ihren symbolischen Bezügen zum menschlichen Mikrokosmos und zur Hand war die Fünf in Kulturen, in denen das Zentrum als fünfte Himmelsrichtung galt (wie etwa in China, Japan und bei den Kelten), ein bedeutsames Symbol der Totalität. Assoziationen bestehen zudem zu Liebe, Gesundheit, Sinnlichkeit, Meditation, Analyse, Kritik, Stärke, Integration, dem organischen Wachstum und dem Herzen.

In der pythagoreischen Mystik ist die Fünf – wie auch die Sieben – eine holistische Zahl, da sie die himmlische Drei mit der irdischen Zwei vereint. Dadurch, glaubte man, spiele sie eine fundamentale Rolle in der Natur wie in der Kunst. In der Antike assoziierte man sie mit Aphrodite (Venus), der Göttin der Liebe und der Schönheit. Auch diese Beziehung zu Liebe und Sexualität könnte auf die Kombination der »männlichen« Drei mit der »weiblichen« Zwei zurückzuführen sein, wenn sie nicht der älteren mesopotamischen Tradition entlehnt ist, in der der fünfzackige Stern für die Göttin Ishtar und ihren Planeten, den Abendstern Venus, steht. Die Azteken bezogen die Fünf hingegen auf Quetzalcoatl, den Gott des Morgensterns, der sich am fünften Tag aus der ebenfalls mit der Fünf assoziierten Unterwelt erhebt. Dies ist traditionell der Tag, an dem sich nach der Aussaat die ersten Triebe der Maispflanze zeigen. Eine breitere Bedeutung erhielt die Zahl bei den Azteken dadurch, dass diese ihre Epoche als die der »fünften Sonne« bezeichneten.

In Indien ist der fünfzackige Stern ein Symbol von Shiva, der gelegentlich mit fünf Gesichtern dargestellt wird; im japanischen Buddhismus steht die Fünf für die Vollkommenheit. In China, wo die Fünf als Symbol der Mitte galt, war ihre Bedeutung noch größer: Zusätzlich zu den fünf Weltrichtungen und den fünf Sinnen sprach man von fünf Elementen, Metallen, Farben, Tönen und Geschmäcken. In der christlichen Ikonografie hat Jesus fünf Wundmale. Im Islam ist die Fünf eine heilsame und schützende Zahl, weil die Religion auf den »Fünf Säulen« steht: dem Glaubensbekenntnis, dem Gebet, dem Fasten, dem Almosengeben und der Wallfahrt nach Mekka. Im Judentum ist die Fünf ein Symbol der Stärke, in der Alchemie die Zahl der Quintessenz.

Sechs

Die Sechs ist ein Symbol für Vereinigung und Gleichgewicht. Ihr grafisches Bild ist das Hexagramm, das aus zwei ineinander geschobenen Dreiecken besteht, von denen eines nach oben weist (männlich, Feuer, Himmel), das andere nach unten (weiblich, Wasser, Erde). Das heute meist als Davidstern bezeichnete Hexagramm war ein Symbol für die Einheit von Israel und Juda. Außerdem ist es ein Ideogramm für die menschliche Seele.

Das chinesische Orakelbuch I-Ching basiert auf der Symbolik sechs gebrochener oder ganzer Linien, die ebenfalls als Hexagramm bezeichnet werden (siehe Seite 162–163). Bei den Pythagoreern galt die Sechs wie beim heutigen Würfelspiel als Glückszahl. In Form des Kubus mit sechs Oberflächen repräsentiert die Sechs Stabilität und Wahrheit. In der Genesis und der sumerisch-semitischen Überlieferung wird die Welt in sechs Tagen geschaffen. Satan (dem »Tier«) wird in der Johannes-Apokalypse (13, 18) die Zahl 666 zugeschrieben. Möglicherweise hat der Autor diese Zahl gewählt, weil sie wiederholt die heilige Zahl sieben nicht erreicht. Es könnte sich aber auch um den verschlüsselten Namen mehrerer römischer Kaiser handeln, die Christenverfolgungen durchführen ließen, oder um einen Hinweis auf Simon Magus (Apostelgeschichte 8,9), einen Vorläufer der Gnostiker, dessen Einfluss aufs frühe Christentum der Autor für schädlich hielt.

Sieben

Besonders in den Traditionen Westasiens ist die Sieben eine heilige, mystische und magische Zahl. Sie symbolisiert die kosmische und spirituelle Ordnung und die Vollendung eines natürlichen Zyklus. Ihre Bedeutung hängt mit der frühen Astronomie zusammen, vor allem mit den sieben dynamischen Himmelskörpern Sonne, Mond, Mars, Merkur, Jupiter, Venus und Saturn, nach denen in vielen Kulturen die Wochentage benannt wurden. Dazu kamen die vier siebentägigen Phasen des Mondes, aus denen der 28-tägige Mondkalender bestand, und die von den frühen Arithmetikern beobachtete Tatsache, dass die Addition der Zahlen eins bis sieben ebenfalls 28 ergibt.

Von fundamentaler Bedeutung war die Sieben in der mesopotamischen Kultur, wo Himmel wie Erde in sieben Bereiche unterteilt wurden und der Lebensbaum sieben Zweige hatte. In der Bibel ist der von Gott gesegnete siebte Tag nur ein Beispiel für die Bedeutung dieser Zahl. Im Judentum gibt es sieben Feste und Reinigungen, jedes siebte Jahr ist ein Sabbatjahr und man spricht von sieben Pfeilern der Weisheit. Auch in anderen Kulturen wurde die Sieben oft mit geistiger Vollendung assoziiert. Als Zahl des ägyptischen Gottes Osiris ist sie ein Symbol der Unsterblichkeit; der griechische Gott Apoll hat eine siebensaitige Lyra. Beim Kult des persischen Lichtgottes Mithras gab es sieben Stufen der Einweihung und dem Buddha sind sieben Embleme zugeordnet.

In der hinduistischen Überlieferung hat der Weltenberg sieben Hänge, die Sonne sieben Strahlen. Der siebte Strahl ist ein Symbol des Zentrums und der Macht Gottes. Im Islam, wo die Zahl Sieben die Vollkommenheit symbolisiert, gibt es sieben Himmel, Erden, Meere, Höllen und Tore zum Paradies. In Mekka gehen die Pilger sieben Mal um die Kaaba. Nicht nur im Volksglauben Arabiens hat die Sieben eine beschützende Kraft, vor allem bei der Geburt.

Acht

Räumlich ist die Acht ein Symbol des kosmischen Gleichgewichts, zyklisch steht sie für Erneuerung, Wiedergeburt und Glückseligkeit. Das Achteck galt als eine Form, die zwischen Quadrat und Kreis vermittelte und dadurch Stabilität mit Totalität verband. Ein Symbol der Totalität ist die Acht auch, weil sie die vier Himmelsrichtungen und die vier Punkte dazwischen darstellt. Häufig, zum Beispiel bei den Kelten und Hindus, haben symbolische Räder acht Speichen; der hinduistische Gott Vishnu wird mit acht Armen dargestellt. Achteckige Taufbecken sind außerdem ein Symbol der Erneuerung, da die Acht auf die symbolisch »vollständige« Zahl sieben folgt und einen neuen Zyklus einleitet. Im japanischen Shintoismus und in China, wo es im Taoismus Acht Unsterbliche gibt, gilt die Acht als Glückszahl. Im Buddhismus, wo man von den Acht Kostbarkeiten und den Acht Überwindungen spricht, wird die Lotosblüte oft mit acht Blütenblättern dargestellt.

Die Form der arabischen Ziffer »8« wurde mit dem Caduceus gleichgesetzt. In der hermetischen Magie ist die Acht die Zahl des Hermes. Der Stern von Bethlehem wird oft mit acht Zacken dargestellt.

Neun

Als dreifache Dreizahl ist die Neun in den meisten Traditionen eine ungemein kraftvolle Zahl, besonders in China, im Buddhismus und bei den Kelten. In China gilt sie als größte Glückszahl und als stärkste Yang-Zahl. Sie bildet die Basis vieler ritueller Strukturen im Taoismus und in der chinesischen Architektur. In der Mystik repräsentiert sie die dreifache Synthese von Körper, Geist und Seele oder von Unterwelt, Erde und Himmel.

Im Judentum ist die Neun ein Symbol der Wahrheit, im Christentum steht sie für die Ordnung innerhalb der Ordnung; daher die neun Engelschöre. In vielen Kulturen gibt es neun himmlische Sphären, in Mittelamerika glaubte man an neun Unterwelten. Da sie oft auf die männlichen Eigenschaften Mut und Ausdauer bezogen wird, war die Neun eine Schlüsselzahl in den Ritualen des nord- und zentralasiatischen Schamanismus. Die neun Tage und Nächte, während derer der nordische Gott Odin (Wotan) sich am Weltenbaum Yggdrasil aufhängt, symbolisieren die rituelle Periode seiner magischen Wiederauferstehung oder Verjüngung.

Zehn
Die Zehn ist ein Symbol der Vollkommenheit. Besonders im Judentum ist sie die mystische Zahl der Vollendung und der Einheit, daher die Zahl der Gebote, das heißt der wichtigsten religiösen Pflichten, die Gott Moses am Berg Sinai offenbart hat.

Bei den Pythagoreern stand die Zehn als Summe der Zahlen Eins bis Vier für die Gesamtheit der Schöpfung und wurde in Form eines zehnzackigen Sterns dargestellt. Als Zahl der Finger der menschlichen Hände war die Zehn auch auf der einfachsten Ebene ein Symbol der Vollständigkeit. Der altägyptische Kalender orientierte sich an 36 hellen Sternen, denen jeweils eine zehntägige Periode zugeordnet wurde. Man glaubte, jeder dieser Sterne beeinflusse das menschliche Leben, ein wichtiges Konzept bei der Entstehung der griechischen Astrologie.

Der Zehnt, fast überall ein Zehntel des Rohertrags aus Grundbesitz, Handel und Kriegsbeute, war die Menge, die man einem Gott oder Herrscher schuldete. In China galt die Zehn als vollkommen ausgeglichene Zahl; das ihr zugeordnete Schriftzeichen ist ein Kreuz. Als Kombination aus weiblichen und männlichen Ziffern war sie ein Symbol der Ehe. Eine Dekade symbolisiert oft einen historischen Wendepunkt oder einen mythischen Zyklus, wie etwa den Fall Trojas nach zehnjähriger Belagerung.

Elf
Da die Elf einen Zähler mehr als die vollkommene Zehn aufweist, war sie für Augustinus eine Zahl der Sünde. Allgemein wurde sie oft mit Gefahr, Konflikt und Rebellion assoziiert; in Europa galt sie als Unglückszahl (»des Teufels Dutzend«). Im afrikanischen Schamanismus hingegen verband man die Elf mit Fruchtbarkeit. Die Errettung zur »elften Stunde« bezieht sich auf das Gleichnis Jesu von den Tagelöhnern, die den Lohn eines ganzen Tages erhalten, obwohl sie erst in der letzten Stunde gedungen werden.

Zwölf
Als grundlegende Zahl von Raum und Zeit in der Astrologie, der frühen Astronomie und der Kalenderlehre hat die Zwölf eine große symbolische Bedeutung erhalten, besonders in der jüdisch-christlichen Überlieferung, wo sie die Zahl der Auserwählten ist. Sie repräsentiert die kosmische Gliederung, die Zonen des himmlischen Einflusses und einen vollendeten zeitlichen Zyklus (die zwölf Kalendermonate, die zwölf Tages- und Nachtstunden, die zwölfjährigen Perioden in China). Als Multiplikationsergebnis der beiden einflussreichen Zahlen Drei und Vier symbolisiert sie die Vereinigung der geistigen und weltlichen Ebene. In der Bibel hat Jakob zwölf Söhne, nach denen die Stämme Israels benannt sind. Damit korrespondieren die zwölf Edelsteine auf der Brustplatte des jüdischen Hohenpriesters, die zwölf Apostel, die zwölf Früchte am Lebensbaum, die zwölf Tore der Heiligen Stadt und die zwölf Sterne in der Krone Marias. Auch Mithras wurden zwölf Jünger zugeordnet und manche islamische Richtungen kennen zwölf Nachkommen des Propheten Ali (Vetter und Schwiegersohn Mohammeds). Die solare Astrologie basiert auf der Bewegung der Sonne durch die zwölf Tierkreiszeichen.

Der griechische Dichter Hesiod (um 700 v. Chr.) erwähnt zwölf Titanen; später herrschen zwölf Götter auf dem Olymp. Zu König Artus' Tafelrunde gehören zwölf bedeutende Ritter. Die zwölf Weihnachtstage repräsentieren jeweils einen Monat des kommenden Jahres. Sie gehen auf das Julfest und die römischen Saturnalien, die Feiern zur Wintersonnenwende, zurück.

Dreizehn
Dass die Dreizehn als Unglückszahl gilt, hängt wahrscheinlich mit dem Schaltjahr des babylonischen Mondkalenders zusammen, dessen dreizehnter Schaltmonat als ungünstig angesehen wurde. Schon Hesiod rät den Bauern davon ab, am Dreizehnten des Monats mit der Aussaat zu beginnen. Beim Zusammentreffen von zwölf Hexen war Satan angeblich als Dreizehnter zugegen. Im Tarot ist die dreizehnte Karte der »Großen Arcana« dem Tod gewidmet. Im präkolumbischen Mittelamerika war die Dreizehn hingegen eine

heilige Zahl, weil der religiöse Kalender aus dreizehntägigen Wochen bestand.

Vierzig

Die höchste Zahl von größerem symbolischem Gewicht ist die Vierzig. In der jüdisch-christlichen wie in der islamischen Tradition definiert sie bedeutsame Perioden der spirituellen Vorbereitung, der Erprobung, der Reinigung, der Buße, des Wartens und Fastens. Möglicherweise ist die Bedeutung der Zahl auf die babylonische Astronomie zurückzuführen, die eine vierzigtägige Periode im Frühling, in der die Plejaden verschwanden, mit Naturkatastrophen, besonders Unwettern und Überflutungen, assoziierte. Ein anderer Bezug ist die uralte Vorstellung, der Sterbeprozess sei erst nach vierzig Tagen vollkommen abgeschlossen. Die Römer hielten die Todesmahlzeit daher am vierzigsten Tag nach dem Todesfall ab. Der Begriff »Quarantäne« ist von der vierzigtägigen Wartefrist abgeleitet, die der Hafen von Marseille im 14. Jahrhundert allen Schiffen auferlegte, die aus Seuchenländern kamen.

In der frühen Geschichtsschreibung wird die Vierzig eher als symbolische denn als präzise Zahl verwendet. In der Bibel dauert die Sintflut daher vierzig Tage und Nächte, die Israeliten wandern vierzig Jahre durch die Wüste, Moses verbringt vierzig Tage und Nächte auf dem Berg Sinai, David und Salomo regieren je vierzig Jahre, Jesus verbringt vierzig Tage fastend in der Wüste (ebenso lange dauert die Fastenzeit des Kirchenjahres); er predigt vierzig Monate und fährt vierzig Tage nach seiner Auferstehung in den Himmel. Im alten Ägypten verschwand Osiris während einer vierzigtägigen Fastenzeit. Mohammed soll im Alter von vierzig Jahren von Gott berufen worden sein. Viele andere jüdische und islamische Rituale verweisen auf die symbolische Bedeutung der Vierzig als Zahl der Vollendung oder Veränderung.

ALCHEMIE

Im Allgemeinen gilt die Alchemie als Pseudowissenschaft, die sich der Verwandlung »niederer« Metalle in Gold widmet. Sie hat daher den Status einer Kuriosität, die immerhin einen Beitrag zur Entstehung der modernen Chemie geleistet hat. Dieses Missverständnis ist nicht zuletzt darauf zurückzuführen, dass die Alchemisten das wahre Ziel ihrer Kunst, das Erlangen der höchsten Erkenntnis, immer bewusst verschleiert haben. Auf der geheimsten Ebene ist das niedere Metall ein Symbol für das unerlöste Selbst, während das Gold mit seiner Leuchtkraft und seiner unvergänglichen Natur für das verwandelte geistige Selbst steht. Der Alchemist strebt also danach, die banale Erfahrung des Alltags in einen reinen, geistigen Zustand zu verwandeln.

Die symbolische Verschleierung des alchemistischen Transformationsprozesses war nötig, weil die Kirche ihn im Mittelalter als Ketzerei verdammte. Sie tat dies, da die Alchemie dem Individuum die Möglichkeit bot, sich ohne Beteiligung der Kirche selbst in den Zustand der Erlösung zu versetzen.

Die Alchemie war nicht nur ein Symbol der inneren Verwandlung, sie bot ihren Anhängern auch die entsprechenden Methoden. Das Ziel des Alchemisten war es, eine niedere Grundsubstanz in den »Stein der Weisen« (Lapis philosophorum) zu verwandeln, der auch als Lebenselixier bezeichnet wurde. Dass dieser Stein angeblich unedle Metalle in Gold verwandeln konnte, war ein Beweis für seine Kraft, doch stellte er an sich schon ein Ziel dar und war eher eine Essenz als ein Mittel zum Zweck. Der als Großes Werk bezeichnete Erkenntnisprozess hatte also eine gleichermaßen physische wie spirituelle Dimension.

Theorie und Praxis

Entstanden ist die Alchemie wahrscheinlich im alten Ägypten; als esoterische Lehre war sie den Griechen, Arabern, Indern und Chinesen bekannt. Die erste alchemistische Schrift, die im mittelalterlichen Europa erschien, war ein arabisches Werk, das der Engländer Robert von Chester im 12. Jahrhundert ins Lateinische übersetzte. Die theoretische Grundlage der alchemistischen Praxis beruht auf der Vorstellung, die gesamte Realität, also auch die Menschheit, entstehe aus einer nicht physikalisch zu definierenden Urmaterie *(Materia prima)*, einem universellen magischen Element, das sich in Form der Elemente Erde, Feuer, Luft und Wasser manifestiere. Man glaubte, dass diese Elemente ineinander umgewandelt werden könnten, dass also alle materiellen Dinge dem Prinzip der Veränderung unterlägen.

Nach dieser Vorstellung war es möglich, eine Substanz in die *Materia prima* zurückzuverwandeln, ebenso wie man diese in einer anderen Form wieder zum Vorschein bringen konnte.

Die mittelalterlichen Schriften, in denen die alchemistische Praxis beschrieben wird, sind so obskur und symbolisch überfrachtet, dass sie fast unverständlich wirken. Während zynische Stimmen behaupten, dahinter verberge sich nichts als Schwindel, sind andere Interpreten der Meinung, dass diese Texte bewusst gegen die konventionelle Logik verstoßen, um die Entschlossenheit des Suchenden zu prüfen. Dieser müsse sich auf seine Inspiration und Intuition verlassen, um den Pfad zur Erkenntnis zu finden.

Das Große Werk beginnt mit der *Materia prima*, die der Adept selbst beschaffen muss. Sie hat die Form eines Steines, der nicht mit dem Stein der Weisen verwechselt werden darf. Dieser Stein, über dessen Natur nichts gesagt wird, wird pulverisiert und mit dem »Ersten Agens« vermischt, das geheimnisvoll als »trockenes Wasser« oder als Feuer beschrieben wird, das ohne Flamme brennt. Nach manchen Quellen wird es aus Weinstein hergestellt. Die Mischung der beiden Substanzen wird mit Tau befeuchtet und in ein hermetisch verschlossenes Gefäß, das »philosophische Ei«, gefüllt, in dem es bei gleich bleibender Temperatur lange Zeit gewärmt wird.

Während dieser Inkubation liegen die beiden Prinzipien innerhalb der *Materia prima* – symbolisch als der rote, männliche, solare und warme Sulphur (Schwefel) und der weiße, weibliche, lunare und kalte Mercurius (Quecksilber) bezeichnet – in einem wilden Kampf. Am Ende zerstören sie sich gegenseitig und erzeugen eine schwarze Verwesung *(Nigredo)*, die »Schwärze der Schwärzen«. Damit ist die erste Phase des Großen Werks abgeschlossen.

In der zweiten Phase wird die Schwärze von den Farben des Regenbogens überlagert, die gelegentlich als Pfauenschwanz oder Perle dargestellt werden. Anschließend werden diese von einem Weiß überdeckt, der *Albedo*. Nun erscheinen die beiden Prinzipien der *Materia prima* wieder, jedoch in neuer Form: der Rote König oder Sulphur der Adepten geht aus dem Schoß der Weißen Königin (Mercurius oder die Weiße Rose) hervor. König und Königin werden im Feuer der Liebe vereinigt. Aus dieser Vereinigung entsteht der Stein der Weisen, der unedle Metalle in Gold verwandeln kann und den Schlüssel zur höchsten geistigen Vollendung darstellt.

Von zentraler Bedeutung für das Gelingen des Großen Werkes war die richtige Motivation. Wer sich ausschließlich auf den chemischen Prozess konzentrierte, war zum Scheitern verurteilt. War der Adept von Habgier getrieben, würde er, wie es in einer alchemistischen Schrift heißt, »nichts als Rauch ernten«.

Die *Materia prima*, die der Suchende selbst gewinnen muss, symbolisiert die tiefe Sehnsucht, die wahre geistige Natur zu erkennen. Sie ist das aktive Prinzip, während das Erste Agens für das passive Prinzip steht, die uns innewohnende Energie, die uns auf unserem Lebensweg meist nicht bewusst wird, aber das Potenzial für unser spirituelles Wachstum darstellt. Sobald im »Ofen« der tiefen Meditation ein Kontakt zwischen diesen beiden Prinzipien hergestellt ist, bekämpfen sie sich. Das aktive Prinzip, das daran gewöhnt ist, durch den Willen zum Ziel zu kommen, stellt fest, dass das passive Prinzip so nicht überwunden werden kann. Es folgt die dunkle Nacht der Seele, von der die Mystik spricht, ein Zustand, in dem beide Prinzipien ausgelöscht scheinen und in dem sich der Mensch zutiefst verlassen fühlt. Aus dieser Verzweiflung entsteht jedoch der Regenbogen der Erkenntnis, dass es der Liebe bedarf, nicht der Gewalt. Am Ende steht die Vereinigung der beiden

Prinzipien, des Roten Königs und der Weißen Königin, deren Nachkommen aus Wasser und dem Geist geboren werden.
Wie sah die spirituelle Praxis aus, die hinter diesem symbolischen Prozess stand? Auf jeden Fall meditierte der Adept beim Durchlaufen der einzelnen Phasen über die alchemistischen Symbole. Eine chinesische Schrift mit dem Titel *Das Geheimnis der goldenen Blume* lässt weitere Rückschlüsse zu. Hier ist davon die Rede, bei der Meditation solle man sich vorstellen, wie sich die physische Energie im Unterleib, konkret am »Kraftort« unterhalb des Nabels, sammele. Hier erzeuge sie eine große Wärme, die dann symbolisch »den Siedepunkt überschreitet und zum Gipfel des Schöpferischen aufsteigt wie fliegender Schnee«. Vielleicht ist es zumindest einigen wenigen Alchemisten trotz ihrer archaischen und obskuren Sprache gelungen, tatsächlich die Vereinigung des Roten Königs und der Weißen Königin zu bewirken und das niedere Metall des physischen Daseins ins reine Gold eines größeren spirituellen Selbst zu verwandeln.

KABBALA

Die Kabbala ist ein faszinierendes System aus theoretischen und praktischen Lehren, das seinen Anhängern nicht nur einen Pfad des mentalen und spirituellen Wachstums bietet, sondern auch ein symbolisches Konzept der Schöpfung selbst. In der Mystik des 3. Jahrhunderts n. Chr. verwurzelt, ist die Kabbala eine vorrangig jüdische Tradition. Die früheste bekannte Schrift aus ihrem Umkreis ist das im 3. bis 6. Jahrhundert entstandene Buch der Schöpfung *(Sefer Jezira)*. Seit dem 15. Jahrhundert übt die Kabbala auch einen gewissen Einfluss auf das christliche Denken aus. So vertrat der italienische Humanist Pico della Mirandola die Ansicht: »Keine Wissenschaft kann uns besser vom göttlichen Wesen Christi überzeugen als die Magie und die Kabbala.«

Symbolische Bezüge

Im Wesentlichen ist die Kabbala eine esoterische Lehre, in deren Zentrum ein System von Symbolen steht. In diesen spiegelt sich das Mysterium Gottes und des Universums, zu dem der Schlüssel gefunden werden muss. Auf der theoretischen Ebene ist der – traditionell männliche – Kabbalist anschließend in der Lage, die spirituellen Dimensionen des Universums zu begreifen; auf der praktischen Ebene kann er die mit diesen Dimensionen verbundenen Kräfte zu magischen Zwecken nutzen, das heißt für Prozesse der physischen, psychologischen oder spirituellen Transformation. Die Schlüssel zur Kabbala sind in der Bedeutung der göttlichen Offenbarungen verborgen, aus denen die heiligen Schriften bestehen – so wie Gott verborgen ist, so sind dies auch die Geheimnisse seiner Botschaft. Zum Vorschein kommen diese Geheimnisse, wenn man die Schriften mittels eines spekulativen Systems von Entsprechungen entschlüsselt, der Gematrie. Dabei wird jedem Buchstaben des hebräischen Alphabets eine Zahl zugeordnet. Wie das funktioniert, wird am Beispiel der von Moses errichteten kupfernen Schlange deutlich, über die es heißt: »Wenn nun jemand von einer Schlange gebissen wurde und zu der Kupferschlange aufblickte, blieb er am Leben.« (Numeri 21,9). In der Gematrie wird die Schlange zu der Zahl 358, die numerisch auch dem Wort »Messias« entspricht. Dadurch gilt sie als Prophezeiung für das Kommen des Messias, der all jene erretten wird, die vom Verlangen nach der göttlichen Wahrheit »gebissen« sind. Bei den christlichen Kabbalisten ist die Schlange auf dem Kreuz daher ein Symbol für Jesus Christus.

Die Gematrie ist derart komplex, dass profunde Kenntnisse des Hebräischen nötig sind, um die Kabbala zu studieren. Früher stellten die Kabbalisten zudem hohe Anforderungen an ihre Schüler, die ein moralisch einwandfreies Leben führen, große Konzentrationsfähigkeit besitzen und sich ganz ihrer Aufgabe hingeben mussten. Aus diesem Grund ist meist nur der zugänglichste Aspekt der Kabbala bekannt, die zehn Sefiroth (Reiche oder Ebenen). Trotz ihrer scheinbaren Einfachheit sind sie ein außerordentlich kraftvolles und allumfassendes Symbol.

Die Sefiroth

Vereinfacht gesagt symbolisieren die Sefiroth die Schöpfung. Der Grund für die Existenz des Lebens liegt darin, dass Gott sich betrachten wollte. Um das zu erreichen, entzog er seine Gegenwart – das absolute Ganze – von einem Ort, damit er »sein eigenes Antlitz erblicken« konnte. Als er das Universum erschuf, offenbarte Gott zehn seiner Attribute, die von den Sefiroth repräsentiert werden. Jedes dieser Attribute steht in einem genau festgelegten Zusammenhang. Der Pfad beginnt mit der Krone (Keter), die alles bezeichnet, was war, ist und sein wird, und führt am Ende zum Reich (Malchut), das mit der Gegenwart Gottes in der Materie korrespondiert. Zwischen Krone und Reich liegen die Attribute Weisheit, Vernunft, Größe, Kraft, Schönheit, Fortdauer, Majestät und Fundament; das Ganze wird beherrscht von den drei göttlichen Prinzipien Wille, Gnade und Gerechtigkeit. Auf den meisten bildlichen Darstellungen der Sefiroth hat der Pfad eine Zickzackform, da diese drei mit Gleichgewicht (Wille), Ausdehnung (Gnade) und Beschränkung (Gerechtigkeit) assoziierten Prinzipien abwechselnd zum Zuge kommen.

Obgleich alle Gesetze der Schöpfung in den zehn Sefiroth enthalten sind, existieren sie dort nur als noch nicht verwirklichte Entwürfe. Die vielen Manifestationen Gottes werden in der Kabbala durch die Vorstellung von vier Welten oder kosmischen Zyklen repräsentiert, die jeweils einen eigenen Lebensbaum besitzen. Diese vier Welten – Emanation, Wesenhaftigkeit, Formung und tätige Kraft – können als verschiedene Aspekte Gottes gesehen werden, durch die das Universum entstanden ist. Sie beziehen sich auch auf eine Vision des Propheten Ezechiel (6. Jahrhundert v. Chr.), in der dieser ein Bild der Herrlichkeit Gottes (Emanation) auf einem Thron (Wesenhaftigkeit) sieht, der auf einem Wagen (Formung) über die Welt (tätige Kraft) zieht. Jede der hierarchisch angeordneten Welten besitzt auch alle Eigenschaften der Welt darüber und ist daher komplexer und mehr Gesetzen unterworfen. Die vier Welten werden meist als vier ineinander greifende Sefiroth, das heißt als erweiterter Lebensbaum dargestellt.

Die in den Sefiroht enthaltenen Muster und Beziehungen bilden die Grundlagen des Daseins und können daher auf alle Bestrebungen bezogen werden. Richtig benutzt und verstanden, sind sie eine Art Bauplan, mit dem alle kosmischen wie menschlichen Phänomene erklärt und letztlich auch beherrscht werden können.

Die Kabbala ist in erster Linie eine mündliche Tradition, in der der Eingeweihte von einem erfahrenen Mentor angeleitet wird, der für das noch unvollkommen entwickelte Bewusstsein seines Schülers einsteht und diesen vor Gefahren behütet. Der Schüler beginnt meist mit dem Studium der zehn Sefiroth, durch das er den Baum der Erkenntnis emporsteigt. Jede Ebene repräsentiert einen Aspekt des Selbst, der voll entwickelt werden muss, bevor die nächste Stufe in Angriff genommen werden kann. Erst wenn der Kabbalist ein theoretisches Verständnis der Sefiroth besitzt, kann er durch weitere Studien und Meditationen den Baum erklimmen. Dazu muss er auch lernen, wie ihm die 22 Pfade zwischen den einzelnen Sefiroth bei seinem Fortschritt nützen können. All dies ist eine Lebensaufgabe, die nur von Wenigen gemeistert wird, doch wenn dies gelingt, so kann jenseits aller Symbolik die Unendlichkeit selbst erfahren werden.

REGISTER

Die in **fett** gesetzten Seitenzahlen verweisen auf Haupteinträge im Text, *kursiv* gesetzte auf Bildlegenden

BILDNACHWEIS

Der Autor und der Verlag danken den folgenden Personen, Museen und Fotoagenturen für die Gewährung der Abdruckrechte.

Abkürzungen:
BAL Bridgeman Art Library, London
ET e.t. archive, London
MH Michael Holford, Loughton, Essex
WFA Werner Forman Archive, London

Seite **Inkarnation des Geistes**

1 British Museum, London (MH)
2 Oriental Museum, Durham University (BAL)
7 Staatsbibliothek, Berlin (AKG, London)
8–9 Hoysaleswara Tempel, Halebid, Indien (Dinodia Picture Agency, Bombay/BAL)
10 Privatsammlung (The Stapleton Collection/BAL)
11 Horniman Museum, London
12 British Museum, London (MH)
13 Sandro Botticelli: Die Geburt der Venus, um 1485. Uffizien, Florenz (BAL)
14 Dänische Schule, Hinrichtung Ludwigs XVI., 1793. Musée Carnavalet, Paris (ET)
15 Leonardo da Vinci: Die menschlichen Proportionen, um 1492. Ausschnitt. Galleria dell'Accademia, Venedig (BAL)
16 Masaccio (1401–28): Die Verbannung aus dem Paradies. Brancacci-Kapelle, Santa Maria del Carmine, Florenz (BAL)
17 Victoria & Albert Museum, London (MH)
18 Images, London
19 Giotto (um 1266–1337): Maria Magdalena, Detail. Duomo, Florenz (BAL)
20 Giovanni-Battista Tiepolo (1696–1770): Die Erziehung Ludwigs IX. von Frankreich. York City Art Gallery (BAL)
21 Museum für Völkerkunde, Berlin (WFA)
22 Andrea Previtali (tätig 1502–1528): Salvator Mundi. National Gallery, London
23 Tariq Rajab Museum (Images, London)
24o Höhle Les Trois Frères, Magdalena, Pyrenäen (AKG, London)
24u British Museum, London
25 Pieter Brueghel der Ältere: Der Triumph des Todes, um 1562. Prado, Madrid (BAL)

Seele, Geist und das Übernatürliche

26–7 William Blake: Der Sieg des Erzengels Michael über den Teufel, um 1800. Ausschnitt. Fogg Art Museum, Harvard University, Cambridge, MA., Schenkung von W. A. White (BAL)
28 Joachim Patenir (1480–1524): Charon überquert den Styx. Prado, Madrid (ET)
29 Guariento di Arpo (um 1338–77): Der Erzengel Michael. Museo Civico, Padua (BAL)
30 William Blake: Glücklicher Tag, um 1794. British Museum, London (BAL)
31 Iraq Museum, Bagdad (Erich Lessing / AKG, London)
32 Statens Historiska Museet, Stockholm (WFA)
33 Eric Lawson / Hutchison Library, London
34o R.Ian Lloyd / Hutchison Library, London
34u Wandgemälde in der Villa Pamphili, Rom. 1. Jh. n. Chr. British Museum, London (MH)
35 British Museum, London (MH)
37 Pietro Perugino: Hochzeit der Jungfrau, 1500–04. Musée des Beaux Arts, Caen (Giraudon/BAL)
38 Bibliothèque Nationale, Paris (AKG, London)
39 British Museum, London (WFA)
40 Leonardo da Vinci: Dame mit dem Hermelin, um 1490. Czartorysky Museum, Krakau (ET)
41 Hieronymus Bosch (um 1450–1516): Die sieben Todsünden und die vier letzten Dinge, Ausschnitt. Prado, Madrid (BAL)

Die Tierwelt

42–3 Images, London
44 Staatliche Antikenslg. & Glyptothek, München (Erich Lessing / AKG, London)
45 Smithsonian Institution, Washington D.C. (BAL)
46 Master of the House Book (tätig um 1475–1490): Adoration of the Shepherds. Alte Pinatothek, München (AKG, London)
47 British Museum, London (MH)
48 Kongelige Bibliotek, Kopenhagen (BAL)
49 Heinrich Füssli: Titania liebkost Zettel mit dem Eselskopf. Kunsthaus, Zürich. (BAL)
51o Vitlycke, Sweden (WFA)
51u Ägyptisches Museum, Kairo (WFA)
52o Philip Goldman Collection, London (WFA)
52u Edward Burne-Jones: Der Garten der Hesperiden, 1870–73. Privatsammlung (BAL)
53 British Museum, London (AKG London)
54–5 Raphael: Heiliger Georg im Kampf mit dem Drachen, um 1505. Louvre, Paris (BAL)
56 Privatsammlung (Dinodia Picture Agency, Bombay /BAL)
57 Statens Historiska Museet, Stockholm (WFA)
58 Philip Goldman Collection, London (WFA)
59o Mexico City (WFA)
59u British Museum, London
60 British Museum, London (BAL)
61 Anne Girodet-Trioson: Ossian empfängt in Walhall die für das Vaterland gefallenen Generäle der Republik, um 1800. Chateau de Malmaison, Paris (Lauros-Giraudon/BAL)
62 Andrea Lilio: Der heilige Rochus, 1596. Galleria Nationale Marche, Urbino (ET)
63 David Ryckaert III. zugewiesen (1612–61): Die Pforten des Hades, Detail. Johnny van Haeften Gallery, London (BAL)
64 Bibliothèque Nationale, Paris (AKG, London)
65 Frösche, aus: *Beautyway – A Navaho Ceremonia*, Bellingen Foundation, 1957.
66 Pergamon-Museum, Berlin (Erich Lessing / AKG, London)
67 Nikolaus von Verdun: Der Verduner Altar, Ausschnitt, 1181. Stiftskirche Klosterneuburg, Österreich (Erich Lessing / AKG, London)
68 Lucas Cranach der Ältere (1472–1553): Der Sterbende. Museum der Bildenden Künste, Leipzig (AKG, London)
69 Privatsammlung (Jean-Louis Nou / AKG, London)
70 Jean-Louis-Cesar Lair (1781–1828): Prometheus. Musée Crozatier, Le Puy-en-Velay (Giraudon/BAL)
71 Kongelige Bibliotek, Kopenhagen (BAL)
72 Privatsammlung (MH)
73 Die Gänse von Meidun, 4. Dynastie. Ägyptisches Museum, Kairo (E.T)

Das Pflanzenreich

74–5 Oberrheinischer Meister: Paradiesgarten, um 1410. Ausschnitt. Stadelsches Kunstinstitut, Frankfurt am Main (BAL)
76 Victoria & Albert Museum, London (ET)
77 British Museum, London
78 Jean Auguste Dominique Ingres: Studie für die Apotheose Homers, 1826–27. Musée Bonnat, Bayonne (Bulloz/BAL)
79 Privatsammlung (BAL)

80 Eitan Simanor/Axiom, London
81 Wellcome Museum, London (MH)
82 Rogier van der Weyden: Die Stechpalme, um 1437. Courtauld Gallery, London (BAL)
83 Fu Pao-Shih: Die sieben Weisen des Bambushains, frühes 20. Jh. Privatsammlung (BAL)
84 Jan Brueghel der Ältere (1568–1625): Odysseus und Kalypso. Johnny van Haeften Gallery, London (BAL)
85 Biblioteca Estense, Modena (ET)
87 Michelangelo da Caravaggio: Der junge Bacchus, um 1589, Ausschnitt. Uffizien, Florenz (BAL)
88 Joachim Utewael: Das Urteil des Paris, 1615. National Gallery, London (BAL)
89 Dante Gabriel Rossetti: Proserpina, 1882. Birmingham Museum & Art Gallery (BAL)
90 Zimmermann Family Collection (AKG, London)
91 J. le Moyne de Morgues: Klatschmohn, um 1568. Victoria & Albert Museum, London (BAL)
92 British Library, London
93 John William Waterhouse: Echo und Narziss, 1903. Walker Art Gallery, Liverpool. Board of Trustees: National Museums & Galleries on Merseyside (BAL)
94 Domenico Veneziano: Die Verkündung, um 1445. Fitzwilliam Museum, University of Cambridge (BAL)
95 Bibliothèque Nationale, Paris (BAL)

Geister des Kosmos

96–7 Privatsammlung
98 Die drei Weisen, Mosaik. S. Apollinare Nuovo, Ravenna (Scala, Florenz)
99 Biblioteca Estense, Modena (ET)
100 British Museum, London (MH)
101 Louvre, Paris (BAL)
102 Louvre, Paris (AKG, London / Erich Lessing)
103 Privatsammlung (Bonhams, London/BAL)
104 Ambrogio Lorenzetti: Allegorie der guten Herrschaft, Ausschnitt. 1338–40. Palazzo Publico, Siena (ET)
105 Walter Crane (1845–1915): Die Jahreszeiten, Roy Miles Gallery, London (BAL)
106 Jan Cossiers (1600–71): Prometheus. Prado, Madrid (BAL)
107 Royal Geographical Society, London (BAL)
108 Museum of Anthropology, University of British Columbia, Vancouver (WFA)
109 Privatsammlung (WFA)
110 Schindler Collection, New York (WFA)
111 Gustav Klimt: Danae, 1907–08. Privatsammlung (BAL)
112o D. Shaw / Axiom, London
112u Musée Conde, Chantilly (Giraudon/BAL)
113 Victoria & Albert Museum, London (BAL)
114 Louis Joseph Watteau: Die Versuchung des heiligen Antonius, 1781. Louvre, Paris (Giraudon/BAL)
115 Geoff Renner / Robert Harding Picture Library, London
116 Adina Tovy / Robert Harding Picture Library, London
117 Edward Lear (1812–88): Der Berg Sinai, Ausschnitt. Privatsammlung. (Christie's Images, London/BAL)
118 British Museum, London (BAL)
119 Fragment einer Wandmalerie aus dem Grab des Sobekhotep. British Museum, London
120 Gustave Moreau (1826–98): Salome, Armand Hammer Foundation, USA (BAL)
121o Museum Haiphong, Vietnam (WFA)
121u Bonhams, London (BAL)

Die Welt der Gegenstände

122–3 Ian Cumming / Axiom, London
124 Jim Holmes / Axiom, London
125 Martin van Walckenborch (1535–1612): Der Turmbau zu Babel. Towneley Hall Art Gallery and Museum, Burnley, Lancashire (BAL)
126 British Library, London
127 Arcangelo di Cola da Camerino (1416–21): Das Martyrium des Evangelisten Johannes. Galleria Estense, Modena (BAL)
128 Städtische Bibliothek, Padua (ET)
129 Gherardo: Der Kampf zwischen Liebe und Keuschheit, um 1475–1500. National Gallery, London
130 British Library, London (ET)
131 Ashmolean Museum, Oxford (BAL)
132o Museum der türkischen und islamischen Kunst, Istanbul (ET)
132u British Museum, London
133 British Library, London (BAL)
134 Bonaventura Bellinghieri (geb.1205): Der heilige Franziskus von Assisi. San Francesco, Pescia (ET)
135o Eugene Delacroix: Die Freiheit führt das Volk an, Ausschnitt. 1830. Louvre, Paris (BAL)
135o Ägyptisches Museum, Kairo (WFA)
136 Sammlung Kongo Nô gakudô, Kyoto (WFA)
137 Privatsammlung (WFA)
138 National Museum of Man, Ottawa (WFA)
139 Anon: Zar Alexis von Russland, 17. Jh. Schloss Gripsholm, Sweden (ET)
140 Victoria & Albert Museum, London
141 Museo di San Marco dell' Angelico, Florenz (BAL)

Grafik und Geometrie

142–3 Privatsammlung (Christie's Images, London/BAL)
144 Privatsammlung (ET)
145 Gottfried Lindauer (1839–1926): Tamati Waka Nene. Auckland City Art Gallery, Neuseeland (BAL)
146 Prado, Madrid (ET)
147 Edfu, Ägypten (MH)
148 Images, London
149 Mohamed Amin / Robert Harding Picture Library, London
150 Sindbjerg-Altar, Ausschnitt, 1175–1200. Nationalmuseum Kopenhagen (ET)
151 British Museum, London
152 Khirbat Al-Mafjar, Jordanien (BAL)
153 Decke mit Labyrinthmuster im Palazzo Ducale, Mantua (Scala, Florenz)
154 Baptistery of Orthodox, Ravenna (ET)
155 Chester Beatty Library and Gallery of Oriental Art, Dublin (BAL)
156 Giovanni Battista Carlone (1592–1677): Juno und Mars. Fitzwilliam Museum, University of Cambridge (BAL)
157o Französische Schule: Die Schwarze Madonna wird Ludwig XV. überreicht, 18. Jh. Musée Crozatier, Le Puy-en-Velay (Giraudon/BAL)
157u Victoria & Albert Museum, London (BAL)
158o Images, London
158u British Library, London (BAL)
159 Jimmy Holmes / Axiom, London

Symbolsysteme

160 Zuccaro: Deckenfresko im Palazzo Farnese, Ausschnitt, Caprarola (Scala, Florenz)